广东省教育科研“十二五”规划成果

福田中学“广东省第二批普通高中新课程新教材实施省级示范校”成果

自主管理 自主学习

新时代下的学生自我管理研究

童志伟◎著

巴蜀书社

图书在版编目（CIP）数据

自主管理 自主学习：新时代下的学生自我管理研究 / 童志伟著. —成都：巴蜀书社，2024.11

ISBN 978－7－5531－2019－5

Ⅰ.①自… Ⅱ.①童… Ⅲ.①中学生－自我管理学－研究 Ⅳ.①G635.5

中国国家版本馆 CIP 数据核字（2023）第 096762 号

自主管理　自主学习：新时代下的学生自我管理研究

ZIZHU GUANLI ZIZHU XUEXI：XINSHIDAIXIA DE XUESHENG ZIWO GUANLI YANJIU

童志伟　著

出 品 人	王祝英
责任编辑	童际鹏
责任印制	田东洋　谷雨婷
出　　版	巴蜀书社
	成都市锦江区三色路 238 号新华之星 A 座 36 层　邮编 610023
	总编室电话：(028)86361843
网　　址	www.bsbook.com
发　　行	巴蜀书社
	发行科电话：(028)86361851
经　　销	新华书店
照　　排	四川胜翔数码印务设计有限公司
印　　刷	广东虎彩云印刷有限公司
	广东省东莞市虎门镇黄村社区厚虎路 20 号（0769）85252189
版　　次	2024 年 11 月第 1 版
印　　次	2024 年 11 月第 1 次印刷
成品尺寸	170mm×240mm
印　　张	18
字　　数	300 千
书　　号	ISBN 978－7－5531－2019－5
定　　价	98.00 元

童志伟 1973年生，四川三台人，广东华南师范大学生物系毕业，硕士研究生，现为深圳市福田中学高中生物教师。曾获深圳市优秀教师、中青年骨干教师、福田区首届教育科研先进个人等荣誉。主持广东省十二五规划课题“在普通高中阶段整体推进班级自主管理、自主学习的实践探索”和深圳市重点课题“在高中生物研究性学习中渗透STS思想的实践探究”，研究成果丰富，公开发表多篇论文并在多项比赛中获奖。

浪潮之巅　教育革命

华南师范大学生命科学学院教授　李东风

百年大计，教育为本。一个国家民族的兴衰根本系于教育。教育兴，则国兴。教育强，则国强。对教育问题的讨论由来已久，至今仍然是我们教育工作者热门的话题。怎么教、教什么，为什么教，这些问题一直萦绕在我们的脑海里。令人高兴的是有许多教育工作者一直在做这方面的尝试，试图趟出一条路来，开辟一个新天地。他们扎根于教育一线，捧着一颗心来、不带半根草去的精神，把自己全新的教育理念诉诸于实践，并取得了良好的效果。友生童志伟先生就是其中的代表。

他即将出版的专著《自主管理　自主学习：新时代下的学生自我管理研究》，正是其教育试验改革取得的硕果。这部作品的面世是一件非常值得庆贺的大事。

该书以学生的自主管理、自主学习能力为着力点，推动学生良好学习习惯的养成、培养学生的责任担当精神，注重培养学生的终身学习能力。这不仅契合新时代下的教育理念，也是一种在教育教学实践中做的大胆的探索，总结出具有一定理论意义和实践意义的成果。相信这份成果会让更多同行受到启发，让更多孩子受益，为我们的教师添彩，为我们的教育添砖加瓦。

作为友生曾经的研究生导师，过去他引以为荣，今天，我以他为傲。目前在中学教育任务压力无比的情况下，大多数教师已经是高负荷运转，整天疲于繁忙的教学之中，鲜有人坐下来冷静思考。拉车的不少，抬头看路的人不多。志伟先生或许就是这不多的人之一。

在知识爆炸的时代，终身学习已成为个人和社会发展的必然要求。本书深刻认识到这一点，将培养学生的自主学习能力作为教育的重要目标。书中详细阐述了班级自主管理和自主学习的概念、特点、实践方法及其重要性。通过学案辅助、新课教学自主、高三复习自主等多种方式，引导学生掌握自主学习的方法和技巧。同时，通过错题收集、典例演练等手段，帮助学生巩固所学知识，提高解决问题的能力。这种教育模式注重培养学生的创新精神和实践能力，符合建设教育强国的内在要求。同时，通过家校合作、社区参与等方式，书中还探索了教育资源的共建共享机制，为办好人民满意的教育提供了有益思路和借鉴。通过实施自主管理，学生能够在班主任的指导下，主动参与班级事务，提高自我管理能力，形成良好的班风和学风。这种管理模式强调了学生的主体地位，注重因材施教，让每个学生都能在适合自己的环境中成长。这些实践不仅有助于学生在校期间取得优异的成绩，更为他们未来的终身学习奠定了坚实的基础。

《中国教育现代化2035》明确提出，要“更加注重全面发展，更加注重面向人人，更加注重终身学习，更加注重因材施教，更加注重知行合一，更加注重融合发展，更加注重共建共享”。我深刻感受到书中所倡导的自主管理和自主学习理念，正是对这些要求的生动实践。

该书对中学教育教学实践具有较好的指导意义。首先，它转变了传统的教育观念，强调了学生的主体地位和教师的主导作用，为构建新型师生关系提供了理论依据和实践指导。其次，它提供了丰富的教学方法和策略，有助于教师更好地开展教学工作，提高教学质量。第三，它关注了学生的全面发展和个性差异，鼓励教师因材施教，为培养具有创新精神和实践能力的人才创造了有利条件。最后，书中还通过具体案例和数据分析，展示了自主管理和自主学习实践的效果和优势。这些实证研究不仅增强了教育实践的说服力和可信度，也为其他学校和教师提供了可借鉴的经验和模式。

该书是一部具有较好教育理念和丰富实践经验的优秀著作。它不仅与新时代下的教育精神、二十大关于教育强国的论述以及终身学习的要求高度契合，而且为中学教育教学实践提供了宝贵的指导和借鉴。我相信，在未来的教育实践中，自主管理和自主学习的理念将得到更广泛的推广和应用，为国家培养更多优秀人才、推动教育现代化进程作出更大的贡献。

该书写作流畅，论述清晰，诸多精彩案例引人入胜。本书适合中学教师和教育硕士研究生及家长阅读，也是教育工作者的良师益友。

2024年11月1日 于广州

前　言

1999年，《中共中央、国务院关于深化教育改革全面推进素质教育的决定》指出："全面推进素质教育，要坚持面向全体学生，为学生的全面发展创造相应的条件，依法保障适龄儿童和青少年学习的基本权利，尊重学生身心发展特点和教育规律，使学生生动活泼、积极主动地得到发展。"

2001年，《国务院关于基础教育改革与发展的决定》指出："实施素质教育，促进学生德智体美等全面发展，应当体现时代要求。要使学生具有爱国主义、集体主义精神，热爱社会主义，继承和发扬中华民族的优秀传统和革命传统；具有社会主义民主法制意识，遵守国家法律和社会公德；逐步形成正确的世界观、人生观和价值观；具有社会责任感，努力为人民服务；具有初步的创新精神、实践能力、科学和人文素养以及环境意识；具有适应终身学习的基础知识、基本技能和方法；具有健壮的体魄和良好的心理素质，养成健康的审美情趣和生活方式，成为有理想、有道德、有文化、有纪律的一代新人。""继续重视基础知识、基本技能的教学并关注情感、态度的培养"；"鼓励合作学习，促进学生之间相互交流、共同发展，促进师生教学相长"。

2010年，《普通高中课程标准（实验）》指出我国普通高中教育的培养目标是：具有民主与法制意识，对自己的行为负责，具有社会责任感；具有终身学习的愿望和能力，掌握适应时代发展需要的基础知识和基本技能；初步具有独立生活的能力、职业意识、创业精神和人生规划能力；正确认识自己，尊重他人，学会交流与合作，具有团队精神，理解文化的多样性，初步具有面向世界的开放意识。

《国家中长期教育改革和发展规划纲要（2010-2020）》指出：要把育人

为本作为教育工作的根本要求；要以学生为主体，以教师为主导，充分发挥学生的主动性，把促进学生健康成长作为学校一切工作的出发点和落脚点；关心每个学生，促进每个学生主动的、生动活泼的发展，尊重教育规律和学生身心发展规律，为每个学生提供适合的教育；坚持以人为本、全面实施素质教育是教育改革发展的战略主题，是贯彻党的教育方针的时代要求，其核心是解决好培养什么人、怎样培养人的重大问题，重点是面向全体学生、促进学生全面发展，着力提高学生服务国家与人民的社会责任感、勇于探索的创新精神和善于解决问题的实践能力。

《普通高中课程方案（2017年版）》指出：我国普通高中教育的任务是促进学生全面而有个性的发展，为学生的终身发展奠定基础；高中学生要具有理想信念和社会责任感，要有科学文化素养和终身学习能力，能够自主学习，独立思考，形成良好的学习习惯和适合自身的学习方法，要有自主发展能力和沟通合作能力。

从上述课程改革和教育发展规划来看，教育的战略主题始终是围绕素质教育，但对如何发展素质教育给出了越来越具体的要求，越来越符合教育发展的规律，越来越注重以人为本、注重学生的主体地位、注重改变教学形式或方法以激发学生的主动性，面向全体学生，强调教学民主、师生平等，强调师生共同进步，强调合作学习、探究学习，主张学生独立思考，鼓励学生发表自己的创见，注重培养学生自主学习能力、团队意识和集体主义，培养自强、自立、自律的自主管理能力，关注学生素质的提高。所以，在中学阶段开展自主学习和自主管理是国家从战略高度对学生提出的要求。

马斯洛需要层次理论认为，人有生理需要、安全需要、社交需要、尊重需要、自我实现需要。需要的五个层次，是一个由低到高逐步实现的过程。人随着基本需要的满足而得以成熟。人的最高级需要是自我实现的需要，自我实现的需要是指人希望最大限度地发挥自己的潜能，不断完善自己，实现自己的理想。自我实现是人以满足自身的需要和自己个性发展为目的的活动。自我实现作为人类的终极目标，是人之为人的根本。“人们在满足了高级需要（如自尊、自我实现等），并获得了价值和体验之后，高级需要会变得具有自治能力，不再依赖低级需要的满足。”由此可见，自我实现的需要得以满足，会成为人发展的动力。满足自我实现的需要会产生自我信任、价值、力量、能力、适应性等。教育心理学表明，处于心理发展期的中学生更渴望体验独立，开始主动尝试按自己的意志行事，越来越强烈地要求思想和行动的自主权。班级是学生学习和生活的重要场所，只有学生的需要得到满足，他们才会感觉到生命的意义与价值。如果学生在班级中体会不到归属感和自尊感，他们对班级学习和生活就会失去信心，从而影响其自身的发展。因此，班主任要从学生的自我实现需要出发，改革班级管理方式，尽量使学生有较大的自我发展的空间。

恩格斯也曾指出，人类发展的最终目的是“人终于成为自己的社会结合的主人，从而也就成为自然界的主人，成为自己本身的主人——自由的人”。只有当学生成为自己本身的主人，具有自主发展的意识与能力的时候，学校才能实现促进学生全面发展的教育目标。在对学生的教育中，教师往往习惯于根据自身的观念与意志进行空洞的说教，为学生制定各种各样的规章制度，而置学生的需要于不顾，忽视学生自主发展的需要。长此以往，学生将对教师产生较严重的依赖性，依靠教师提供学习的内容与方式，依靠教师提供行为的模式与方法，学生已不再是一个完整的人。因此，教师必须具有让学生自主发展的意识，并且为学生的自主发展创造条件，从而实现学生的自由发展。

目　录

第一章　班级自主管理、自主学习相关原理

第一节　班级自主管理和自主学习的概念、特点

1. 关于班级自主管理

1.1 班级自主管理的概念

关于班级自主管理，西南大学的崔槐丽认为[①]，班级自主管理是在班主任指导下，班级中的每个个体在人格独立和平等的基础上，依照自己自觉自愿的意志，依靠班级集体自身的力量，管理班级及个人事务，从而积极能动地发挥自己的创造才能，以提高全体学生的主体素质为目的的班级管理模式。内蒙古师范大学的菅如钢[②]在定义自主管理概念时强调了班主任的培养与引导，在崔槐丽的理解基础上强调了班主任的作用，所以他认为：班级自主管理是以提高全体学生的主体素质为目的的班级管理体制或管理模式，是班级学生在班主任有意识的培养和引导下，充分发挥自身的主体作用，协调一致地实现预定的班级教育管理目标的过程。而辽宁师大的张旭[③]在定义概念时未提及班主任的作用，他认为，班级自主管理是以学生的生理、心理和社会的要求为依据，以学生管理班级为手段来培养学生的参与意识和自我管理能力，使学生在管理班级

① 崔槐丽：《初中班级自主管理的理论与实践研究》，西南大学硕士论文，2010年。
② 菅如钢：《构建高中班级自主管理模式的实践探索》，内蒙古师范大学硕士论文，2008年。
③ 张旭：《关于高中生班级自主管理的现状调查及对策研究》，辽宁师范大学硕士论文，2010年。

的过程中学会自主、自立、自治，以及组织和合作，最后能够使学生实现在班级中认识和发展自己。

延边大学的王建琴[①]认为，班级自主管理就是以学生为主体，通过学生参与、历练、感悟、内化等途径，遵循一定的原则和规律，以增强学生主体意识和管理能力、全面提高学生素质、培养现代公民、提高班级管理实效为主旨所进行的自理、自治、自我教育、自我评价、自我发展的群体管理活动。他提出管理的主体是学生，班主任为辅助，也提出学生参与管理的循序渐进的途径，在培养目标上不仅提及培养自我管理能力，还升华到培养现代公民。

不同的人从不同的侧面对班级自主管理作了定义，核心都提到了班级管理自主的相对性、学生参与管理的能动性及促进学生素质提高的实效性；但对班主任在班级自主管理中的地位的认识上有分歧，有的过分强化学生在管理中的主体地位，有的则对班主任的辅助作用加以肯定；在培养目标上都认为要培养学生自主管理能力，并促进自我发展，全面提高素质。在目标的大小上有所差异，表述方式则出现一定的差异。这种差异产生的原因来自所在学校的学生素质的差异，所以在目标、过程及班主任的地位作用上就有了差异性的表达。结合此原因，对班级自主管理进行深入分析，班级自主管理应该含有这样几层理解：

第一，班级自主管理的过程发生在学校教学班级中，既可能是初中生的班级，也可能是高中生的班级，但肯定不是发生在其他社会团体或组织中，因此，管理过程应该与学校的教学理念相匹配，与学生年龄层次对应的教育教学规律相适应，与学生的身心发展规律相适应，具有一定的特殊性。从另一方面来看，班级自主管理是一个相对自主的过程，在一定程度上还必须有班主任或老师的参与。

第二，班级自主管理的主体是学生自己，管理的过程是主动的。班级自主管理就是最大限度地挖掘每一个受教育者的主体性而不是个别，让其充分认

① 王建琴：《新课程背景下的高中班级自主管理问题研究》，延边大学硕士论文，2010年。

识自我，优化自我行为，通过“自定目标，自析成长环境，自寻成长动力，自开成长渠道，自研成长方法，自评成长效果，使之成为自主全面发展的人”。这个“自”包含自我设计、自我决策、自我努力、自我创新；这个“主”指遇事有主见、办事能主动、活动能主持、班级能主管。

第三，班级自主管理的内容主要是与班级相关的人和事。场所既然是班级，学生便是管理的主体，是被管理者，同时又是监督者。管理的过程中学生表现出了管理与被管理、监督与被监督等多重角色。管理内容涉及管理程序的制定、管理方法的选择、管理效果的评价等方面。

第四，班级管理的宗旨是促进学生的自主发展，促进学生综合素质的提高，所以在班级自主管理中必须要坚持面向全体学生，以树立良好班风和学风为追求目标，以养成良好行为习惯为途径，为自主学习获取持续的动力，以促进全体学生综合发展为要旨。

综上所述，班级自主管理就是在教师的指导下，根据学生身心发展和教育教学的规律，在班级全体学生共同主动参与下，通过全员参与、民主决策、小组竞争、多重评价、主题渗透、平台展示等方式对班级进行自主管理，体验平等、民主、法治、科学、人权等时代精神，以期达到养成学生的良好学习习惯，锻炼顽强的学习意志，同时促进班级良好班风和学风的树立，促进学生个人与班级的协调统一、全面发展。

1.2 班级自主管理的特征

（1）相对独立性[①]

中学阶段的学生，虽然身心已得到了相当的发展，但他们的世界观和价值观仍未完全发展成熟，较少全面参与活动的策划与组织，沟通与交流能力、协调与领导能力都不是太强，因此，在班级自主管理中必须有老师的辅助与引导，在班级形成之初各种管理机制还未健全之时需要老师的主导管理，需要老师对全员参与班级自主管理的培养，需要老师对班级自主管理的执行情况进行

① 余文森：《略谈主体性与自主学习》，《教育探索》2001年第12期，第32~33页。

一定程度的监控。所以，班级自主管理在当前阶段不是学生完全的自主管理，而是在班主任的指导下进行的，具有相对独立性。

（2）民主性

班级自主管理应体现民主性，主要体现在班级管理制度的建设、班级管理的评价等方面。班级自主管理是全员参与，人人有事干，事事有人管。管理能否有序进行，能否促进自主管理水平的提高，能否具有可操作性和示范性，都取决于能否建立完善的班级自主管理制度。班级自主管理中应注重管理制度的建立过程、班级管理制度的执行过程、班级管理制度落实情况的评价活动，这都体现了民主性。

（3）全员性

班级自主管理面向全体学生，全体学生参与管理。全体学生既是管理的主体，又是被管理的对象。作为管理的主体，全体学生要共同参与班级管理制度的制定与评议，参与管理执行情况的评价，将班级事务分为若干项，做到人人有事管，承担班级管理责任，体验管理过程，感受管理的难度，从而提高学生的管理能力。作为被管理对象，人人都应自觉遵守班级共同制定的管理规章制度，都应主动负起自己的责任，都应共同维持班级良好的形象，都有责任为班级良好班风学风的形成付出努力，从而促进自身的发展，促进班级的发展。

（4）自主性

班级自主管理的核心特征是自主性。在社会、学校和班级的诸多诉求中，有合理与不合理的，有必须完成与视其情况而定的。针对这种情况，学生可以自主地确定合理的要求、必须完成的任务，学生可以自主地选择处理的办法、管理的方法，自主地制定管理的方案，自主地确立管理的程序，自觉地完成应该承担的责任与义务，对管理的效果进行自主的评价。

（5）主体性

主体性有两层含义。一是指在班级自主管理过程中，在教师的辅助下，学生是管理的主体，学生主要承担了班级各项事务的管理，教师应该对学生有信心，并做到五个“凡是”：凡是学生有能力组织的活动，教师可以“退居二线”；凡是学生可以自己解决的困难，教师不必亲为；凡是学生经充分探讨形成的共识，教师必须给予足够的尊重；凡是学生在自主行为中出现不可避免的过错，教师不应指责；凡是学生在自由思想中产生的各种创见，教师应当给予积极的评价和鼓励，让学生充分发挥主体作用。另一是指在班级自主管理中要主动，主动地规范约束自己的行为，主动地帮助他人，主动地承担班级管理中的责任与义务，主动地为班级发展出谋划策。

2. 关于自主学习

2.1 自主学习的概念

关于自主学习的概念，目前较流行的界定方式有三种[①]：

一种是余文森和程晓堂等人把自主学习当作一种学习方式或学习模式，其中，余文森认为自主学习是指学生自己主宰自己的学习，是与他主学习相对立的一种学习方式。程晓堂认为自主学习是学习者在总体教育目标的宏观调控下，在教师的指导下，根据自身条件和需要制订并完成具体学习目标的学习模式。他也认为自主学习是一种学习模式，但他并没有把教师的参与对立起来，并阐述了三方面的含义：一是自主学习是学习者的态度、能力和学习策略等因素综合而成的一种主导学习的内在机制，即学习者指导和控制自己学习的能力；二是自主学习指学习者对自己的学习目标、学习内容、学习方法以及使用学习材料的控制权，也就是学习者对这些方面的自由选择的程度；三是自主学习是一种模式。

第二种观点是Zimmerman等人认为自主学习是一种主动的、建构性的学习，学生自己确定学习目标，监视、调控由目标和情境特征引导和约束的认知、动机和行为。他们把自主学习定义为一种自我调节的学习过程。自我调节学习是指学习者为了保证学习的成功、提高学习的效果、达到学习的目标，主动地运用与调控元认知（就是对认知的认知，具体地说，是关于个人自己认知

① 周炎根、桑青松：《国内外自主学习理论研究综述》，《安徽教育学院学报》2007年第1期，第100~101页。

过程的知识和调节这些过程的能力，即对思维和学习活动的知识和控制。元认知的实质是对认知活动的自我意识和自我调节）、动机与行为的过程，自我调节的学习者在获得知识的过程中能自己确定学习目标、选择学习方法、监控学习过程、评价学习结果。

第三种观点是庞维国主张从纵向和横向两个维度来定义自主学习。横向上即从学习的各个方面来定义，自主学习的动机是自我驱动的，内容是自我选择的，策略是自我调节的，时间是自我管理的，学生还能主动营造有利于学习的物质环境和社会环境，并能对学习结果做出自我判断和评价；纵向上即从学习的整个过程来定义，学习前学习者能自定学习目标、自定学习计划、做好学习准备，学习中能够对学习进展、学习方法自我监控、自我反馈、自我调节，学习后能对学习结果进行自我检查、自我总结、自我评价和自我补救。

综上所述，大家对自主学习的定义不同，但其本质含义相差无几。在目前的教育体制下，自主学习是在教师的参与指导下，一定程度上由学生自己决定学习内容、选择学习方法、确定学习强度、学习结果评价，并利用元认知对学习过程和学习行为进行监控，改善自己的学习方式，提高自己的学习效率，从而实现自主发展的一种学习方式。

2.2 自主学习的特征

（1）主体性

自主学习贯彻以学习者为中心的教育思想，强调教师在自主学习中不再是知识的传授者，而是教学内容、教学过程、教学活动的组织者、参与者。学生则是学习的主人，是学习的主体。

（2）能动性

自主学习有别于其他各种形式的他主学习，它是学生在自我监控、自我评价要求下积极、主动、自觉地从事和管理自己的学习活动，而不是在外界的各种压力和要求下被动地从事学习活动。这种自觉从事学习活动、自我调控学习的最基本的要求是主体能动性。

（3）有效性

由于自主学习的出发点和目的是尽量协调好自己学习系统中的各种因素的关系，使它们发挥出最佳效果，因此自主学习在某种意义上讲就是采取各种调控措施使自己的学习达到最优化的过程。一般说来，学习的自主水平越高，学习的过程也就越优化，学习效果也就越好。

（4）相对独立性

自主学习有其独立性的一面，它要求学生在整个学习过程中尽可能摆脱对教师或他人的依赖，由自己对学习的各个方面做出选择和控制，独立地开展学习活动。但这种独立性又不是绝对的。就在校学生来说，其学习的许多方面如学习时间、学习内容等，都不可能全然由自己决定，也不可能完全脱离教师的指导，因而还有其依赖性的一面。从这一意义上讲，我们不能把学生的学习简单地分成自主的或不自主的，而应该从实际出发，分清其学习在哪些方面或过程是自主的，在哪些方面或过程是不自主的。这样，才能有针对性地对其学习施加教育影响。

3. 自主管理与自主学习的关系

自主管理与自主学习如鸟之双翼，缺一不可，相互促进，相得益彰。自主管理解决的是日常行为规范管理，行为习惯的养成与矫正，学习动力的获取，民主、平等和法制等时代精神的体验以及价值观的形成问题，有利于形成良好的班风学风；自主学习解决了学习方式的转变、学习能力的提升、学习习惯的养成等问题。在教育教学过程中将二者结合起来将实现学习质量的最大化。

第二节　班级自主管理的相关理论及实践

1. 班级自主管理思想的萌芽

随着年级分级制度的实施，学校在管理的过程中，开始将班级教学和班级编制划分到学校发展的核心当中来。所以在这种情况下，班级组织不断形成，最终出现了多种形式的组织，其中最为典型的就是道尔顿制，是以实验室为出发点，注重在教学的过程中对人格的培养。

20世纪初期，德国的教育体系在发展的过程中，通过多次实践和实验，逐步抛弃了个别教学优于班级教学的观念，并且逐渐形成班级教学的教育理念。教育社会学在很大程度上改变了原有的班级观念，让人们看到一个全新的班集体，让人们清楚地意识到班集体是整个教育的根本和核心。凯兴斯泰纳在研究的过程中认为，班级是一个作业共同体，学校在发展的过程中，应该注重对自由作业的发展，将其作为整个教育的核心，形成一个有效的共同体。与此同时，其认为个人主义教育理念存在很大的问题和缺陷，所以其倡导的是合作主义教育理念，其认为班级是一个社会的服务场所，是个体进行全面发展和教育的场所，是知识运用和吸收的场所。在班集体当中，学生作为其中的主体，应该通过不断的努力和培训，为其将来的发展和职业做准备和打基础。与此同时，其从管理的角度出发，倡导团体理论化，其认为个体在个人理论化的基础上，让整个学校成为一个伦理化的整体，最终对学生进行全面并且有效的性格培养，让学生充分认识到其所学知识、参与活动的真谛及价值，进一步提升其共同工作的能力和素养。沙伯纳在研究的过程中，以作业共同体为基础，认为班级是一个生活共同体，其认为教育本身不仅要从班级的控制当中独立出来，还应该帮助和引导学生实现自己个性化的发展，还要引导其在班级生活的过程中，学会和学生融为一体，进行有效的沟通和交流，其特点主要是以学生的共同生活为基础，自发地使班集体成为一个训练组织，并且有效地体现其价值。

20世纪20年代，彼得森在生活共同体之后又提出了耶拿制度，认为国民学校应该是整个社会等级最高的生活共同体的见证，与此同时，其指出一个良好的学校应该同时兼备生活共同体以及作业共同体。

2. 班级自主管理的理论

2.1 自我教育理论

苏联著名教育家苏霍姆林斯基认为，真正的教育是自我教育，自我教育是实现自我管理的基础，而自我管理则是高水平的自我教育的成就和标志①。他深信，能够激发学生去进行自我教育的教育才是真正的教育，应该以学生的自我教育为前提进行教学，离开自我教育的一切教育都是不正确的，只有让学生发挥自我教育和自主管理的教学方式才是正确的教学方式。

著名教育家叶圣陶先生曾经说，教是为了不教②。他认为教育教学的重点不仅仅是传授课本上的知识点，而是教会学生学习，培养他们独立思考、学习和工作的能力，培养他们的自主性。学生拥有了自主学习的能力，可以独立进行探索和实践，独立发现问题和解决问题，这才是教育教学的目的。

另外，我国著名教育家蔡元培先生在学生管理方面也提出了著名的“六自教育”③，即自尊、自学、自治、自省、自助和自动。他认为学生出现各种问题都是因为有人代为管理，学生自治可以提起国民自治的精神，而学校教育应该培养学生自主发展和自主学习的能力，使他们在走出校园之后还能够继续自主学习，养成终身学习的习惯，从而为社会发展贡献自己的力量。“毋庸置疑，年轻人都希望受教育、能从师获益、能进行自我教育，并与人格平等的求

① 魏智渊编著：《苏霍姆林斯基教育学（下）》，文化艺术出版社2013版，第136–138页。
② 叶圣陶：《叶圣陶教育文集》第四卷，人民教育出版社1994版，第78页。
③ 高平叔编著：《蔡元培教育文选》，人民教育出版社1980版，第137–139页。

知识获智慧的人进行富于爱心的交流。”

班级自主管理的核心是培养学生的自我管理能力，促进学生自我教育和自我实现。班级自主管理并不是放任不管、降低要求，而是从大方向上引领，引导学生在自主管理过程中，慢慢养成自我教育、自我约束和自主学习的能力，能够自觉主动地完成自身学习和发展的各项任务，遇到困难不退缩，承担起自身的责任，实现自我发展和自我超越，为社会发展奉献个人的力量。在进行班级管理工作的过程中，班主任可以通过多种方式去引导学生进行自我教育，调动学生自我管理和自我教育的积极性，深挖学生的自我教育潜能，实现自我综合素养的提升。

2.2 主体性教育理论

马克思主义哲学告诉我们：人始终是主体，主体是人，客体是自然[①]。从教育活动的角度看，教育活动的主体是学生，教育的目的就是发展学生的主体性。教育的目标就是育人，培养真正的人，促进人的全面发展。主体性教育认为，在学校教育教学的过程中，学生是学习和管理活动的主体，是学校和班级管理的成员，也是学校和班级管理的主人。

“主体性教育，就是在教育过程中通过增强学生的主体意识和自我控制能力，培养提高学生在教育活动中的能动性、自主性和创造性，使他们具有自我教育和自我完善的能力，从而成为教育活动的主体和自我发展的主体。”人是教育的出发点，人的价值是教育的最高价值；培育和完善人的主体性，使之成为时代需要的社会历史活动的主体，是教育的根本目的。学生是正在成长和完善的主体，他们未来会是社会生活的主要成员，他们有自己的思想。教育要实现人的全面发展，就要充分发挥学生的主观能动性，尊重他们的自主权，使他们成为教育教学活动的主体，让他们发现个人的全面发展是他们自身成长的内在需要。学校和班级的建设与管理都是为了学生的成长与发展。受传统应试教育的不良影响，社会对学校、教师和学生的要求都是以学生成绩和升学率为

① 肖前编著：《马克思主义哲学原理（上册）》，中国人民大学出版社1994版，第38–40页。

主，学校、教师和家长为了片面提高学生的学习成绩，用各种条条框框来束缚学生的发展，不重视学生主体性的发展，造成“高分低能”的现象。主体性教育强调学生的主体性作用，强调学生应该为自己的成长和发展负责，进行自主管理和自我教育。把主体性教育理论融入班级管理之中，就是要学校和班主任充分信任学生的能力，相信他们有能力进行班级管理，重视培养学生的自主管理能力，让他们成为实践班级管理活动的主体，充分尊重他们的自主权，考虑他们个人全面发展的需要，发挥他们的聪明才智，在培养他们自主管理意识的过程中，增强他们的自信心和集体荣誉感，提高他们的自主管理能力，为他们适应未来的大学生活和社会生活做准备。

2.3 自我实现人假设理论（Y 理论）

自我实现人假设理论认为：人性本善。它阐述的管理风格不像X理论是独裁式的，而是民主式的管理风格[①]。Y理论的主要内容是：（1）多数人天生是勤奋的，如果环境条件有利，工作如同休息或游戏一样自然；（2）控制和惩罚不是实现组织目标的唯一方法，人们在执行任务中能够自我指导和自我控制；（3）在正常的情况下，一般人不仅会接受责任，而且会主动寻求责任；（4）在人群中广泛存在着高度的想象力、智谋和解决组织中问题的创造性；（5）在现代工业条件下，一般人的潜力只发挥了一部分。Y理论认为多数人在本质上是不厌恶工作的，只要管理人员能够循循善诱，管理者创造的环境条件有利，员工便会热诚工作，工作是满足还是处罚是由具体的环境决定的，就算是管理人员不进行严密的监控管理，他们也会努力地去完成目标。也就是说，外部施加的控制和惩罚，并不是推动人去实现任务而做出努力的唯一方法，还有可能是对人的不利条件，比如让人感觉到威胁和阻碍；人们在完成应当完成的目标时，是能够进行自我管理和自我控制的。而且在一定有利的条件下，多数人不仅会愿意承担责任，而且会主动寻求责任感，像没有抱负、推卸责任、强调给予安全感，通常是指人们根据经验得出的结果，而不是人的本

① 亚伯拉罕·哈罗德·马斯洛著，许金声等译：《动机与人格》，华夏出版社1987年版，第43-44页。

性。Y理论还认为人们自我实现的要求与组织的要求之间并无矛盾。大多数情况下，如果给人们提供合适的条件，人们就能将自己的个人目标和组织的目标合理地统一起来。另外，Y理论还认为，在工作和生活中，一般人只是发挥出了他们一部分的潜力，大部分人是有很高的想象力和智谋的，在解决组织遇到的问题时，他们是可以创造性地处理问题的。

高中生虽然还是未成年人，但他们在本性上和成人是一样的，都是天生勤奋的，都想成为对社会有价值的人。他们同样想获得他人的尊重，对自我价值实现的需要更加强烈。作为教育工作者的班主任和教师，需要帮助学生合理有效地实现自己的心理需求。在班级的管理过程中，班主任应该充分地信任和尊重班上的学生，给予他们足够的关爱，为他们营造和谐舒适的班级环境，让学生能够感受到自己被尊重和被信任，使他们有足够的归属感，在这个基础上再由他们自己去管理自己，让他们把自己超高的想象力、智谋和创造力用在解决管理过程中遇到的问题上，在他们需要的时候给予及时和必要的引导、鼓励与帮助。这样不仅可以锻炼他们发现问题、分析问题和解决问题的能力，还可以挖掘他们的潜能，最终达到自我发展和自我实现的需要。

2.4 群体效应及需要层次理论

心理学认为群体对个体心理和行为的影响表现在使个体之间产生归属感、认同感和得到支持的力量[①]。这是因为任何人都有一种归属的需要，总是希望自己能被别人喜欢和接纳，而害怕被群体冷落。正是由于每个人都有不同程度的好胜心，个体之间才会有意无意地展开竞赛。在班级小组化管理中，不但小组成员之间存在这种群体效应，而且小组与小组之间也存在这种群体心理效应。美国心理学家马斯洛在“需要层次说”中也提到了人的五个层次的需要——生理需要、安全需要、归属和爱的需要、自尊需要和自我实现需要。其中，第三个层次“归属和爱的需要”就是要让学生对班级有一种

① 古斯塔夫·勒庞著，段力译：《乌合之众:集体心态的奥秘》，时事出版社2014年版，第76–77页。

归属感，第四个层次“自尊需要”就是获得尊重的需求，要让同学们在班级管理中都可以平等地、充分地表达自己的意见，并通过自己的表达，获取他人的充分尊重，最终上升到最高层次的需要，即自我实现的需要，让学生在班级管理中收获成功，获取成就感。由于每个人都有本能的需要倾向，为了帮助学生实现自我生命的价值，教师就要引导学生参与到班级管理中去。只有当学生真正参与到班级管理中，并通过对班级的管理获取一种荣誉感和自豪感时，他们才能感受到自我在班级中存在的意义与价值，也才会真正产生对班级的归属感。

2.5 学生发展核心素养理念

学生发展核心素养，主要指学生应具备的、能够适应终身发展和社会发展需要的必备品格和关键能力。中国学生发展核心素养则以培养“全面发展的人”为核心，主要分为文化基础、自主发展、社会参与三个方面[①]。自主性是人作为主体的根本属性。自主发展是指人能有效管理自己的学习和生活。人在自我管理的过程中认识和发现自己的价值，从而挖掘自身的潜力，以便去应对日新月异的时代。人在自主发展的过程中提升自身的素质，明确自己的人生方向，为成就精彩的人生做准备。自主发展主要包括学会学习和健康生活两个方面。

2.6 生本教育理念

生本教育的实践与探索始于广东省教育科学研究所的生本教育体系研究。其倡导者郭思乐认为，高度尊重学生、全面依靠学生是其核心理念[②]；教育就是适应儿童的教育，只有这样才能以最有效的速度展开教育工作。“生本，即一切为了学生，高度尊重学生和全面依靠学生。”真正以学生为主人的、为学生好学而设计的教育，我们称之为生本教育。所以，生本教育强调学生是教育的真正主体，是学习的真正主人，从而区别于其他类型的教育理念。

① 中华人民共和国教育部：《中国学生发展核心素养》，《中国教育学刊》2016年第10期，第1–3页。
② 刘群：《郭思乐和他的“生本教育”》，《人民教育》2008年第21期，第9页。

2.7 人本主义理论

人本主义是20世纪中后期出现的以人为本的教育理念。此理论指出人是整个教育体系的核心①，所以整个教育体系在发展的过程中，应该首先尊重和探究教育对象自身的特征以及需求，并且在教学的过程中，突出显示学生的主体地位，给予每个主体平等的机会，实现学生的全面发展。

从教育心理学的角度出发，学生的自主意识随着自己的不断成长也在不断地加强，所以随着学生的成长，其已经不断形成了一个较强的自主思想和意识。学生学习和思想形成的场所主要是学校和班级，所以在班级管理的过程中，应该注重对学生自主意识的培养，充分认识学生的主体性，进一步促进其全面的成长和发展。所以在实行班级自主管理的过程中，应该在班级内部建立一个平等、民主的管理机制，让每个主体都能够自主并且平等地参与到班级管理事务当中，有效提升学生的自主管理意识。与此同时，人本主义指出教育应该以因材施教为依据，实现对班级的自主化管理。人本主义教育理论注重学生在班集体当中的重要地位，指出在教育的过程中，应该尊重班集体当中每一个学生的个性和想法，让其能够充分感受到自己的主体性，进一步促进其更好地发展。在人本教育理论的指导下，班主任应该尊重班集体内部每个主题的个性和差异化发展，并且全面了解每个学生的想法以及需求，针对不同的学生给予不同的指导和帮助，使学生能够充分感受到自己的主体性，并进一步促进学生的良好发展和成长。

2.8 目标管理理论

目标管理理论的代表人物是美国著名管理学家彼得·德鲁克。1954年，德鲁克提出目标管理这一概念。他在《管理实践》中提到，个体在确定自己的发展目标之后，才能进一步确定自己的职业②。目标管理旨在通过自我控制促进目标的实现，达到个人目标与集体目标的完美融合。目标管理的执行要通过多个环节才能实现。从目标管理理论的角度出发，管理的核心就是目标，所以

① 历以贤：《现代教育原理》，北京师范大学出版社1988年版，第13–14页。
② 彼得·德鲁克著，齐若兰译：《管理的实践》，机械工业出版社2006版，第38–39页。

其认为在管理的时候，应该将总体目标进行分级，依据时间以及等级的不同实现目标的细化，通过一个个精细化的目标的完成，来完成总体目标。目标的贯彻注重全体成员的参与以及全部成员的自主管理和控制。具体来讲，目标的存在和设定能够在很大程度上激励员工更加积极的工作，全面发挥自己的创造性和积极性。所以，从目标管理理论的角度出发，班级自主管理可以看作内外各个要素之间相互影响、相互循环的过程。

3. 国内外学生自主管理情况

3.1 国外学生自主管理情况

自主管理思想在很多西方的教育管理思想中都有所体现。文艺复兴时期，崇尚自由精神，给教育带来了新的生机和风貌。蒙田认为，人应该有一个自由的灵魂，教师决不能依靠权威让学生承认事物，要让学生自己决定。意大利著名人文主义学者维多利诺也很重视学生的自治，“他办学的指导思想是兼顾学生身心的发展，德育与智育并重，儿童个性发展与他们的政治、社会责任感相结合”。17世纪，捷克教育家夸美纽斯首次明确提出了自然适应原则，并把这一原则视为教育的主导原则。夸美纽斯的自然适应原则是指要遵循自然界的秩序施行教育，是客观自然主义的代表。18世纪60年代，法国著名思想家卢梭的自然主义教育思想主要体现在《爱弥儿》中，认为要依儿童天性的自然发展实施教育。卢梭是主观自然主义教育思想的主要代表。卢梭所说的自然是指儿童发展的一些原始的倾向，是一种内在的自然，即不让儿童做任何事情，以保护儿童先天的善性，使儿童在无干扰的情况下按其本性健康地成长。20世纪的教育家杜威是进步主义教育理论的代表人物。他的儿童管理观非常明确地把儿童放在一个重要的位置，以一种民主的方式和方法为儿童提供全民、有效的活动，使儿童积极主动地成长、发展。提倡学生自治是杜威学生管理观的重要形式。杜威认为，自治“不是绝对的不许外界插入干预，乃自己联系管束自己的意思”。苏联当代著名教育家苏霍姆林斯基认为，教育这个概念在广义上就是对集体的教育和对个人的教育的统一，而在对个人的教育中，自我教育则是起主导作用的方法之一。能使人进行自我教育的教育才是真正的教育。这种自我教育和自我管理必须从小就开始，“应该从童年和少年早期，从七岁到十岁、十一岁时期起就开始教一个人学会自我管理，学会一定的本领，如果需要的话，学会‘强迫’自己”。可以看出，苏霍姆林斯基非常重视学生的自主管理能力的培养。日本当代著名教育社会学家片岗德雄认为班级是在课堂里进行学习的人的群体组织。这种学习集体以持续的学习为目标，有两个以上的人为了实现这个目标聚集在一起，成员之间存在着指导与学习的分工。当然这需要一定的物理环境。他认为班级组织管理的最大目标就是学生的成长和学习；让班级的全体学生在自己的集体中各自获得一个适合的分工，分担一个角色；把班级分成更小的小组，从而更好地促进学生的学习和成长。

3.2 国内学生自主管理情况

儒家比较重视培养学生的自主管理能力。儒家把“修己为人”“修身为正”作为自主管理的总的指导思想，强调自主管理，强调修身，由此巩固格物、致知、诚意、正心，进而推及齐家治国平天下。儒家私学管理较有民主的色彩，提出了“当仁，不让于师”的学风。其自主管理思想对今天我们教育中的学生管理仍有重要的指导作用。道家教育管理思想中也体现了自主管理的性质。老子从“道法自然”的管理观出发，总结出一些相应的管理原则，如行不言之教、无为而治等。行不言不教，即不过多地强调行政教令，而是顺应教育的自然规律，通过“不言之教”，从而达到教育管理的最佳境界。无为而治是老子教育管理思想的核心。老子说：“我无为而民自化，我好静而民自正，我无事而民自富，我无欲而民自朴。”①在管理学生方面，就是要充分发挥学生的自主性。我国近代著名教育家蔡元培提倡“尚自然、展个性”的教育理念，主张教育顺应受教育者的发展实际。蔡元培认为，“教育是帮助被教育者的人，给他能发展自己的能力，完成他的人格，于人类文化上能尽一分子

① 叶存洪：《向〈道德经〉学办学治校》，《教书育人：校长参考》2012第5期，第2页。

的责任；不是把被教育的人，造成一种特别器具，给抱有他种目的的人去应用的”。在管理学生方面他提出了“六自”教育，即自尊、自学、自治、自省、自助和自动教育。著名教育家陶行知非常重视学生的自主管理能力的培养。他强调，智育注重自学，体育注重自强，德育注重自治[①]。他还认为，学生自治主要有三个要点：一是学生指的是全校的学生，有团体的意思；二是自治就是自己管理自己，有自己立法、执法、司法的意思；三是学生自治与别的自治稍有不同，因为学生还在求学时代，就有一种练习自治的意思。陶行知先生给学生自治下了定义：“学生自治是学生结起团体来，大家学习管理自己的手续。”他所说的自治就是让学生培养学生自己管理自己的能力。

我国当代教育改革家魏书生经过多年的不懈努力，不断探索，形成了自己独特的班级管理模式。魏书生班级管理模式以民主和科学为指导思想，以学生为中心，通过民主化与科学化的管理途径和过程，在班级管理过程中取得了理论和实践上的突破和成功。我国著名教育专家李镇西继承并发展了魏书生老师的观点与做法。李镇西老师认为，“解放”班主任有两种途径：学校领导对班主任的科学使用和科学评价；班主任在思想、行动上的自我解放。学校领导工作的转变暂且不说，就班主任的“自我解放”而言，李镇西老师认为要从三个方面努力：一是变事务应付为教育科研；二是变个人权威为集体意志；三是变孤军奋战为师生合作[②]。这些对减轻班主任工作起着重要的作用。

如今，随着新一轮课程改革的深入，班级自主管理的研究也陆续见于杂志报纸等。现阶段班级自主管理的研究主要有以下特点：

第一，班级自主管理的重要性。

班级自主管理的重要性和必要性已得到公认。学者们普遍认为自主管理对学生的身心发展、对管理者、对学校具有积极的意义。

第二，班级自主管理的策略。

在班级自主管理策略方面，主要围绕如何积极有效地实现班级自主管理

① 虞伟庚：《陶行知教育思想概论》，武汉大学出版社2012版，第53-54页。
② 李镇西：《做最好的老师(修订本)》，文化艺术出版社2011年版，第63-64页。

进行探讨。很多学者倡导学生参与班级管理，从而实现班级自主管理，例如一些是从学生干部轮流制和学生干部竞选制角度出发实施学生自主管理，一些是从学生参与卫生、纪律等常规管理来实现自主管理。庄惠玲在《走向学生自主管理》中提出，“弱化”班主任在班级管理中的作用，从而促进学生自主管理能力的发展①。杨玉芳论述了学生成长档案对实现学生自主管理的重要作用②。通过建立学生成长档案，让学生自我剖析、自我激励，自我反省，从而促进学生的成长。

第三，对班级自主管理的模式有了初步探索。

杨淑敏在《高中学生自主管理的实践研究》中介绍了深圳高级中学的三种学生自主管理实践模式：学生法庭、学生社团、社会实践③。王波的《东莞实验中学学生自主管理模式的实践探索》提出了班级自主管理改革的一条主线、二套机制、三方联动、四类指导、五员并进共五个基本要点④。生本教育理念引导全部教育教学活动为一条主线，班级同时实施管理和监督两套机制，学生、班主任和任课老师三方联合、互动，四类指导包括组织建设指导、目标及责任指导、方法建议指导和测评矫正指导，五员是指值日班长、值周班长、值月班长、班刊委员和纪律委员。王立华提出以“纵横建制，职能并举；双线管理，网络健全；团队带头，组织引导：专项承包，责任具体；合作竞争，自我加压；自我分析，追求卓越”为基本框架的班级自主管理模式⑤。这是几种较有特色的学生自主管理模式，对班级自主管理实践有着重要的指导意义。

---

① 庄惠玲：《走向学生自主管理》，华东师范大学硕士论文，2005年。
② 杨玉芳：《巧建学生成长档案 实现学生自主管理》，《教育实践与研究》2005第8期，第22–23页。
③ 杨淑敏：《高中生自主管理的实践研究》，华东师范大学硕士论文，2006年。
④ 王波：《东莞实验中学学生自主管理摸式的实践探索》，华中师范大学硕士论文2007年。
⑤ 王立华：《谈自主型班级管理结构形式的构建》，《教育探索》2020第2期，第52–54页。

第三节　班级自主学习的相关理论及实践

随着30年来国内外研究者的不懈努力，关于自主学习概念的界定已基本完成。其中以美国学者齐莫曼的探讨最为全面和深入。齐莫曼认为自主学习是学习者激励自己并使用适当学习策略的学习，包括对元认知策略、动机策略与行为策略的系统作用；对有关学习有效性的反馈做出反应；对学业完成情况的自我知觉等具体含义。我国研究者庞维国认为自主学习是一种与传统的接受学习相对应的现代化学习方式，是指学习者自觉确定学习目标、选择学习方法、监控学习结果的过程。在本研究中笔者把它定义为学生的自主学习，即学生在教师的指导下，对自己的学习活动进行积极主动的计划、监控、评价和调整的过程。

1. 自主学习的相关理论

自主学习的思想有着悠久的历史，从古希腊的苏格拉底到近代美国的杜威都是其倡导者。20世纪50年代以后，随着信息加工心理学、人本主义心理学的兴起，许多心理学研究者都结合自己的研究理论对自主学习做了更进一步的探索。

1.1 操作主义理论

自主学习的操作主义理论认为，自主学习是学习者基于外部强化或自我强化而做出的应答性反应，是一种操作性行为。自主学习能力的形成，本质上是个体学习与外部强化物之间建立的一种相依联系。外部强化或自我强化只起到引起进一步反应的作用。因此，要激发或促进学生的自主学习可以通过设置一套“刺激—行为—结果—强化”的程序进行。该理论还认为学习者的自主学习过程由自我控制、自我指导、自我评价以及自我强化四个子过程组成[①]，并针对这些子过程设计出自我记录技术、自我指导技术以及自我强化技术等教学技术来对学习者的自主学习进行干预。

1.2 言语自我指导理论

苏联心理学家维果斯基于20世纪30年代提出的言语自我指导理论认为[②]：

①儿童的言语发展要先后经历社会言语、自我中心言语和内部言语三个阶段。

②个体对行为的自我调节能力由言语发展水平决定。

③个体进行自我指导的工具是内部语言。该理论研究者还认为内部语言对解决困难的任务、克服冲动性的行为、制定解决问题的方案以及管理自己的其他行为都起着自我调节作用。

1964年，随着维果斯基的《思维与语言》被翻译成英语，其观点很快便引起了西方研究者的注意，纷纷以此为依据来制定指导学生自主学习的教学程序。

1.3 人本主义理论

罗杰斯提出的人本主义学习理论认为[③]，对学习者学习的自主性问题的研究应从心理机制和内部影响因素两方面来探讨，认为学习者的自我概念决定着其在学习活动中是否采取自主学习行为及采取什么样的自主学习行为。1989年，该理论的另一代表人物麦克库姆斯在《自主学习和学业成绩：一种现象学的观点》中指出，个体自我系统发展的必然结果是自主学习，自我系统的结构和过程受学习者自主学习的制约。他认为自我系统的结构由自我概念、自我价值、自我意象等成分组成，其中最为重要的因素——自我概念对自主学习的影响，学生自主学习的重要动机是实现或改善自我概念。因此，该理论研究者认为要想培养学生的自主学习能力，教师应先鼓励学生，以消除学生对学习能

① B.F.斯金纳：《科学与人类行为》，华夏出版社1989版，第173–175页。

② 伍新春：《高等教育心理学》，高等教育出版社1998版，第87–88页。

③ 刘宣文：《人本主义学习理论述评》，《浙江师范大学学报：社会科学版》2002年第27期，第18–20页。

力的自我怀疑和消极的自我评价；之后再针对学生学习的自我过程给予分别指导。

1.4 社会认知理论

以班杜拉为代表的社会认知学派研究者们从个人、行为和环境交互作用的角度，对学生的自主学习进行了新的解释。该理论的著名研究者齐莫曼认为，自主学习就是学生在元认知、动机和行为三个方面都积极参与时的学习[①]，并于1989年提出了一个系统的自主学习模型，如下图：

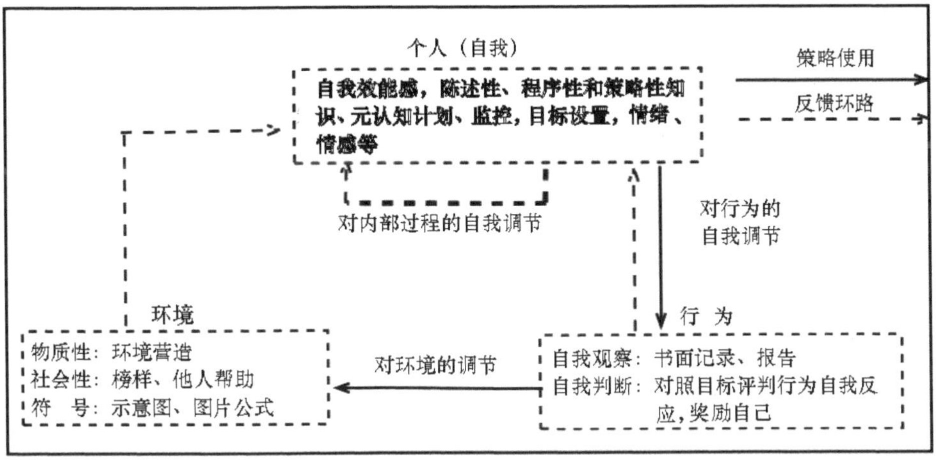

齐莫曼的自主学习模型

由上图可以看出，自主学习涉及个人、行为和环境三者之间的交互作用。自主学习者不仅要对自己的学习过程做出主动控制和调节，而且要基于外部反馈对学习的外在表现和学习环境做出主动控制和调节。在进行自主学习活动的过程中，个体不断地监控和调整自己的认知和情感状态，观察和运用各种策略来调整自己的学习行为，营造和利用学习环境中的物质和社会资源。

基于以上模式，齐莫曼和罗森贝格等人还提出了促进学习者自主学习的方法，具体包括以下要点：激发学习者的内在学习动机；注重对学习者学习策

① A.班杜拉：《思想和行动的社会基础:社会认知论》，华东师范大学出版社2018年版，第233–234页。

略的教学；教会学习者利用社会性环境和物质环境。

1.5 认知建构理论

自主学习的认知建构理论是由巴特莱特和皮亚杰的图式理论发展起来的[①]。该理论的主要观点是儿童能够建构自我图式、关于世界的认知图式以及自己的学习理论。其中的自我图式能够决定个体的自我调节行为，是自我知识的一种动态的、有组织的贮存形式，由情感、效能、时间和价值四个维度组成。该理论研究者认为认知发展水平在很大程度上限制着学生自主学习理论的形成，课堂教学方法同样也制约着学生自主学习能力的发展。他们主张采用三种教学方法来促进学生的自主学习，提高学生的自主学习能力：直接的教学，即通过直接向学生讲解有关学习知识、学习策略等，来帮助学生建构自己的学习理论；采用同伴互助和问题讨论等方法，帮助学生建构自己的自主学习理论；开展合作学习，让学生在合作中交流学习经验，进一步丰富和完善自己已有的学习理论。

4.1.6 学习金字塔理论

学习金字塔理论是美国缅因州国家训练实验室的研究成果，即采用不同的学习方式，学习者在两周以后还能记住的内容（学习内容平均留存率）有很大的差异[②]。其中，最熟悉、最常用的方式“听讲”，学习效果却是最低的，两周以后学习内容只能留下5%；而小组“讨论”，可以记住50%的内容；实践（在做中学或实际演练），可以达到75%；“教授给他人”或者“马上应用”，可以记住90%的学习内容。该理论认为，学习效果在30%以下的几种传统方式，都是被动学习；而学习效果在50%以上的，都是团队学习、自主学习和参与式学习。

① 袁维新：《认知建构论》，中国矿业大学出版社2002年，第37–39页。
② 章青：《根据学习金字塔理论优化课堂教学行为》，《生物学教学》2016年第2期，第31–34页。

		学习内容平均留存率
被动学习	听讲（Lecture）	5%
	读（Reading）	10%
	倾听（Audovaual）	20%
	演示（Demonstation）	30%
主动学习	讨论（Disussion）	50%
	实践（Pratise Doing）	75%
	教授给他人（Teach Others）	90%

2. 自主学习的实践

麦臣鲍姆于1977年开发出的自主学习训练程序最有代表性[①]，具体步骤如下：

①认知示范，即教师在示范学习任务时大声说出相关规则和步骤；

②外部指导，即教师在学生执行学习任务时大声说出具体的学习指导语；

③自我言语，即学生自己在执行学习任务时大声地将指导语叙述出来；

④消退的自我指导，即学生自己在执行学习任务时小声地将指导语叙述出来；

⑤内部言语的自我指导，即学生自己在执行学习任务时默念指导语。研究结果表明这种教学程序能够在一定程度上促进学生的自主学习。

我国关于自主学习的研究可谓有着悠久而短暂的历史。说它“悠久”，是因为从孔子开始我国就有许多思想家、教育家认识到自主学习的重要性，

① 胡根林：《自主学习的要义是学生学会自己学——2012年语文教育论著评析之十》，《中学语文：教学大参考（上旬）》2013年第10期，第8–10页。

认为学贵在自求自得，并对学生的学习过程与方法提出了很多原则，如立志的原则、学思结合的原则、知疑善问的原则、自我省察的原则、与他人切磋的原则等，同时，也对教师的教提出了许多教学原则，如启发式教学原则、少而精原则、适时点拨原则等。说他“短暂”，是因为我国对自主学习的系统研究起于卢仲衡先生1987年出版的专著《自学辅导心理学》。近三十年来，我国的教育研究者进行了一些卓有成效的关于自主学习的教育教学实践，并提出了一些教学模式，如段力佩的“八字教学法”、魏书生的“六步教学法”、卢仲衡的“自学辅导教学模式”、黎世法的“异步教学法”、邱学华的“尝试教学法”等。这些教学法都代表了我国教学改革的主要方向，即培养学生的自主学习能力。尽管这些教学方法的名称不同，适用的年级和学科不同，具体的操作程序也有一些不同，但它们的实质都是一样的，即教师在课堂教学中的作用都定位在引导、点拨、解惑等方面。在整个课堂教学过程中，教师的作用主要是引导，只有当学生遇到自己不能解答的问题时才重点讲解，这在一定程度上可以培养学生的自主学习能力。

总体上说，这种教学实践对培养学生的自我评价能力、自我总结能力、运用一定的策略获得知识的能力以及利用社会性和物质环境的能力都起到了很好的促进作用。通过以上研究，我们可以发现学生的自主学习能力并不仅仅由一种能力构成，而是由多种不同层次的能力构成，以上教学实践的研究者都是从某一个层面选择某一角度对学生的自主学习能力进行培养研究的。虽然实践的角度不同，但都从不同方面促进了学生自主学习能力的发展，对广大的教师有很好的借鉴意义。

第四节　影响学生进行班级自主管理和自主学习的因素

自主学习的开展，改变了传统教学模式，师生关系发生了变化，教师由教学主导者转变为参与者、辅导者，学生由支配地位转变为主体地位，这种转变涉及一系列问题。教师们的教育教学行为为什么要改变，改变的动力来源是什么，教师作为教学的参与者如何来为学生的自主学习提供帮助，即方法和手段问题；教师应该提供什么样的帮助，即帮助的内容问题；如评价体制未改变的条件下，教师失去主导地位，怎样来确保教学成绩；学生从过去的被主导、被支配地位转变为主体地位，这涉及如何唤醒其主体意识，在学习过程中如何发挥其主体作用等问题，主体作用涉及哪些内容，是绝对的独立自主还是相对的自主，自主的程度等这些问题的解决水平影响着自主学习的效果。下面就从教师和学生两方面来谈影响自主学习开展的因素。

1. 教师方面的影响因素

教师的影响因素看上去很多，总体来看，可以分为三大类：一是教师开展自主学习的动力问题；二是教师指导自主学习的方法和策略问题；三是开展自主学习后对教师的评价问题。这三个问题从一开始就困扰着教师们的教育教学行为，使得教育教学改革始终不能大破大立，谨小慎微，亦步亦趋，不敢越雷池半步。笔者认为，指导自主学习的方法和策略影响着教师们教育教学改革的力度和动力，从而担心教学业绩，以至于担心教学评价。

1.1 教师必须具有开展自主学习方面的动机，即为什么要这样教的问题

我们常说完成一件事情总伴随一定的动机，我们进行教育教学改革的动机是什么，很多时候我们把动机误解为目标或目的，其实目标定向只是动机的一方面，动机还包括兴趣、价值观、自我效能感等方面，个体在动机各方面的程度越强烈，则往往产生强烈的改革动力。客观地说，我们相当多的教师教育教学改革动机不够，动力不强，究其原因是多方面的。在这里不谈原因，只谈解决之道。

1.2 增强关于教育的价值观认同，并用以指导自己的教育教学行为

价值观是内在的、潜意识的，是人们用以判断对错、美丑、善恶的标准，不同的人往往具有不同的价值取向，所指导的教育行为往往产生明显不同的效果。笔者所观察到的校训、校风或办学思想中，深圳福田中学提出的现代工业文明形成的民主、法制、平等、科学、创新等时代精神与我国传统美德的忠、教、礼、仁、义、温、良、恭、俭、让等相结合的教育价值观具有立意高但又不失操作性，既继承了传统美德又兼有时代精神，既发扬了中华民族的优良传统又结合了西方现代文明，符合人类社会历史发展。可惜的是，相当一部分教师并没有认同或建立这个核心价值观，使教育教学行为失去了操作依据，所以常出现教育专制行为、不依法治教治学等行为，教学效果自然大受影响，所以笔者认为应大力推进教育核心价值观的认同活动，促进教育核心价值观内化。

1.3 增强教育改革的自我效能感，促进教育改革的推进和深化

自我效能感，意即教师对自己是否有能力完成某一行为所进行的推测与判断。自我效能感越强，进行教育教学改革的动力就越强，效果就越明显。目前教师们在教育改革方面的自我效能感不强，原因在于关于教育的理论知识缺乏，获取途径不畅，教育研究的方法不足，所以只能对一些教学方法或技巧做一些小改进，但又缺少研究数据来证明改进的效果，大多停留在感性认识中。要解决这个问题，笔者认为可以做这样一些事情：一是邀请教育科研专家，最好是大学的教育理论专家来校开展讲座，同时废弃教学故事撰写，回到教学

论文的编写中来；二是邀请做教育统计的专家到校开展讲座，让教师们掌握一些关于统计方面的基本技能；三是在本校推出一些教学研究的范例，供教师们学习探讨。有了这样一些措施后，教师们开展教学研究的自我效能感会明显提高，改革的动力就会增强。

1.4 支持、鼓励参与教育教学改革者，调整评价方式

进行教改的老师，有的是为民族的复兴、社会的发展、国家的强盛而改革，有的是为个人目标而改革。我们认为改比不改好，做比不做好，不管他是一个什么样的目标定向，只要他参与教学改革，在促进学生进步和发展的同时，也实现了自己的目标和追求，这样的目标定向是应该鼓励和支持的，也是能得到大家的认可和尊重的。

1.5 改变对本校学生层次认识的角度，推动自主学习的开展

时下有两句话，一句是名师出高徒，另一句是高徒出名师。以深圳市的一些学校为例，高徒出名师发生在一些名校里，这是普通学校教师的共识。但福田中学的学生属于深圳市中上层次，是最容易名师出高徒的，因为如果学生太好了，教师的作用就不能充分体现；如果学生层次太低了，就缺少能自主学习的发生条件。所以，不要抱怨学生层次如何差，我们必须认定该校学生在深圳市属于中上层次，从有高考评价以来都是这样的。因此，该校的临界生特别多，研究到位，措施得力，容易上升很多，反之则下降厉害，这也是高考检验过的。

1.6 教师掌握的教学策略和灵活选择教学策略的能力影响着自主学习的开展，即怎么教的问题

教师在自主学习的大环境下到底需要哪些教学策略呢？要回答这个问题，先来分析课堂教学要素。不管是传统教学模式还是自主学习模式，一堂课主要由三要素构成，即教师的活动、学生的活动和师生关系。这三者中良好的师生关系是获取教学效率的基础。单志艳在调查研究中发现，师生关系对教学组织形式的效应值，对目标设置与学习计划制定、学习过程执行与监控、学习结果评价与反思的总效应值均超过0.85，说明把师生关系作为自变量，教学组

织作为中介变量，把目标设置与学习计划、学习过程执行与监控、学习结果评价与反思作为因变量具有较高的拟合度，从而可以得出良好的师生关系是有效开展自主学习的基础。

教师是参与者、帮助者，也是组织者，教师在自主学习活动中需要思考的问题有哪些呢？我们把完成一堂课纵向划分为学习前、学习中、学习后三个阶段，再来思考这些问题就简单了。

学习前的主要任务是做好各种准备，主要包括教会学生了解和分析自己要进行的学习活动，并根据以前的学习结果和对自己的评价，确定恰当的学习目标，制定合理的学习计划，或者对学习方法进行改进或选择。另一方面，教师也要确定相对稳定的教学组织形式，即确立一个适合学生自主学习教学组织模式。目前关于自主学习的模式很多，国外的如杜威及其弟子们创立的设计教学法、麦臣鲍姆的言语自我指导训练程序、约翰森等的合作学习模式、曼宁的认知性自我指导模式等，国内的如卢仲衡的自学辅导教学法、邱学华的尝试教学法、魏书生的六步教学法等。这些方法的核心思想都是先学后讲，基本程序大致是呈现学习目标、学生自学、自学检查、集体讨论、教师讲解、练习巩固、课堂小结等。根据上述核心思想和基本程序，构建一个具有学科特点的自主学习的模式也不是很难的问题。深圳福田中学推广的实验班经验中的操作性要求可以说是从上述基本程序中提炼总结而成，由于很多人并没有理清其中的逻辑关系，因而出现一些孤立、片面的理解。

学习中主要是执行与监控，包括教学生实时监控与调节自己的学习，并分析与监控教师自己使用一些方法的恰当性和适用性。教学执行或教学实施过程中有一个重要指导思想即提高教学效率，在教学中教会学生如何高效地实施学习行为，确定合理的学习顺序，选择恰当的学习策略，并教会学生如何监控自己的学习行为，进行良好的时间管理，这些都有利于提高教学效率。而教师一方面要观察、指导学生，另一方面自己的教学行为是否高效也是一个考量因素。如当学生面对一个有难度的问题时，会出现三种情况：一种情况是和学生一起把题目分析清楚，讲解清楚，学生也认为听懂了；第二种情况是先把该题目讲解清楚，然后让学生对同类问题举一反三；第三种情况是分析元认知，分析学生为什么会出现不能解决问题的原因，然后选择自己的辅导方法，把该题目讲解清楚，并思考自己所用的方法是否是有效的或高效的，举一反三的题目是否具有规律性的解答方法，总结出能触发生条件反射的重要信号。上述第三种情况可能是我们要追求的境界。

学习后主要是对学习结果进行评价与反思，包括教会学生正确评价自己的学习策略、学习结果，同时给教师自己正确的反馈，反思教学过程中的得与失，调整自己的教学行为和策略。

2. 学生方面的影响因素

对于自主学习的开展，学生是学习的主体，学生的内在潜质、学习动力和所掌握的学习策略以及意志力的强弱都深刻地影响着自主学习的效果。

2.1 学生必须具有一定的心理发展水平，即能学

从发生学的角度来看，自主学习是在自我意识产生之后才出现的，自我意识应该是自主学习最基本的内部条件，现代认知心理学中，自我意识基本等同于元认知。元认知包括元认知知识和元认知监控两方面。元认知知识就是认知自己、认知任务和认知策略等方面的知识；元认知监控是指对自己的认知活动进行积极而自沉地监视、控制和调节的过程，包括制定计划、实施控制、检查结果和采取补救措施等环节。可以看出，一定的心理发展水平是进行自主学习的基础，作为高中生来说已经具备一定的元认知知识，也能在一定程度上监控自己的行为，具有开展自主学习的条件。

2.2 学生必须有较强的自主学习动机，即想学

同样，学生进行自主学习的动机也可以从兴趣、价值观、自我效能感和目标定向四方面分析。首先学生在自我意识的基础上应该具有对学习的兴趣，客观地说，对学习不感兴趣的学生是有的，但有兴趣的学生绝对是多数，只是兴趣的浓厚程度有差异而已。至于价值观方面，对学生来说比较朦胧，特别是时代精神中的民主、法制、科学、创新等方面欠缺较多，而在传统美德方面

相对较好，这与核心教育价值观不够清晰有关，致使我们培养的学生民主意识缺失、法制意识淡薄、崇拜权力和权威、盲目跟随模仿、缺少创新。所以在班级管理中，首先应该将教育的核心价值观根植于学生心中，增强学生为民族复兴、国家富强、社会发展及至整个人类发展而学习的动机。至于自我效能感，涉及学生对自己能力的判断与评价，自我效能感强，即自信心强，开展自主学习的动力也就强，因此一方面教师要多从正面评价学生，鼓励学生，也要教会学生正确评价自己的学习行为，提高自我效能感。至于目标定向，通俗地讲即为什么读书，目标定向越清楚，对个体的发展意义越重大，产生的动力就越强，在这方面可操作性很强。

2.3 学生因不同的学习内容，灵活选择不同的学习策略，提高学习效率，即会学

学生的自主学习策略，大致可以包括这样几方面：注意策略、理解策略、精加工策略、复述策略、组织策略、要点选择策略、批判性思维等。研究发现，当教师设计课程和环境去提高学生自主学习技能时，能提高学生的学业成绩。单志艳在北京、内蒙古、广东三地进行自主学习调查研究发现：无论是高中生还是初中生，学习策略和学习过程的自主性都较弱。从学习策略的内容来看，学生自主学习过程中掌握的策略多少以及策略的灵活运用能力会严重影响学生的学业成绩。作为教师，我们应该思考在每一方面都有哪些策略，在什么情况下可以选用什么策略。

2.4 学生的意志控制水平高，自主学习成效就显著，即坚持学

在学习的过程中，学生难免会遇到各种学习困难和干扰，如一时难以理解的问题、身心的疲劳、情绪的烦恼和外界因素的干扰等，这时候就需要学生用意志来努力控制自己，使学习坚持进行。自主学习的意志理论认为，再强的学习动机也无法取代意志控制在自主学习过程中的作用。一般说来，学生在学习之初都具有一定的学习动机，但是随着学习的进行、学习困难的增加，学习动机的推动作用会逐渐减弱，而使学习得以坚持的力量是意志控制成分。换言之，学习动机对自主学习具有更强的启动作用，意志控制对自主学习具有更强

的维持功能。

自主学习既可以被看成一种能力，又可以被看成一种学习活动。作为一种能力，自主学习经历了一个从他主到自主的发展过程。在自主学习能力发展起来之前，学生的学习活动通常是在教师、父母等他人的直接指导和调节下进行的。在大多数情况下，学生只是按照成人的要求被动甚至机械地从事和调整自己的学习活动。随着学习经验、学习技能的增加，自我意识的逐步增强，学生对自己的学习活动的独立监控、判断、评价的日益增多，其自主学习能力就从低级到高级发展起来。成人的指导和调节就逐渐由主导作用变为辅助作用，学生的自我定向、自我控制和自我指导发挥起主导作用。一般说来，在学生学习的过程中，与之交往的成人给予的引导、监督和启发越多，学生从中获得的学习经验就越多，就能更明确地意识、指导和调节自己的学习过程。因此，学生的自主学习能力的形成离不开教育指导这一外在条件。作为一种活动过程，学生的自主学习也不可能完全游离于教师的指导之外。在现行的教育条件下，学生还必须依赖教师来确定学习内容、获取学习策略、提供学习反馈；遇到自己不能解决的学习困难时，尤其需要教师的指导和帮助。自主学习的社会认知学派之所以把学生主动寻求学业帮助作为自主学习的一个重要特征，就是因为自主学习绝不是撒手不管的学习。

3. 社会因素对自主学习开展的影响

学生开展自主学习，还受社会因素的影响，尤其是家长的影响。家长的态度是积极的还是消极的，是主动的还是被动的，还是无所谓的，影响截然不同，总体来说，多数家长是支持自主学习的，部分家长认为自主学习就是自由学习，老师放任不管，对自主学习的认识有偏差，还有极少部分家长对学生的学习基本上不问不管不顾，基于这种判断，学校有必要向家长、向社会宣传自主学习，让社会明了自主学习的目的、方法与措施，家庭所需的必要支持。

第二章　班级自主管理、自主学习能力测量

第一节　学生自主管理能力调查量表的编制方法

1. 调查学生自主管理能力量表的内容选择

通过研究发现，影响中学生自主管理水平的因素很多，总体上来看主要涉及十方面，包括管理的兴趣、动机、自我效能感、目标定向、价值认同、管理策略选择、管理中的组织能力、交流与沟通能力、对管理结果的评价以及管理求助等十方面。

学生的年龄、性别差异、学校的管理文化以及学生在学校中的地位属性，对上述十方面有着不同的表现。对学生进行深入的调查研究，有助于了解学生的管理能力与潜力，明确培养的方向与重点，对班级自主管理的实施有着事半功倍的作用。

对学生参与班级自主管理能力的了解方式是多样的，比如观察法、谈话法、档案研究法和表格调查研究法，此处重点介绍表格调查研究。因为涉及的因素较多，所以每一方面的题目不能太多，问题设计要具有典型性，每一方面设计两道题，每道题目能反映每个因素的核心；问题的用语具有强烈代入感，要以学生为体验者感受者，比如“我对一些临时的主题活动感兴趣，对日常的事务管理不太喜欢”，让学生体会自己的亲身感受，更好地融入试题设置的情境中，能真实地反映自己的感受；设计的问题答案具有层次性和递进性，否则

不能反映学生的差异。

2. 调查学生自主管理能力量表示例

福田中学学生参与班级自主管理情况调查量表

亲爱的同学：

欢迎你加入福田中学高（　　）班，优良的班风、学风为我们所有人所向往，在这样的环境中，我们可以有融洽的师生与同伴关系，有积极上进的奋斗氛围，有整洁有序的班级环境，这将让我们健康快速地成长。这样的环境建设不仅需要班主任的努力，更需要各位同学的积极参与、不计得失、甘于奉献才能营造。为了解每个同学参与班级自主管理水平差异，特设定此调查量表，请各位同学仔细阅读，本着强烈的责任担当认真完成调查，谢谢！

福田中学高（　　）班

2018年10月

序号	题目	选项				
		从不这样	很少这样	有时这样	经常这样	总是这样
1	我喜欢待在一个团结、和谐、友爱，相互促进的班级里	①	②	③	④	⑤
2	在进行每次活动前，我总是能想到多套方案	①	②	③	④	⑤
3	我对一些临时的主题活动感兴趣，对日常的事务管理不太喜欢	①	②	③	④	⑤
4	班级管理其实挺好玩，我很喜欢做班干部参与班级管理	①	②	③	④	⑤
5	我在设计活动方案时，经常考虑活动的可操作性	①	②	③	④	⑤

续表

序号	题目	选项				
		从不这样	很少这样	有时这样	经常这样	总是这样
6	在班级日常行为管理中，我比较注重方法的有效性	①	②	③	④	⑤
7	对于一个问题我总处理不好时，我会向老师或其他有经验人士求助	①	②	③	④	⑤
8	当我在参加别人组织的活动中，我总会去分析活动组织中的得与失，并进行换位思考——是否有更好的方式	①	②	③	④	⑤
9	每当完成一次活动后，我总是会客观地分析活动中的得与失	①	②	③	④	⑤
10	有时自己的方案很好，但不能得到部分同学的支持，我会尽力说服他们，支持我的管理方案	①	②	③	④	⑤
11	每当班级里有大型活动时，我总是积极参与策划，因为我觉得我对于组织这样的活动很有信心	①	②	③	④	⑤
12	当一件事出现时，我总是思考如何抓住事情的几个关键环节，然后再考虑细节问题	①	②	③	④	⑤
13	我总是因为班级管理占据了学习的时间，所以我不想做班干部	①	②	③	④	⑤
14	班级管理中我总是尽自己的最大努力去做好自己，对其他同伴并无特别要求	①	②	③	④	⑤
15	如果每天都要做一些管理登记，我发现自己总有些丢三落四	①	②	③	④	⑤
16	我认为如果每个人都承担一些班级责任，这样容易相互理解，班级管理起来可能效果更好	①	②	③	④	⑤
17	我认为对于危害班级荣誉的人或事，可以倾听原因，但处罚是不可缺少的	①	②	③	④	⑤

续表

序号	题目	选项				
		从不这样	很少这样	有时这样	经常这样	总是这样
18	如果一个班奖罚条例或措施分明，执行有力，不掺杂太多个人因素，我会争取进这个班	①	②	③	④	⑤
19	班级管理是以后从事管理工作的练兵场，我想积极加入班级管理团队	①	②	③	④	⑤
20	我认为老师对我们进行班级管理不要太多干预，在我们有困难的时候能给一些提示或辅导就行了	①	②	③	④	⑤

3. 学生自主管理能力调查结果反馈

通过对福田中学2018级学生的调查分析，在高中之前阶段，较少的学生参与过班级管理；具有班级自主管理的兴趣及动机比例较低；相信自己能管理好班级的同学也很少，比例为7.6%，自我效能感严重不足，缺乏管理信心；在拥有管理策略方面，只有6.6%的学生反映有一定的方法，而且方法也比较单一，所以管理策略不足；在组织沟通能力方面，曾参与过班级管理的同学具有一定的沟通能力；在管理主动性方面，担任过班干部的同学中83.5%以执行班主任的要求为主，缺少管理创新性；72.3%能给班主任或家长反馈执行过程中的问题，91.3%能积极向老师及家长求助，咨询管理方法，咨询如何管理与学习相冲突的问题。

自主管理的兴趣和动机影响了自主管理的积极性，自主管理能力的大小决定了自主管理水平的高低，能否正确评价自己影响着管理能否坚持，在管理过程中能否主动求助，影响了管理水平的提高速度。上述的调查结果，为班级自主管理的开展指明了工作的方向。

第二节　教师指导学生自主管理能力调查量表的编制方法

1. 教师指导学生自主学习能力调查表内容选择

学生的自主学习，教师不是放手不管，反而承担了非常重要且繁重的工作，而且较多的是前期基础性、前瞻性工作，比如辅助自主学习的导学案编制，对个别难点问题讲解方式的选择、答疑和引导的策略，师生和谐关系的处理，作业的选择和举一反三练习题挑选，高质量测试题的编制，帮助学生完成考后试卷分析和错题集的收集等方面。这些是教师顺利指导学生开展自主学习的基本能力，所以能指导学生开展自主学习的教师必须是成熟型教师，能游刃有余地在各种教学法中切换，完成高效教学。

关于自主学习，我们对相关教师必须在下列几方面进行了解，如是否具有教学改革的兴趣、动机，尤其是指导学生进行自主学习的兴趣与动机；进行教学改革强烈的自我效能感；研究学习新的教学模式并快速熟练组织实施的能力；对教学改革进行深度的总结反思，并能客观地进行自我评价，调整教学改革模式以继续尝试持续力等方面。这些因素都会影响学生自主学习的开展。

为此，设计相关调查表，了解教师在指导学生进行自主学习方法的能力和水平就很重要。调查的内容涉及教师的基本教学能力；参与教学改革的兴趣、动机；进行教学改革的自我效能感；实践教学模式改革的能力；对教学改革的自我评价和能否坚持教学改革等方面。表格制作一样要呈现典型性、代入感、层次性和递进性。

2. 教师辅助学生开展自主学习能力调查量表示例

福田中学教师辅助学生自主学习能力调查表

尊敬的老师：

你好！非常感谢你在百忙之中完成此表的调查，我们知道学生进行自主学习，并不是自由学习，是在教师的辅助下有序地开展学习，开展过程中需要教师提供多种辅助的技术方案进行支持，同时教师对辅导学生开展自主学习的兴趣与动机、自我效能感、熟练学习和运用新教学模式的能力、深度反思客观评价教改效果以及对教学改革的坚持都将有十分重要的影响，为此我们编制了本调查表，对各位教师辅导学生开展自主学习的能力水平进行调查，以期做出有针对性的培训，请各位教师仔细阅读本表各个问题，认真完成调查，谢谢！

福田中学

2018年10月

序号	题目	选项				
		从不这样	很少这样	有时这样	经常这样	总是这样
1	我总是认为教会学生解决的方法比单纯解决一个问题重要	①	②	③	④	⑤
2	课前我总是能编制几个问题来促进学生预习	①	②	③	④	⑤
3	课前我能很好地分清学生能自主学习和必须要老师辅助的内容	①	②	③	④	⑤
4	在自己没把握时总是向其他同事求助来解决学生自主学习方面的问题	①	②	③	④	⑤
5	课堂上讲解的内容针对性很强，而且注重规律性和方法性	①	②	③	④	⑤
6	解答学生的问题时我总是关注学生问题产生的原因	①	②	③	④	⑤

续表

序号	题目	选项				
		从不这样	很少这样	有时这样	经常这样	总是这样
7	教学中我很清楚该内容的课标要求及高考的侧重点	①	②	③	④	⑤
8	当一个较简单的问题学生问了我多次后我很烦躁	①	②	③	④	⑤
9	课堂中我很乐意参与学生们的讨论	①	②	③	④	⑤
10	备课时我总是会很好地分析学生的实际水平，寻求较好地突破知识难点的方法	①	②	③	④	⑤
11	我在条件允许的情况下，总是寻找一些典型例题在课堂上给学生展示	①	②	③	④	⑤
12	针对不同的教学内容，我总是能想到一些有效的教学策略	①	②	③	④	⑤
13	课堂教学中我比较注重规律和方法的总结，课后能编制或寻找一些相关的试题让学生演练	①	②	③	④	⑤
14	我给学生布置的作业不太多，学生基本能全部完成	①	②	③	④	⑤
15	课后我经常反思课堂教学的得失，即时调整自己的教学方法	①	②	③	④	⑤
16	经常会因为学生成绩而不能坚持自己认为较好的教学方式	①	②	③	④	⑤
17	学生养成好的学习习惯需要时间，我会耐心地去调整学生	①	②	③	④	⑤
18	我对传统教学模式的效果总不太满意，总想尝试一些教学改变	①	②	③	④	⑤
19	我觉得我没有能力进行教学改革，我对自己没信心	①	②	③	④	⑤
20	教书就是我谋生的手段，我对教学改革没多大兴趣	①	②	③	④	⑤

3. 教师辅助学生自主学习能力调查结果反馈

教师参与自主学习教学改革方面的调查结果表明：较少教师对教学改革有兴趣，多数老师不认同也没有信心完成自主学习这种教学改革，谈不上能否正确评价改革中出现的问题并及时调整方案的问题；较多教师能在教学中偶尔制作一些导学案，帮助学生明确重难点，并在教学中采用一定方法突破重难点，但在突破重难点的策略选择方面有一种或两种策略的老师占比较高，有三种或三以上的老师占比较低，教学策略则不多，可选择项更少，较多教师能为学生选择适合的作业题，较多老师与学生间关系融洽。

这说明绝大多数教师教学手段比较单一，能基本完成常规的教学任务，能自主或主动开展教学改革的能力有限，对教学改革的信心不足，自我效能感差。

第三节　调查学生自主学习能力量表的编制方法

1. 编制学生自主学习能力调查表内容选择

自主学习，是在教师的参与指导下，一定程度上由学生自己决定学习内容、选择学习方法、确定学习强度、评价学习结果，并利用元认知对学习过程和学习行为进行监控，改善自己的学习方式，提高学习效率，从而实现自主发展的一种学习方式。从学习全过程中学生的参与情况来看，可以从四个方面了解学生自主学习的水平。

第一方面，是否想学方面：这涉及学生对自主学习的兴趣、价值观、自我效能感和目标定向。

第二方面，是否能学方面：涉及在元认知知识层面上的认知自己、认知任务和认知策略，在元认知监控方面包括制定计划、实施控制、检查结果和采取补救措施等环节。

第三方面，是否会学或善于学方面：包括学习过程中注意策略、理解策略、精加工策略、复述策略、组织策略、要点选择等策略的运用以及批判性思维等。

第四方面，是否能坚持学方面：主要是指学习意志的强弱。

每一方面涉及的因素或多或少，每一个因子都将对学生能否开展自主学习或者说开展自主学习水平的高低有着一定的影响，了解学生各项能力的高低，充分发挥学生的优势项，对其弱势项由教师进行一定辅助，便于开展教师辅助下的自主学习，实现精准教学，师生共同成长。

2. 学生自主学习能力调查表示例

高中生自主学习基本状况调查问卷

亲爱的同学你好：

这是一份关于你的学习状况的调查表，每道题目描述的都是一种情境，题目后面均列有①–⑤的选项，这五个选项分别代表由“从不这样”到“总是这样”的5种情况。请仔细阅读题目，并根据自己的实际情况填写问卷，在最符合自己情况的数字上画“√”。本调查仅作科学研究使用，与学习和道德评价无关，因此无须有任何顾虑，请如实作答。

真诚地向你表示感谢，祝你学习进步！

福田中学

2018.10

你的性别：①男　②女

序号	题目	选项				
		从不这样	很少这样	有时这样	经常这样	总是这样
1	如果没有按时完成作业，会深深地责备自己	①	②	③	④	⑤
2	自己挑选一些与学习有关的课外书来读	①	②	③	④	⑤
3	完成老师布置的作业后，还给自己找一些习题做	①	②	③	④	⑤
4	觉得所学的知识对自己很重要	①	②	③	④	⑤
5	做作业时，脑子从未开过小差	①	②	③	④	⑤
6	与班里的其他同学相比，我想我对各学科的内容知道得更多	①	②	③	④	⑤
7	我喜欢课堂上所学的内容	①	②	③	④	⑤
8	自己选择、购买对学习有用的参考资料	①	②	③	④	⑤
9	自习课上，即使老师不要求，自己也知道该学什么	①	②	③	④	⑤
10	上每一节课时，总是全神贯注，从来不走神	①	②	③	④	⑤
11	根据自己的实际情况，制订学习计划和目标	①	②	③	④	⑤
12	一些问题和作业老师并不检查，还是认真思考并完成	①	②	③	④	⑤
13	当天的学习任务，不会留到第二天去完成	①	②	③	④	⑤
14	因为提前预习好了，能听明白老师讲的知识	①	②	③	④	⑤
15	有时会遇到短时间内难以解答的习题	①	②	③	④	⑤
16	上课时把精力集中到老师讲的重点内容上	①	②	③	④	⑤
17	自己寻找没有干扰的地方学习	①	②	③	④	⑤

续表

序号	题目	选项				
		从不这样	很少这样	有时这样	经常这样	总是这样
18	因为玩的时间太长，作业拖到深夜才完成	①	②	③	④	⑤
19	根据学案预习新课，以求抓住重点	①	②	③	④	⑤
20	如果老师不提醒，有时会忘记预习新课	①	②	③	④	⑤
21	为了加深对概念、原理的理解，补充一些实例	①	②	③	④	⑤
22	总结一道题的多种解法，巩固、理解所学知识	①	②	③	④	⑤
23	为了加深对学习内容的理解，多做一些练习题	①	②	③	④	⑤
24	做完一道较难的习题后，总结思路方法	①	②	③	④	⑤
25	上课时，能记下老师的每一句话，且能理解透彻	①	②	③	④	⑤
26	听老师讲课时，对重点内容做一些笔记或用各种符号表示出来	①	②	③	④	⑤
27	复习自己的笔记	①	②	③	④	⑤
28	对于考过的试题（试卷），认真保存，以供复习	①	②	③	④	⑤
29	遇到难以理解的知识、问题时，标注记号以便向老师、同学请教	①	②	③	④	⑤
30	老师所讲的每一项学习要求，都能做到	①	②	③	④	⑤
31	注意观察别人的学习方法	①	②	③	④	⑤
32	以前做错的习题，后来又做错了	①	②	③	④	⑤
33	在家里做作业时，恰好有同学约自己去玩，就会放下作业出去玩	①	②	③	④	⑤
34	上课时如果感到头昏或不舒服，就不再注意听课了	①	②	③	④	⑤

续表

序号	题目	选项				
		从不这样	很少这样	有时这样	经常这样	总是这样
35	对于有些知识不能当堂完全理解	①	②	③	④	⑤
36	简单的习题做不出来时，不好意思请教老师	①	②	③	④	⑤
37	简单的习题做不出来时，不好意思请教同学	①	②	③	④	⑤
38	作业只要认真做完了，就不再作细致的检查	①	②	③	④	⑤
39	反思并改善自己的学习方法	①	②	③	④	⑤
40	发现作业中出现的错误比较多，加强了自我改错	①	②	③	④	⑤
41	学习好不好，主要听从老师和父母的评价意见	①	②	③	④	⑤
42	没能及时归纳、整理以前学过的知识	①	②	③	④	⑤
43	考试或作业出现错误时，没有仔细分析错误原因	①	②	③	④	⑤
44	考试成绩不好时，鼓励自己要加倍努力	①	②	③	④	⑤
45	借阅与学习有关的书籍或上网查找有关学习的资料	①	②	③	④	⑤
46	上课时感到轻松、愉快，很喜欢老师讲解的内容	①	②	③	④	⑤
47	把班上的某位同学作为自己学习的榜样	①	②	③	④	⑤
48	遇到自己实在不能解答的难题时，也不愿请教老师	①	②	③	④	⑤
49	向学习好的同学请教学习的方法	①	②	③	④	⑤

3. 学生自主学习能力调查结果反馈

在想学方面表现出来的特点：

大部分学生对参与自主学习有兴趣，也认同自主学习很重要，并能积极参与老师创设的自主学习氛围，自我效能感很强，认为自己完全可以学好，目标定向比较清晰，目标都指定年级前多少名。从两个数据来看，部分学生对自己的认识不足，有一定的盲目自信，这正是此年龄段学生的特点。

在能学方面表现出来的特点：

多数同学对自己的性格特点、思维方式、逻辑能力等认知不清楚，认知方式较少，策略较单一；在元认知监控方面，多数同学能制订学习计划，但在实施控制方面只有较少的同学能监控计划执行情况，多数同学对结果关注，说明学生的学习往往以结果为导向，在考试结果不利的情况下只有较少学生主动采取补救措施，大多数同学参加了家长报的辅导班或其他形式的培训。

在会学方面表现出来的特点：

多数同学不能及时调整自己的状态，在走神时缺少方法或策略来调整注意力和方向；在理解策略方面，多数同学选择通过听讲和做题的方式来理解知识，只有少数同学会进行精加工来促进理解，极少的同学通过复述等方式来理解和记忆所学的知识，除了要求背诵外，基本没有进行复述的尝试；在学习过程中分不清主次，教师要求的照单全收，多数同学缺少要点选择策略，在做笔记过程中，不会选择，要么全记，要么全不记；少数同学通过对事情整体了解后提出自己的观点，或者其他解决方法，大多数不会考虑情景是否合理、解决方法是否可行，评价主要参照课本或教材，缺少批判性思维。

在坚持学方面表现出来的特点：

多数同学坚持辛苦的学习活动不超过三天，坚持按计划学习不超过一周，表现出一定的学习兴趣，但毅力不足。

因此，教师辅助学生开展自主学习就要帮助学生在学习过程中形成自我监控的习惯，对学习结果表现不佳时，要掌握针对性补救的方法，教会学生在自主学习或听课过程中进行适当的策略选择，如记忆策略、注意策略和选择策略等，并建立适当的方式帮助学生，由他律暗示逐步向自律转换。

第四节　教师辅助学生自主管理能力量表编制方法

1. 教师辅助学生开展班级自主管理能力调查量表内容选择

学生参与班级自主管理，能突显学生的主体地位，发挥学生的管理特长，体验班级、团队管理的苦乐，促进班级与学生个体共同成长。高中阶段的学生，历经了小学、初中的教育和对班级管理的耳濡目染，客观上具备了参与班级管理的可能性。但毕竟学生心智发展的程度比较有限，所以管理的经验、管理的策略与方案、沟通与协调的能力、计划与监控的能力、自我评价的客观性等因素都会影响管理的效果，所以仍然需要班主任的辅助，甚至学科导师的协助。

教师或班主任指导下的学生班级自主管理，教师的地位由主导者变为协助者、服务者、培训者，班级决策的主体、决策程序以及管理程序均发生了变化，班主任的心态也有所不同。当班级自主管理出现较大争议或发生了较大的方向性偏差时，班主任还要有能力在较短时间找准问题，及时解决，让班级秩序回到正轨，所以并不是所有班主任、所有教师都有能力指导班级自主管理。

编制表格可以了解教师管理班级的基础能力，如管理制度的制定、班级文化建设、班级活动组织与凝聚力的建设、班级突发事情的处置、师生与家校的沟通能力等；教师愿意辅导学生参与班级自主管理的兴趣和积极性；教师对班级自主管理模式解读、程序认知、核心关注等方面的理解；教师指导学生参与自主管理的方法与策略选择；总结与反思管理的过程与方法、能力与态度发生的变化。

2. 教师辅助学生自主管理能力调查量表示例

福田中学教师辅导学生参与班级自主管理能力调查表

尊敬的老师：

你好！非常感谢你在百忙之中完成此表的调查。学生参与班级自主管理，可以充分地突显学生的主体地位，发挥学生的管理特长，体验班级、团队管理的苦乐，促进班级与学生个体共同成长，但毕竟学生心智发展的程度比较有限，所以管理的经验、管理的策略与方案、沟通与协调的能力、计划与监控的能力、自我评价的客观性等因素都会影响管理的效果，所以仍然需要班主任的辅助，每位教师在管理风格、认知和能力上均有差异，班主任对班级自主管理的认知、指导的方法、纠偏的策略也是千差万别，为此我们编制了本调查表，对各位教师辅导学生开展班级自主管理的能力进行调查，以期做出有针对性的培训，请各位教师仔细阅读本表的各个问题，认真完成调查，谢谢！

福田中学

2018年10月

序号	题目	选项				
		从不这样	很少这样	有时这样	经常这样	总是这样
1	我曾经主导制定的班级管理制度历经较长时间（如一学期）都能很好地执行	①	②	③	④	⑤
2	我总是能够与家长有效地沟通学生的问题，总是能圆满解决	①	②	③	④	⑤
3	我总是能清楚地知道班级每个学生的性格特点，沟通时能避开学生的禁忌	①	②	③	④	⑤
4	班级出现问题时，我总是能向有关部门反应，协调处理	①	②	③	④	⑤

续表

序号	题目	选项				
		从不这样	很少这样	有时这样	经常这样	总是这样
5	我认为班级文化比较空洞，不能好好解决学生的问题	①	②	③	④	⑤
6	我总是在班级管理过程中组织学生制定值日制度、自习制度、宿舍管理制度、保洁制度等，尽可能减少管理上的随意性	①	②	③	④	⑤
7	我总是会在班级里安排个别同学了解班级舆论动态，及时引导	①	②	③	④	⑤
8	每次校运会，我所带班级总是能获得除比赛以外学校组织评比的其他奖项	①	②	③	④	⑤
9	除了组织体育活动，我还会组织学生的集体生日会、荣誉表彰会，学生在班上很开心	①	②	③	④	⑤
10	当班级有突发事情时，我总是第一时间到场，稳定局势，并与有关部门汇报沟通，协助解决	①	②	③	④	⑤
11	自主管理是以学生为主体、教师为辅助，师生共同参与的一种管理模式	①	②	③	④	⑤
12	自主管理过程中我认为管理程序并不是一成不变的，可以先组成管理团队，然后制定管理方案，也可以同时进行	①	②	③	④	⑤
13	除了学校的各项检查外，我还会注意到在管理过程中学生的心得体会和其他同学对管理者的评价	①	②	③	④	⑤
14	我对自主管理挺感兴趣	①	②	③	④	⑤
15	我对自主管理有了较深的了解，我觉得我能很好地组织学生开展自主管理	①	②	③	④	⑤
16	我总是会了解每个管理者的个性特点，提出适当的管理职位	①	②	③	④	⑤

续表

序号	题目	选项				
		从不这样	很少这样	有时这样	经常这样	总是这样
17	在班级管理制度过程，我总是会提醒管理团队注意可操作性，注意关键节点的管理	①	②	③	④	⑤
18	当我发现管理团队有问题时，我会用适当的方式指出来，并给予正确的方法指导	①	②	③	④	⑤
19	每隔一段时间，我都会反思管理过程中存在的问题，以及这些问题出现的原因，并找出相应的解决办法	①	②	③	④	⑤
20	我总是觉得一种好的管理模式需要深入开展、深入实验才能掌握熟练掌握、灵活运用，不能半途而废	①	②	③	④	⑤

3. 教师辅助学生自主管理能力调查结果反馈

从调查实施结果来看，多数班主任的班级基本管理能力一般，表现为解决班级具体事务较多、从宏观上谋划较少、班级文化建设意识淡薄、提高班级凝聚力的方法不多。较多班主任能深入了解班干部，分配合适的岗位，在制定班级管理制度时能注意到关键点和可执行性。在自主管理的认知方面，对自主管理有兴趣的教师比较少，觉得能很好地指导学生完成自主管理的信心不足；大多数教师具有反思总结的习惯，总是能找到有效的应对方案。

第三章　班级自主管理实践

第一节　梳理管理流程，构建自主管理框架

1. 班级自主管理框架建构

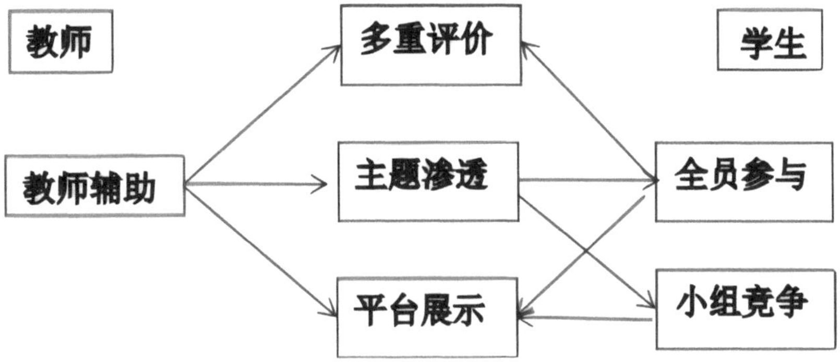

2. 以“辅助、参与、竞争、渗透、展示、评价”为核心的六环节班级自主管理框架

“辅助”，即“教师辅助”学习班级自主管理知识，把握自主管理航向。

从班级建立、发展到成熟过程中，教师都会不同程度地参与班级自主管理，总体来说，随着班级成熟度的上升，教师直接参与班级自主管理的程度越来越低，但对班级的监控与评价会越来越多。教师辅助主要体现在班级形成之

初，激发学生参与班级自主管理的积极性，主导初步成立班级管理团队，以及班级管理团队自主管理能力的培训。在班级自主管理基本成型后，教师应从日常行为的督导与管理中解脱出来，从学生的全面发展的角度上去确立一定的德育主题，进行一定的德育渗透，引导班级形成正确的舆论导向，促进良好班风和学风的形成。同时教师为学生展示自主管理效果搭建平台，创造机会，让学生在管理活动中感受乐趣，提高自我效能感，提升能力。

"参与"，即"全员参与"，体现学生班级自主管理的主体性。

全员首先要接受班主任酝酿或挑选的德育主题，并内化到自己的行为中。全员参与意味着一方面涉及班级发展方向、影响班级荣誉的事必须由全体学生共同决定，如班级管理总章程的制定与执行等。另一方面，班级的全体成员都应参与到班级具体事务的管理中，做到人人有事干，事事有人管，各负其责，人人都应为班级建设承担一份义务，只有这样才会人心思齐、人心向贤、相互合作、相互体谅，才可能建立起良好的班风学风，实践表明在良好班风、学风的班级中，师生之间、学生之间相互促进、共同成长的效果远大于普通班级，成员个人的发展也普遍好于普通班级。

"竞争"，即"小组竞争"，提高学生进行班级自主管理水平。

根据学校教学工作实际，班级自主管理设立三条管理，常务班干、值周班干、特色班干。与自主学习小组相匹配，常务班干由每个小组选出一人，共八人组成，分别担任班长、学习委员、生活卫生委员、体育委员、纪检委员、团支书、宣传委员和组织委员。

常务班干的责任：一是与学校团委、学生会工作对接，负责上传下达；二是负责班级管理制度的制定、督促并评议制度的落实情况；负责大型活动的组织与策划等。

值周班干，由6人一小组组成一个值周团队，其中自行推选确立一名值周班长，值周班长根据小组成员确定学习委员、体育委员、生活卫生委员、纪检委员等。值周班长负责值周团队的分工，督促各委员保质保量地完成各自承担的班级管理工作，如学习委员负责管理班级学习情况等。每小组值周一次，由常务班干落实学校评价的记录，负责通知下一个管理团队，如果值周团队各项评定进入年级前五名，则每小组成员评为管理卓越明星团队。

特色班干，负责完成学校一些非常规的活动，如学校的科技节、艺术节、体育节、篮球赛，足球赛、广播操比赛、学雷锋活动等，在一些特色活动中采用方案竞标、服务最优策略。

小组竞争还要体现在落实班级德育主体的水平上，落实在日常行为规范管理当中，落实在特定平台或机会中的管理技能的竞争。

渗透，即“主题渗透”，践行时代精神与传统美德，促进主流价值观的形成。

当班级的常规管理已完全形成自主管理后，形成一定的班风和学风，此时班主任应对班级自主管理做出更高的要求，进行适当的德育教育，在全体学生的参与下，确立班级的发展方向、发展动力，舆论导向等问题，确立“敢承担、强技能、善管理”的奋斗目标，并在班主任的指导下渗透“习惯决定效率、目标决定高度、意志决定成就”的教育理念，开展“自主学习持续动力的获取”主题教育，促进学生的自主学习。在各种主题活动中让学生学习和体验富强、民主、文明、和谐、自由、平等、公正、法治、爱国、敬业、诚信、友善等新时代社会主义核心价值观和忠、孝、仁、义等传统美德。

展示，即“平台展示”，为学生的自主管理创造机会。

教师要想寻找、创造机会，搭建平台，放手让学生进行自主管理，展示班级自主管理水平，促进管理能力地提高。首先要重视学校的日常行为规范管理，教师要做到“五个凡是”，弱化班主任在班级管理中的地位，为学生提供充分展示自己进行自主管理的平台。其次还可以利用的特色活动，如体育节、篮球赛、足球赛、广播操比赛、学雷锋活动等，把这些特色活动作为展示班级自主管理水平的平台，变被动为主动，既不增加学生额外负担，还可以在活动中让学生充分发挥主动性，竞争与合作，全员参与，献计献策，充分展现。

评价，即“多重评价”，以鼓励为基调，客观公正地评价学生的表现。

评价的目的是促进学生自主管理水平的提高，具有正反馈作用，评价主体包括教师、学生自身，家长或社会团体，评价内容包括发展性评价和终结性评价，评价方法有定性评价也应有定量评价。以评价促反思，以反思促总结，以总结促成长。

第二节 班级自主管理班干部的培训

1. 集体培训

1.1 意识作风培训。

一个有为高效的管理团队，必须有坚定的信念、务实的作风、合理的方案、一流的执行力，才能呈现管理出效率、管理成品牌的效果。在作风意识培训中要求所有班干部要有：

一个信念：

人人都能管班，人人都能管好班，人人皆可成管理大师。

两种意识：

一是团队意识。个人的作用是有限的，班干部只有团结所有同学，依靠同学，团结整个班委，发挥班委的带头作用，依靠大家的力量，才能有所作为，让整个班级进步。二是创新意识。管理是一门学问，班干部要动脑筋，充分调动同学们的积极性，通过制度管理及自身努力争取同学们的积极配合，把为班级服务与个人成长统一起来。

三种作风：

一是学习研究之风。班干部会遇到各种问题，不要凭经验与个人喜好急于下结论，而要深入问题本身，找到问题症结。二是苦干实干之风。班干部是同学们的标杆，只有认认真真做人，踏踏实实做事，才能赢得同学们的信任与支持，在同学中树立威信。三是严谨细致之风。班干部只有严谨细致，才能让自己的服务更加贴近同学，从而最大限度地减少失误。

四种精神：

一是敬业奉献，恪尽职守。当班干部意味着奉献，也意味着成长，只有珍惜岗位，才能将其当作锻炼的机会，自觉地为同学服务。二是秉公执法，刚直不阿。班干部要依照制度对同学的行为做出规范和调整，这时，每个班干部要怀着对同学高度负责的态度，坚持原则，敢于揭露问题。三是奋力进取，奋勇争先。班干部是班级的中流砥柱，是班级发展的动力源与火车头，每个班干部应开拓进取，奋勇争先。四是克难攻坚，百折不挠。班干部面对的问题多，肩上的担子重，要勇于承担责任，迎难而上，全力以赴，确保出色完成各项工作任务。

1.2 业务能力培训。

班主任要定期让班级学生自主管理委员会成员以及值周班干来办公室交流一周管理班级的感受，值周班长首先汇报本周值周工作的经验和困惑，然后班级常务班干成员提出想法和策略，最后班主任再进行补充。这样既能够培养班级自主管理委员会干部解决问题的能力，又能在与同学交流的过程中增强值周班长的能力。集体交流本身就是一种培训，能引导学生从自身的角度思考解决问题的办法。

1.3 班干部培训的主要内容。

第一讲：学生干部的地位——班集体的核心力量，其他学生的榜样，班主任进行日常管理的助手，其他科任老师的教学小助手，未来的管理人才。这一讲的目的是引导学生充分认识班干部的意义和作用，激发学生担任班干部的兴趣和热情。

第二讲：学生干部具备的素质——品德素质、知识素质、才能素质、情感素质、合作精神、奉献精神。这一讲的目的是让学生明白当班干部的条件，为他们指明努力的方向。

第三讲：学生干部的基本职责——每个职务的职责，每个职务的工作技巧，每个职务的轮岗要求。为每个岗位制订详细的职责，要求班干部对自己的职责了如指掌。如宣传委员的职责是每学期制订好宣传计划，每两周出一期黑板报，了解学生思想动态并及时反馈给老师，做好宣传记载，看谁对班集体宣传工作的贡献大，定期向校广播室投稿，运动会上组织同学写宣传稿，学会制作美篇等。宣传委员很好地履行工作职责，掌握工作方法，班级的宣传工作才能顺利开展。这一讲的目的是引导班干部共同确定工作职责，熟悉工作职责，知道自己应该做的事情。

第四讲：学生干部工作的基本方法——先计划后实施，做好记载便于总结，求助于老师，利用班集体的力量，利用社会及家庭力量，身先士卒。这一讲的目的是让学生干部工作时少走弯路，掌握一些常用的工作方法，知晓具体的工作要求和管理技巧。

第五讲：学生干部要处理好几种关系——干部与干部的关系，干部与同学的关系，干部与老师的关系，干部与外班同学的关系，干部与学校、校学生会的关系。这一讲的目的是让学生干部明白日常工作中要顾全大局，站在一定的高度开展工作。

第六讲：工作与学习之间的关系，既有挑战影响也有正面促进作用——挑战影响的因素有时间、精力、挫折（个人冲突）等，正面促进的因素有培养能力、激发热情、受人关注等。这一讲要实事求是地分析，既要客观指出当干部应该做的奉献，也要让班干部认识到当干部对个人成长的促进作用，消除顾虑。

第七讲：如何面对挫折（干部当不下去怎么办）——班干部一般会遇到怎样的挫折？摆脱方式、经历挫折的意义。这一讲要结合具体的实例分析，帮助有困难的班干部走出困境。

第八讲：怎样搞好大型活动——运动会、家长会、班队会、春（秋）游、文艺汇演、课间操和跑操等。

2. 一对一培训

如果某位班干部管理班级的态度不到位、工作能力没有得到提升，班主任又不便当众教育、引导，就可以面对面、一对一地培训这个班干部，这种培训是班主任与学生干部之间平等的交流，一般效果较好。

2.1 阐明职责。

根据岗位设定要求，班长负责班级的整体情况，团支书负责班级的思想政治工作及班级活动，督察部长负责班级日常违纪的监察、处理等。

班长：班长是班级自主管理委员会的最高领导者，对外代表班级，维护班级的名誉和形象。班长应带领全体学生严格执行“班级公约”，管理本班工作，领导其他班干部和学生管理班级。

学习委员：负责班级的学习工作，组织策划各类学习交流活动，课代表请假时学习委员要代收该科作业。

生活委员：负责管理班费、简单维护教室的生活用品，为同学提供力所能及的生活方面的服务。

卫生委员：负责安排、检查和评比班级的卫生劳动工作，组织同学参观、学习其他班级的相关劳动经验。

文娱委员：组织各种文娱活动、编写黑板报等工作。

体育委员：负责管理早操和体育课，记录体育课上学生违纪的情况，组织并监督课间操与跑操。

纪律委员：负责监督、指导值周班长的考勤、管理课堂和自习纪律的工作，并在值周班长没有履行职责时管理班级的违纪现象，按照班规处罚违纪的同学。

团支部书记：做好思想教育和团员管理工作，负责组织有关的班团活动。

2.2 讲具体要求。

对班长的基本要求是吃得苦，耐得劳，吃得亏，有眼力见儿。班长作为带头人，需无条件接受班级，爱这个班级，这样才能接受班级里的每一个同学，对每一个同学充满爱。班长要对班级负总责，所以要腿勤、嘴勤，有事没事对班级多检查，对同学们多提醒。在这个过程中，班长难免会比别人多付出一些，也难免会受一些气，但最终能换得同学的理解与支持。

团支书开展工作的载体就是各种活动，通过活动发展学生，通过活动教育学生。团支书除了关爱班级之外，还需要思维活跃，组织协调能力强，能够根据班级学生的兴趣爱好策划、组织活动，让他们觉得班级存在有价值、有意思。确保天天有活动，周周有比赛，每次活动有详细的方案，活动结束之后有反思，有总结。而督察部长，要在坚持原则的基础上，提醒、教育同学，公平、公正，注重事实。平时多关注班级，关注同学，能够根据班级发展情况及时给出预警。

3. 现场培训

班主任在学生管理班级的过程中进行培训。学生干部在自主管理班级的过程中经常会出现找班主任诉苦的情况，这时班主任应该利用班级管理的现场场景培训班干部，帮助学生干部迅速理清工作思路、找到方向。当班干部走马上任之后，有的会迅速打开工作局面，而有的则找不到头绪。在这种情况下，最好的办法就是组织一次经验交流或者观摩培训，让先行者做出榜样和表率。

比如，临时劳动委员很快进入状态，工作有声有色。他不仅快速完成了高考考场布置的卫生大扫除以及保洁任务，而且还给每个同学分配了任务，有的负责保管财产，有的负责卫生工具摆放，有的负责在门外摆放桌椅，有的负责对墙壁的污垢处理等，基本人人有事做。而同学们对这些安排也非常满意，认为这样做公平、合理。了解到这些情况之后，班主任决定把这临时劳动委员作为一个先进典型，请她为其他班干部介绍经验。以下是她的发言材料：

承蒙大家的抬爱和班主任的信任，我当上了临时劳动委员。说实话，我以前从没当过班干部，但是我一直希望有机会当上班干部，总觉得如果学生时代没当过班干部，终究是个遗憾。现在机会来了，我非常看重这次机会，也非常珍惜这次机会。而这次之所以上手比较快，就是因为我把自己的一些体会和感触放在了里面。其实，我的经验也很简单，就是在保证公平的基础上，让各个任务打包分到各小组，任务明确，然后注重提醒和检查。比如，擦窗户，我就按照我们班的打扫要求、打扫标准具体到人，现在教室里哪个窗户的哪块玻璃该谁擦，要达到什么标准，一清二楚。安排好之后，我就先督促，后检查，对于没有达到打扫标准的，通知相关同学返工即可。开始的确非常辛苦，但是只要同学们形成了习惯，后面就轻松了，况且，每当看到同学们把教室及清洁区打扫得干干净净，我就觉得自己的付出是值得的……经过培训，班干部成长进步得很快，管理班级起来也得心应手。

4. 增强竞争意识，开展评选最佳值周班干活动

每两周班级常务班干对本段值班的值周班干进行点评，然后全体学生民主评议选出“最佳值周班干”。获奖的值周班长要在民主评议会上分享自己值周过程中的思考以及需要改进的地方，并获得学校和年级给予的奖品或奖状；另一方面，对没获奖的值周班干进行思想上的干预或方法上的指导，帮助他们管理水平的提高，有利于班级形成“人人有事做，人人皆班干，人人皆成长”的自主管理氛围。

5. 创造机会，搭建展示平台

5.1 主题班会活动

在实行班级自主管理之后，每周一次的班会活动成了学生集中展示自主管理能力的平台。班级学生按照学习成绩水平、兴趣、能力互补的原则分组，承办班会的小组和班主任共同参与召开班会，班会分为三个程序：①承办小组在班级自主管理委员会的指导下确定主题。②自主策划并实施主题班会相关方案。③评价主题班会。学生自主管理委员会宣传部门记录主题班会的评价结果，每月评选出“最佳主题”和“最佳策划”主题班会，以此调动学生承办主题班会的积极性。对于选定班会主题，学生通常会根据最近的社会热点、学校

相关活动、本班最近存在的问题等有针对性地开展班会活动。比如母亲节前夕，有学生提出可以借助主题班会活动向家长表达节日的感恩与祝福。学生策划、统筹邀请班级部分同学的家长到学校参加主题班会，有的学生在班会上围绕“谁言寸草心，报得三春晖”的主题进行了演讲，也有几位家长和学生分享了自己与孩子沟通过程中的困惑。这种主题班会能给学生和家长提供相互沟通与了解的机会，能给全班学生留下深刻的印象。

5.2 班级特色活动

有些班级平时看起来比较松散，然而一旦召开班级活动就能激发学生的集体荣誉感，往往能通过一次次的班级活动增强班级凝聚力。在班级自主管理过程中，学生需要自己组织开展班级活动，班主任也要常常创造机会让学生自主开展班级特色活动。比如，学习委员跟班主任反映，高二上学期学生学习政治、历史、地理知识的过程中遇到了背诵兴趣不高的问题，并提出了想法：能不能通过组织相关活动提高大家学习这三门功课的兴趣？班主任可以把这个任务交给相关的班干部，让他们设计一份简单的策划案。学生通过在网上查找相关的活动资料并结合当时热播的节目“一站到底”及“天才知道”策划了高二文科综合知识大赛，由学习播音主持的四位学生担任主持人。整个活动环节设置得比较流畅，一定程度上提升了学生学习政治、历史、地理的兴趣。

第三节　管理目标明方向，终身发展奠牢基

《普通高中课程标准（2017年版2020年修订）》对普通高中的性质更进一进明确，指出我国普通高中教育是在义务教育基础上进一步提高国民素质、面向大众的基础教育，任务是促进学生全面而有个性的发展，为学生适应社会生

活、高等教育和职业发展做准备，为学生的终身发展奠定基础。

强健的体魄不仅能展现个人良好的外在形象，同时还有助自我调节不良情绪，从而保持乐观开朗、积极向上心态；强健的体魄也能为一个重要目标，特别是高考冲刺要求给予良好的身体基础保障，让冲刺更有力、更有持续性、更有效果，同时也为未来健康幸福的生活、面对更有挑战的工作保驾护航，所以我们要积极锻炼，强身健体。

学习是学生的根本任务，是学生的首要责任，学习效率的高低既影响学习质量、影响学习信心，也影响其他能力的培养与发展。“会学习”便是学生的首要课题，从大的方面来看，“会学习”应体现出“会预习、会上课、会复习、会考试”，这里的“会”是指有效或高效的意思，研究发现学优生与学困生在“会学习”的差异具体表现这样几方面：课前预习的有无和效果、课堂学习中是否积极主动参与、笔记是否高效、课后是否不定时复习、作业是否测试化、典型错题是否及时收集、大型考试前复习计划制定、实施、考试后的深入反思与总结等。

普通高中的培养目标是进一步提升学生综合素质，着力发展核心素养，使学生具有理想信念和社会责任感、具有科学文化素养和终身学习能力、具有自主发展能力和沟通合作能力。从中看出，高中阶段的主要任务是提升学生综合素质，发展核心素养，从结果来看，经过三年培养，学生理想信念更明确，具有理论自信、道路自信、制度自信和文化自信，充满为中华民族的伟大复兴强烈的社会责任感和科学文化素养，具有自我制定计划、执行和纠正计划、自主监督、自主评价等的自主管理、自主发展能力。

社会责任感是指在一个特定的社会里，每个人在心里和感觉上对其他人的伦理关怀和义务。具体来说就是社会并不是无数个独立个体的集合，而是一个相辅相成不可分割的整体。尽管社会不可能脱离个人而存在，但是纯粹独立的个人却是一种不存在的抽象。简单点说就是没有人可以在没有交流的情况下独自一人生活。所以人人一定要有对其他人负责、对社会负责的责任感，而不仅仅是为自己的欲望而生活，这样才能使社会变得更加美好。一个有社会责任感的人，主要应该具备三点品质：坚持道德上正确的主张；坚持实践正义原则；愿为他人做出奉献和牺牲。在当下对学生来说，他应具有的社会责任感，应体现出来对自己学习与健康成长的责任，维护班级良好学习生活秩序的责任，维护年级、学校良好形象与声誉的责任，对家庭建设适当的责任、对社会和国家富强、民主、文明、和谐发展的责任。在学生阶段重要的责任就是对自己学习生活的责任和班级建设方面的责任。

能力越强，责任越大。要培养强烈的社会责任感，必须从自主管理能力方面着手，通过培养自主管理的基本技能，承担自主发展和班级管理的基本责任，通过技能的熟练、方法的总结、能力的提升承担更大的社会责任。当班级所有或绝大部分学生具有了自主管理能力后，班级就会人人为我、我为人人、人人有事管、事事有人管，管理秩序有条不紊，会极大地促进班风和学风建设。

从学生自主管理多次调查结果来看，学生不愿管理、不会管理、不愿承担责任的现状，究其根本是学生本身缺少管理技能和管理机会，未曾体验管理带来的快乐和喜悦。提高管理能力应从这几方面入手：对班级绝大部分学生进行管理技能的培训，制定培训计划，确定培训内容，邀请优秀班主任和校团委各纪律检查部门，分轮次对学生的管理知识和管理技能进行培训。同时，把班级的各项管理事务分得更细一些，细到如窗帘管理、饮水机管理、垃圾袋管理等，并把各项任务根据学生的志愿分配并赋予他们管理实践的机会，对实践过程中表现优秀的班级干部进行多重奖励，如奖励毛巾、小蛋糕、书签、笔记本等，注重精神鼓励，以技能的习得与提升增强学生管理信心，提高管理兴趣，从而达到“善管理”的效果。

所以在班级自主管理中定下了“强体魄、会学习、敢承担、善管理、能坚持”的管理理念，通过培养学习技能的提升和学习习惯的矫正，提高学习效率；学习水平的提高必然伴随着有更多精力参与班级管理，班级管理的显著提高又会促进班风、学风的建设，有利于班级个体的学习；在一个班风正和学风浓的集体中，必然产生强烈的班级凝聚力，人人都愿为班级服务，都想为班级做贡献，都愿也都能承担更多班级和社会责任。

第四节　自主管理重习惯，强化动机和坚持

1. 多面强化、习惯矫正

班级自主管理的首要任务是促进“会学习”，会自主学习。在自主管理中必须要渗透与自主学习有关的重要理念：习惯决定成败、动机决定目标、意志决定高度。

习惯犹如雨水在地面上冲刷出的沟壑，刚开始那些被雨水冲刷出来的沟渠还很细很浅，随着后续的雨水越来越多地流向这些沟渠，它们会变得越来越深，最终成为深深的河谷。习惯一旦形成，便会不断进行自我加固，直到牢不可破。这种自我强化的特点恰恰是习惯最为神奇，也最为可怕的地方。因为这意味着，尽管所有的习惯都经由自己的行为养成，可是习惯一经形成，便很难改变。

习惯对于学生而言，起着至关重要的作用，在校园中，成绩几乎成为一个学生最重要的标签，也成为衡量其身价，乃至未来成长空间的最可靠指标。可是，这个预测指标真的靠谱么？人们之所以能够预测未来，是因为事物之间存在相对稳定的联系，学习成绩的变化尽管比较稳定，但是还存在着比成绩更为稳定，也更有资格成为预测学生未来的标准——学习习惯。

一个学生努力与否，影响到的只是其成绩变化的速度快慢；而学习习惯的好坏，却会决定学习成绩变化的正反方向。习惯的力量无处不在，在它尚未形成的时候，就要创造或形成习惯；而习惯一旦正式形成，就深深影响或改变着每个人。

好的习惯可以提高做事效率，好的习惯可以是思维习惯也可以是行为习

惯和人际交往的习惯。行为习惯也包含学习习惯。思维习惯影响着学生思考和解决问题的思维方式、思维程式、思维过程和决策方式，从而影响思维结果和决策的呈现方式，也对后续的行动和解决过程起着决定性影响。

从现实来看，优秀学生好的习惯自然会多些。学困生的不良习惯会多一些，主要表现为做事分不清主次，不讲策略和方法，没有时间紧迫感和效率意识，在学习过程中不愿做笔记或者不善于做笔记，不会定期总结反思自己的学习行为和管理行为，也很少采取补救措施，在与人交往方面，比较情绪化，不计较后果。总结起来，这些现象涉及学生的思维习惯、决策习惯、学习习惯和人际交往习惯。

针对这些对学习生活影响较大的不良习惯要进行培养或矫正，在决策习惯方面，根据事情的轻重缓急进行排序，决定解决的先后程序逐步形成“要事第一”的习惯；又如针对某一具体事件解决方案的制定是否合理、行动的程序是否合乎逻辑，做到程序优先；在事件解决过程中能不能调动自己的主观能动性，屏蔽外界环境因素对自己学习过程的影响，做到心无旁骛、效率第一。

对照学生已经形成的习惯，部分不良习惯势必就要矫正，形成一个习惯要三周，但要矫正形成新习惯或许需要三个月，除了耗时较长外，提出的新习惯一定是学生认同的，能增强学生更新的动机。同时，需要多形式的展现与重复，犹如在学生思维体系中建立新的条件反射，因此还需要对初步建立起的习惯用其他方式进行正向反馈，逐步强化，形成稳固的神经突触联系，所以要为学生矫正习惯提供时间、机会，并要善于观察发现习惯改变取得的进步，及时鼓励，给予学生信心与力量。

下图是在军训基地挂出的七大习惯条幅，学生在基地进行各项训练时会反复经过该条幅，这大大增加了七大习惯在学生中的印象。在晨跑时，教官除了军事化的口号外，还将七大习惯加入跑步时的口号，给以语言和声音多形式多区域的刺激。另一张图是各班教室门旁的宣传画，让七大习惯深深地在学生脑海中打下烙印。

善记笔记习惯之改变。以往部分学生记笔记的时候，把老师课件上所有

高一入学军训时的宣传条幅

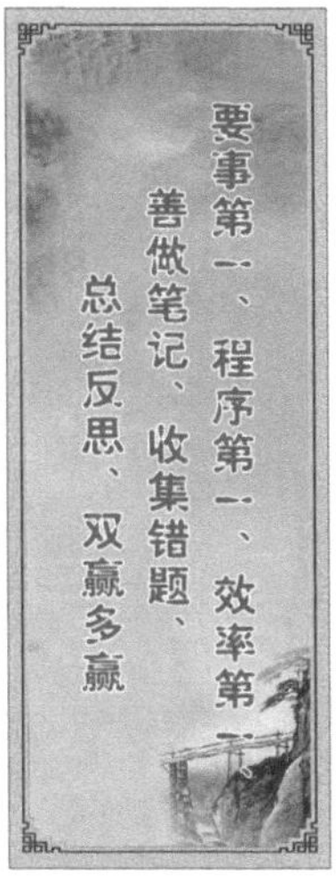

教室外的宣传标语

的文字图形原封不动地照抄下来，导致学生记到笔记，就没有听到老师上课讲解，影响对知识的理解；听了教师讲解，笔记又没记全，课后复习缺少资料辅助。教师上课如果用PPT的话，部分学科的PPT中文字量较大，文字颜色多样，似乎均是重点，学生均应该记录，可事实上又不是，所以得改变教师、改变学生的笔记习惯。

要求教师的PPT中对本节课的框架内容、核心概念用特殊的字号和字体表示，学生在课堂中以记录框架内容和核心概念为主，其他内容在课堂教学中这不必记录，留在课后进行复习巩固、整理笔记时再进行补充，这样既有利于学生在课堂教学中更多的时间紧跟教师节奏，积极互动，勤思巧练，提高课堂自主学习的效率，同时也为学生提供了在课后利用完善笔记的机会进行复习，以及巩固当天所学的知识。

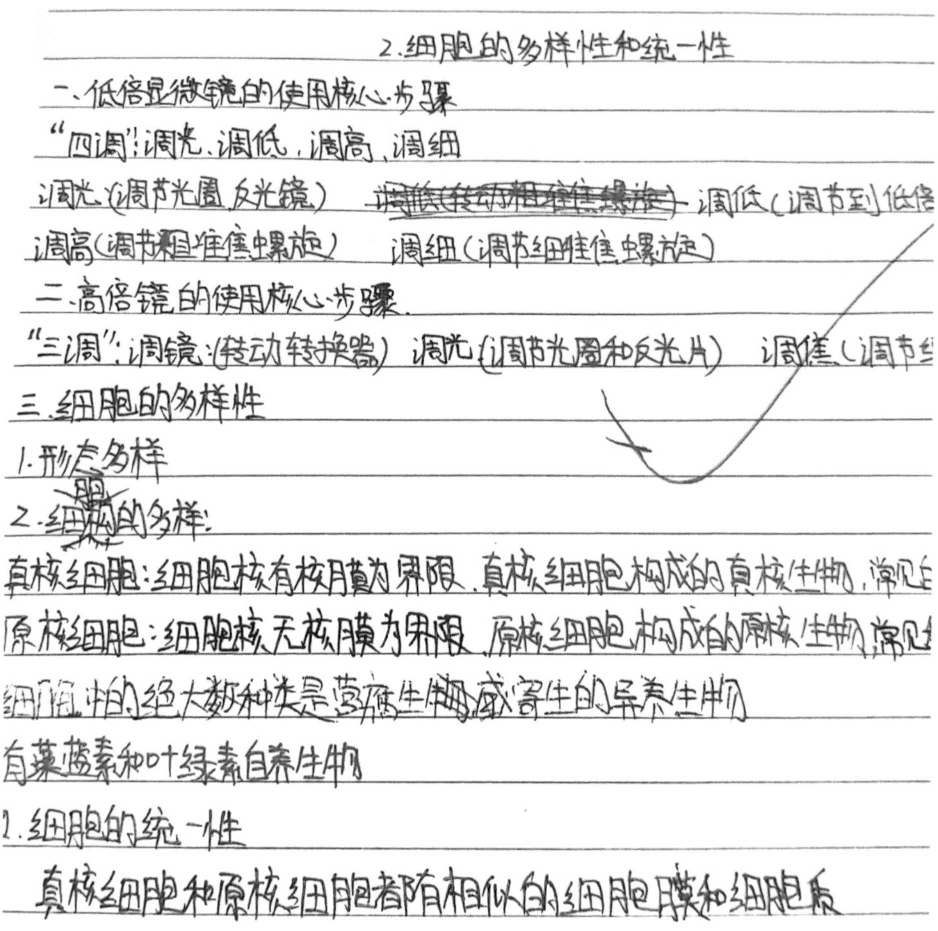

2.细胞的多样性和统一性

一、低倍显微镜的使用核心步骤

"四调"：调光、调低，调高，调细

调光（调节光圈 反光镜） ~~调低（转动粗准焦螺旋）~~ 调低（调节到低倍

调高（调节粗准焦螺旋） 调细（调节细准焦螺旋）

二、高倍镜的使用核心步骤

"三调"：调镜（转动转换器） 调光（调节光圈和反光片） 调焦（调节细

三、细胞的多样性

1.形态多样

2.细胞的多样：

真核细胞：细胞核有核膜为界限，真核细胞构成的真核生物，常见

原核细胞：细胞核无核膜为界限，原核细胞构成的原核生物，常见

细菌中的绝大数种类是营腐生或寄生的异养生物

有藻蓝素和叶绿素自养生物

1.细胞的统一性

真核细胞和原核细胞都有相似的细胞膜和细胞质

2. 目标导向、动机激发

持续不断的自主管理和自主学习兴趣的培养，学习动机的激发，可以为学生源源不断地提供学习和管理的动力。以主题活动与常规手段相结合的方式，持续不断地激发学生的学习动机，培养学习和管理的兴趣。

作为高中生，学习的兴趣和动机短期来自每个阶段目标达成后的喜悦，来自家庭学校和社会的认可，来自高校对他们的吸引力。

走廊里展示的学生目标

学生根据自己各次考试的分数和排名，初步选定自己的目标大学张贴在年级的宣传栏处，对自己宣示、向他人展示，坚定自己的决心。

在高三的誓师大会上签名，激发斗志和动机

精心挑选国内双一流大学宣传画做成展板张贴在年级的走廊处，对学生形成一种目标刺激，促进学生的自主管理和自主学习。

教室走廊里的大学宣传画

在教室里也张贴学生的目标大学，让学生可以随时看到自己的目标大学及时调整学习状态。

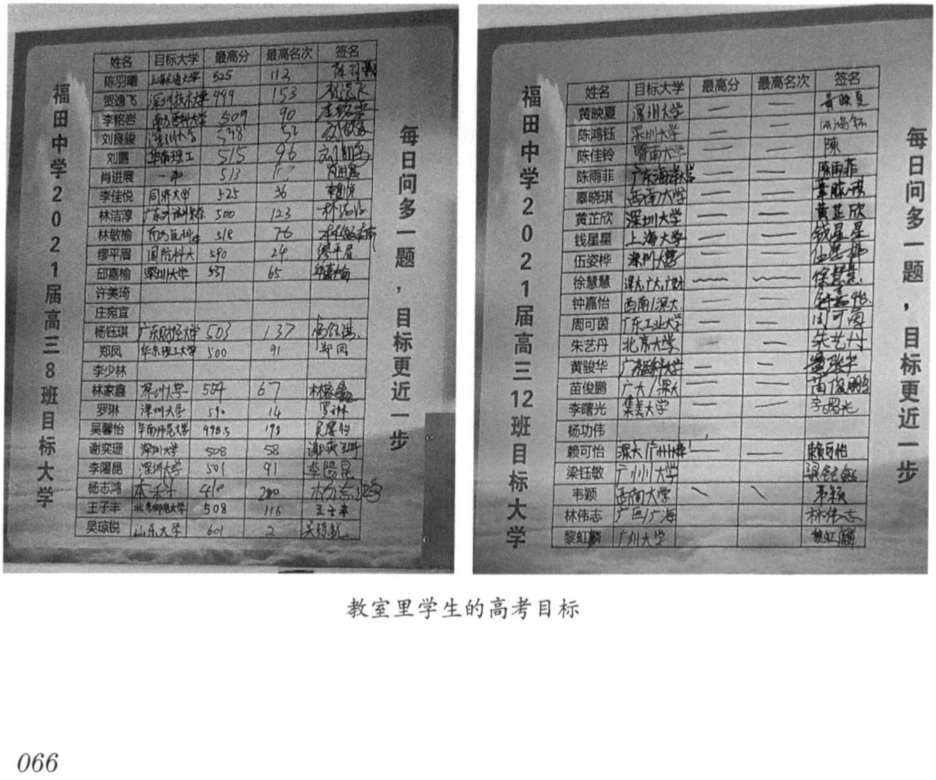

教室里学生的高考目标

除了各种专题活动外，还需要长期持续的动力输入，学生与班主任进行心与心的交流，把平时羞于当面表达的话通过笔尖，通过文字与老师进行沟通述说，缓解学习生活的压力，学习为人处事，自主管理、自主学习的方法，班主任通过这种方式如涓涓细流般给学生以关心、以支持、以温暖、以力量、以方法、以策略。

3. 坚持跑操运动，撰写《成长之路》，磨炼坚定意志

跑操运动，是时下中小学比较流行的集体运动方式，学生听着节奏欢快、动感十足的音乐，班级同学整齐划一的步伐，以饱满的激情、响亮的口号进行跑操运动。并不是每个学生都轻松跑完2000米，并不是每个学生都想跑下

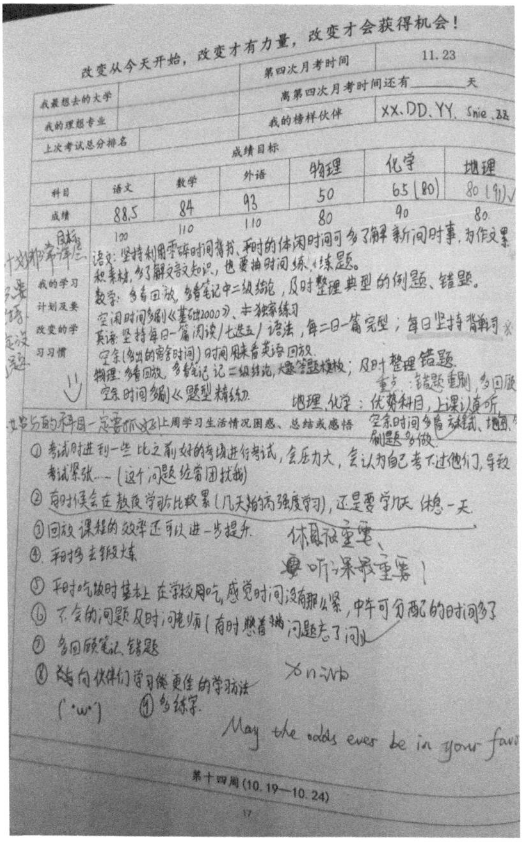
改变从今天开始，改变才有力量，改变才会获得机会！

我最想去的大学			第四次月考时间		11.23	
我的理想专业			离第四次月考时间还有＿＿天			
上次考试总分排名			我的榜样伙伴		XX.DD.YY. Snie.33	
成绩目标						
科目	语文	数学	外语	物理	化学	地理
成绩	88.5	84	93	50	65（80）	80（91）√
目标	100	110	110	80	90	80

我的学习计划及要改变的学习习惯：

语文：坚持利用零碎时间背书，和时的休闲时间可多了解新闻时事，为作文累积素材，多了解文言文知识，也要抽时间练，练题。

数学：多看回顾，多看笔记中二级结论，及时整理典型的例题、错题。空闲时间多刷《基础2000》、+独家练习

英语：坚持每日一篇阅读/七选五/语法，每二日一篇完型；每日坚持背单词，空余（多出的零碎时间）时间用来看英语回放。

物理：多看回放，多看笔记二级结论，及时整理错题。空余时间多刷《题型精练》。

地理、化学：优势科目，上课认真听。

上周学习生活情况回感、总结或感悟

① 考试时进到一些比之前好的考场进行考试，会压力大，会认为自己考不过他们，导致考试紧张……（这个问题经常困扰我）

② 有时候会在熬夜学习后比较累（几天的高强度学习），还是要学几天休息一天。

③ 回放课程的效率还可以进一步提升。

④ 和同学去锻炼

⑤ 平时吃饭时基本上在学校周吃，感觉时间没有那么紧，中午可分配的时间多了

⑥ 不会的问题及时问老师（有时想着问题忘了问）

⑦ 多回顾笔记、错题

⑧ 多向伙伴们学习优秀更佳的学习方法

（'ω'）　⑨ 多练字。

休息很重要，要听课最重要！

May the odds ever be in your favor

第十四周（10.19—10.24）

高三（5）班张健安同学前后两周撰写的《成长之路》

去，并不是每个学生都享受着跑步的快乐，绝大多数同学都不想跑，都不愿跑，班主任跟跑陪跑，无疑会为行将放弃的学生提供心理支持，给予再坚持一下的动力，每个从不想跑到能轻松跑完的同学，每一个曾经为跑完咬牙坚持的同学，无疑均有收获，收获了坚持，收获了坚持后的喜悦，收获了坚持后的风轻云淡。

意志的磨炼还可以通过长期做好一件事，矫正长期形成的不良习惯。《成长之路》，每周都要写，每周都要总结、反思，都要自省计划的执行与落实，这都需要一定的意志，才能有质量的完成。

第一周《成长之路》展示

我的计划：

1.先将较为弱势的文科科目尽量拉起来；

2.理科训练到基础的题目，不会出现失误。

要改变的学习习惯：

易犯懒，遇到某些遗漏的知识点，有时会因为犯懒而疏忽。

我的总结：

开学后，状态还行，但随着时间的推移又难以控制地出现了一些懈怠，上课走神次数稍微增多了一些，写作业时不能保持专注，我或许应该想个办法调整一下状态，否则成绩恐怕无法提高。学习是一件需要持之以恒的事，哪怕真的只是将它当成任务，也应该尽最大努力去高质量地完成它，一定要时刻提醒自己保持住状态，紧绷精神咬紧牙关走向目标。

老师点评：

奋斗目标明确，并能非常了解自己，接下来要做的是调整自己到最佳的状态，给自己定个短期的目标吧，脚踏实地地行动起来，成功完成一个个短期目标就能保证最后成功实现终极目标。

第二周《成长之路》展示

我的计划：

1.把提升空间最大的英语和政治这两科提升到平均水平；

2.再让数学物理等科目通过训练，让会写的题不出现失误要改变的习惯，写作业时不要拖拉。

我的总结：

坚持确实是件很不容易的事。我总是会一个疏忽就忘记自律，于是我去看目标大学的排位，以此提醒自己与目标大学的距离，来提高自己的紧张感。到了最关键的高三，不到300天看起来似乎遥远，但实际上不知不觉间就会度过，如何克服懒惰是我目前最应该思考的问题。我不知道努力是否能得到满意的结果，但我知道不努力一定只有苦果，通过这本书我或许可以每周提醒一下自己，每周一次总结和反思，相信日积月累，一定会有所成效。

老师点评：

了解一下自己的心仪的大学的投档线吧，我帮你百度了一下，2019年录取线是509分（当年高优线是495分），2018年录取线是532分（当年高优线是500分），知彼知己、百战不殆，要加油啊！英语学习希望你能够主动来找，要上到110分初定目标，语文还可以到110分，也是没问题的，加油！

从两周撰写的总结，可以看出学生心理有一定的变化，看出了学生的坚持能持续一周左右的时间，超过一周后就有些坚持不住，需要用一定外在条件，如老师的帮助与鼓励，或撰写心得体会自我总结反思，给予更多动力。同时，也看出这本《成长之路》对学生的学习与提高是有一定价值的，相信经过较长期的积累，一些不良习惯就会慢慢改变，产生更多的正向效益。

第四章　自主学习实践
——以高中生物教学为例

第一节　学案辅助成抓手，自主学习有框架

1.1 高中生物自主学习模型构建

自主学习不是自由学习，不是放任不管，它必须是在教师的有限参与下，通过发挥学生主观能动性，制定计划、选择学习资料与资源、选择空间、选择学习策略来完成课程标准，及对相关知识点的理解与掌握，以及对相应能力的提升。教师参与其中起到协助、辅助作用，工作由台前更多变成幕后工作，学生由被动学习转为主动学习，由独立学习转为合作学习，由接受式学习转为探究式学习。根据学生的认知规律设计了以下教学环节，形成各学科自主学习的基本模型。

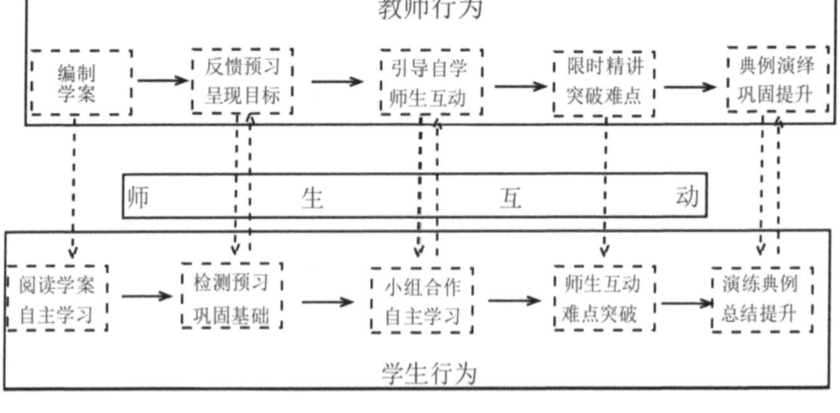

1.2 高中生物自主学习解读

模型解读，从两方面来解读，一个是教师端的解读，一个是学生端的解读。在学生端，学生的自主学习行为有：

阅读学案、自主预习　课前学生根据教师提供的导学案，明确即将学习内容的在课标和考纲要求，在课外时间利用教材、教辅资料或者网络技术进行自主预习，完成相关预习要求。

检测预习、巩固基础　课堂上根据教师对预习内容的说明，学生完成自己对预习内容的订正，纠正自己对基本概念、原理理解的偏差，形成正确的知识体系。预习完成的要求对绝大多数同学来说都是一些可以自主完成的基础内容，因此也可能通过此种方式完成基础的巩固。

小组合作、自主学习　课堂上，在教师的指导下，利用学案的提示，学生开展小组合作学习，自主学习。充分发挥学生的主体作用，让学生主动质疑，主动探究，主动寻求解决问题之道，总结解决问题的规律和方法，同时在此过程中，学生之间可以互动，相互探讨，相互研究，师生也可以进行共同探讨，相互研究，相互启发，完成本节课中的一些基本要求或者是有一定难度的问题。

师生互动、难点突破　这一步主要是在教师的精讲中，学生感受、领悟知识间的内在联系，学习教师提供的思维方式、审题方式、解题方法，学习教师解决问题过程体现的逻辑顺序和关系，学习教师对难点知识的处理方式以及突破难点所具备的知识和技能贮备，同时在教师的讲解过程中，师生可以进行互动，解决学生在理解过程中的盲点。

演练典例、总结提升　利用教师提供的导学案，利用学生自己的教辅资料，对本节所学内容中典型题型进行演练，体验解题程序，感悟解题方法的奥妙，总结所学知识，构建知识体系，提升能力。

在教师端，教师的行为包括：

学案编制　编制学案前的准备工作，一是要充分了解学生，了解课程标准明确各章节中学生存在的主要问题。根据新考纲，明确每章每节的高考要求，每章每节的重点是什么、难点是什么、考试热点是什么，然后根据学生所完成的基础知识过关情况了解学生常见的错误是哪些，学生已经掌握的知识有哪些，学生已经理解只是暂时忘记的有哪些，哪些知识学生通过回忆和看书可以自行解决的，哪些是自己根本就无法解决的，哪些概念理解还不到位的，经常混淆的有哪些，哪些原理还不能灵活运用的，有什么办法帮助学生可以快速高效的解决的，确定学生在各章节中存在的主要问题。二是认真研读新考纲，明确高考新动向。如生物科的新考纲中选择题分数下降，非选择题分数上升。对此我们的解读是选择题数目少，则每个选项可能覆盖多个考点，综合性会很强，非选择题比例增大，增加了学生文字表述机会，通常来讲学生在回答五个字范围以内的答案错误率较低，如果超过5个字，特别是涉及过程描述的题目往往漏洞很多，扣分严重。因此，在学案编制过程中尤其注重选择题的综合性，非选择题要加强学生文字表达能力的培养。有了上述的指导思想和前面的准备工作，学案中应设置的板块大致清晰起来，我们设置了五个板块：

（1）章节的重点和近年的考试热点：根据新考纲确定章节重点，根据近三年广东高考生物X科题目，确定近年的考试热点。

（2）基础知识过关和基本概念原理辨析：涉及本章节的基本知识点，是学生通过回忆或通过看书就可以解决的，以填空的形式出现，绝大多数同学能较快完成。基本概念原理辨析是我们编制学案的重点之一，经基础知识检查和基本练习检查，了解学生关于本章节的基本概念原理的掌握情况，针对学生掌握不清的原理、基本概念的外延和内涵进行广泛联系设置不定向的综合性选择题，有的选择题甚至无答案，让学生对每一选择进行深入地思辨，以解决学生的概念不准、原理不清的问题。

如“通过神经系统的调节一节”中，关于反射、反射弧的概念辨析，设置了这样一组不定项选择题：

1.下列关于反射、反射弧的有关叙述，正确的是（　　）。

A、感受器是由感觉神经末梢构成，能将外界刺激转化为电信号，并形成感觉

B、肌肉或腺体都属效应器

C、反射弧是反射的结构基础，只要有刺激就可以完成一次反射活动

D、传入神经与传出神经只能从功能上区分，无法从结构上区分

E、神经中枢就是中枢神经，就是神经元的细胞体聚集的场所，整个大脑都是神经中枢

通过此题，学生了解关于感受器、效应器、传入神经与传出神经、神经中枢和神经、反射的结构基础以及完成一次反射需要的条件，涉及的信息相当广泛、综合性很高。

（3）自主学习导引：这是本备课组学案编制的另一个重要内容，如何突破难点，突出重点，主要在这板块中进行。一般的模式是结合课本，结合考纲要求，以课本中实例、示意图和模型图为情境，设置描述性问答题，让学生通过自己的思考、分析然后回答，从而让学生对重点进行巩固，对难点进行突破。

如在“神经调节”中，将课本中的示意图进行组合，并设置如下问题：

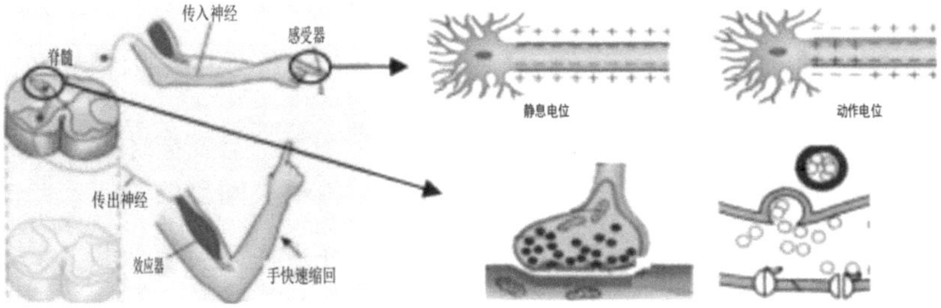

（1）图1是人体缩手反射示意图，请结合图1和图2阐述兴奋如何沿神经纤维由手指传至脊髓？

（2）根据图3阐述兴奋如何完成在两个神经元之间传递的？释放神经递质属哪种物质运输方式，体现了膜的什么结构特点？

（3）如果传入神经受损，是否有痛觉，是否有缩手反射？如果传出神经受损，是否有痛觉，是否有缩手反射？上述现象说明了什么结论？

（4）根据图3说明兴奋在神经元之间为什么是单向传导的？突触间隙是什

么液体？其中的神经递质有几类？如果该递质是兴奋类的，且不分解会出现什么结果？如果有种物质与该递质有相同的受体，当这种物质存在于突触间隙时又会出现什么结果？

通过这样的设计与处理，并经过学生分析回答，学生在课堂上动脑思考的机会、书面表达的机会明显增多，并在他们自己的分析与思考中逐步突破了教学中的重难点，构建了新的知识体系，相对于老师声嘶力竭地讲效果好多了。

反馈预习、呈现目标：这一步是教师结合导学案，将导学案中要求学生预习完成的内容公布结果，作为学生预习效果的反馈，检查学生预习情况，然后再呈现本章书、本节课在课程标准或考试大纲中的要求，帮助学生明白本节课要达到的要求，要完成的任务，要掌握的知识，要提高的技能等。

引导自学、师生互动：学生清楚了课标或考纲要求后，根据学案、教材和教学参考书，进行自主学习，学习过程中可以生生互动、小组互动、师生互动一起解决学习中遇到的问题，在师生互动过程中特别强调教师指导学生进行自主学习方法的提供，强调对学生提出的问题具有较为敏锐的洞察力，不仅能解决学生当下的问题，透过问题要思考到学生产生此问题的原因是什么，学生要解决此问题必须具有什么样的知识、技能基础，教师有什么办法可以较快地帮助学生解决问题背后的问题。同时，在指导学生解决问题的时候，要注意方法规律的传授，注重学生举一反三能力的培养，注重规律与特殊的关系，帮助学生真正解决问题。

限时精讲、突破难点：教师根据与学生互动的情况，了解和掌握学生比较集中的问题，有的问题是教师根据自己的教学经验在课前可以预知的，有些是偶发性的不可预知的，如果是比较集中的问题，而且也是教师预知的，往往也是学生自主学习中的难点知识，教师在课前的备课应该是要精心准备的，准备的内容必须有典型性，讲解过程注重规律与方法的总结，注重学生知识体系的构建，只有这样教师在课堂教学可以做到限时精讲，突破难点。对于偶发性的问题，教师也要解决，这就要求教师在备课时充分理解教材、考纲、课标，参考更多的教辅资料，将相关内容的知识清楚完整理解，这样才可以解决学生的偶发问题。

典例演绎、巩固提升：针对本节课的重要概念、原理、方法，教师可以在导学案中配以举一反三的题目，甚至将题目进行演绎，改变原理发生的范围、改变方法的使用程序，让学生在不同的题目中总结概括出概念、原理或方法的核心思想，提升自己对知识、技能的理解和掌握。

第二节 新课教学可自主，学案编制有不同

——以《减数分裂》为例

《减数分裂》教学设计 1

一、教材分析

《减数分裂》为教材第二章第一节，是在第一章《遗传因子的发现》之后，通过第一章的学习，学生已经初步掌握了遗传的内在规律，提出了遗传因子的重要概念，并验证了遗传因子在生物体前后间过程中遗传规律，遗传因子是什么？遗传因子在哪里？为什么具有这样的传递规律？这些是学生想知道的问题。教材第二章是《基因在染色体上》，科学家采用了类比推理的方法进行研究，类比推理意味着两个生命过程或现象具有相似的传递规律，第一个遗传事实遗传因子的传递规律发生在有性生殖过程中，第二个与遗传有关的生命现象自然是减数分裂，所以学习减数分裂，学习在减数分裂过程中染色体的行为变化规律，为与遗传因子的变化规律进行类比做好铺垫。

本节包含三个内容，一是魏斯曼的理论预测，二是精子的形成过程，三

是卵细胞的形成过程，其中重点介绍了精子形成过程中的染色体的行为变化，尤其是减数分裂中特有的染色体行为，以及分裂的结果。对照精子的形成过程，相对简明地介绍了卵细胞的形成过程，最后总结了减数分裂的概念及特点。涉及的重要生物学概念有减数分裂、同源染色体、非姐妹染色单体、四分体、联会、交叉互换、精原细胞、初级精母细胞、次级精母细胞、精细胞、精子、曲细精管、睾丸、卵巢、卵原细胞、初级卵母细胞、次级卵母细胞、第一极体、第二极体、曲细精管、原始生殖细胞、成熟生殖细胞等。

在社会联系上，给出了烟草、烟雾对生殖细胞形成的影响，不良的环境条件也会影响生殖细胞的质量和数量，提醒学生要形成健康的生活方式，并能分析不良条件对生殖细胞的影响，从而提出解决方案，主动承担起社会责任。

二、学情分析

学生通过初中的学习，知道细胞通过分裂能完成细胞数量的增加，在分裂过程中染色体会复制，分裂完成后能实现染色体和DNA的平均分配。在高中生物《分子与细胞》中学习了有丝分裂，对有丝分裂过程中染色体较详细的行为变化有着更深的了解，对细胞分裂过程中的相关概念，如有丝分裂、着丝点、姐妹染色单体、赤道板、中心体、纺锤体、细胞板等概念有深入的学习了解，同时对染色体、染色单体、DNA的数量变化规律及判断也有一定的掌握，这为学习减数分裂奠定了一定基础。

另外，学生经过一段时间的自主学习尝试，基本形成了在课堂上开展自主学习的习惯，如能通过教师提供的导学案，有序地开展自主学习、小组合作和探究学习，绝大多数学生能够敢于主动提问，主动求助解决学习上的问题，也能通过自主知识梳理完成学习内容的总结与反思。

三、课程标准要求及核心素养分析

课程标准要求，通过本章节的学习，让学生理解生物通过过生殖、发育和遗传实现生命的延续和种族的繁衍。本章节属于高中生物第3个大概念，即：遗传信息控制生物性状，并代代相传。在遗传中，不仅保持遗传性状的相对稳定，还因有性生殖中基因的分离和重组导致双亲后代的基因组合有多种可能。所以在学习中不仅要能阐明减数分裂产生染色体数量减半的精细胞或卵细胞，还要能深刻理解减数分裂过程中的非同源染色体自由组合或同源染色体的非姐妹染色单体的交叉互换，这将有助于理解基因多种组合产生的原因和方式。在课标的教学建议中还提出运用细胞减数分裂的模型，阐明遗传信息在有性生殖中的传递规律，培养学生的生命观念、发展科学思维。

四、核心素养的落实的方法

要落实有性生殖中基因的分离和重组导致双亲后代的基因组合有多种可能，则要落实理解减数分裂过程中染色体的行为变化，特别是非同源染色体自由组合或同源染色体的非姐妹染色单体的交叉互换；要阐明减数分裂产生染色体数量减半的精细胞或卵细胞，则要清晰理解减数分裂过程染色体、染色单体和DNA的数量变化及其原因。所以，在教学中首先要学生对本节内容有整体认识，通过图文配合的方式解释重要概念，构建减数分裂过程的大致框架、思维导图；其次，通过动画演示或模型制作、小组合作学习、自主学习，理解减数分裂过程中染色体的行为变化和数量变化，总结出减数分裂过程中染色体和DNA数量减半的时期及原因，总结出同源染色体分离和非同源染色体的自由组合、同源染色体的非姐妹染色单体交叉互换等因素产生出多种多样的配子；第三，在教学过程中采用口诀编撰法，以有丝分裂过程中染色体的行为和数量变化口诀为参考模板，鼓励学生总结和编撰减数分裂各时期染色体的行为和数量变化口诀；第四，通过自主学习、小组合作对比分析、准确学习精、卵细胞形成过程的异同；第五，结合表格，根据染色体、DNA、染色单体和同源染色体对数的变化绘制这四者在减数分裂过程中的变化曲线，让学生对减数分裂过程中这四者数量变化有更加形象直观的了解，同时分析每一个拐点它变化的内涵及原因和时期；第六，完整理解通过资料阅读、信息收集，了解不良环境对生殖细胞形成的影响，提倡健康生活方式。

五、教学过程流程设计

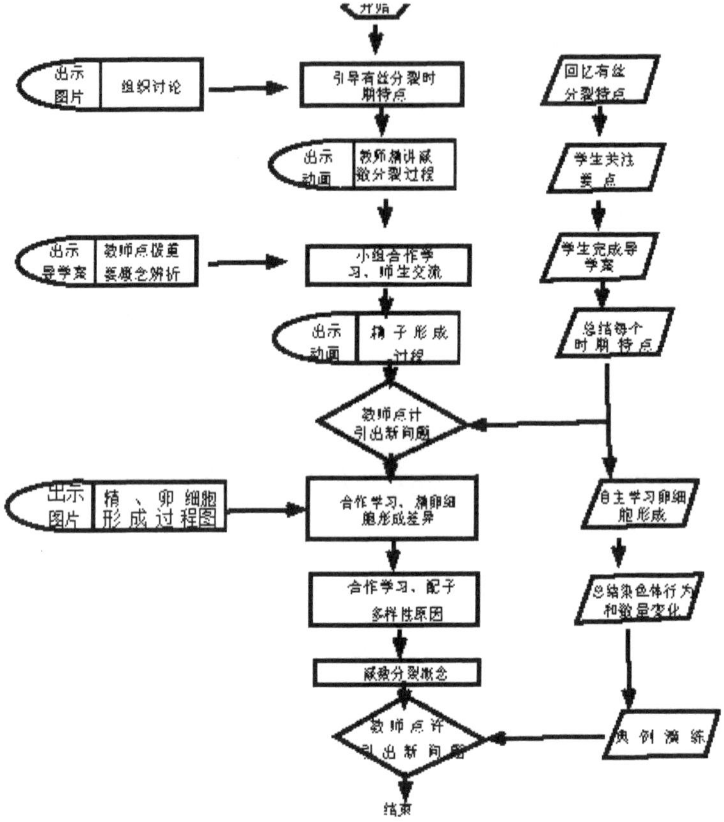

《减数分裂》教案

一、教学目标

1.生命观念：阐明细胞的减数分裂过程，形成遗传的物质观。

2.科学思维：掌握精子的形成过程，理解减数分裂过程中染色体与DNA分子的含量变化，分析归纳精、卵细胞形成过程的异同，对比分析有丝分裂与减数分裂的异同，培养科学思维。

3.社会责任：了解不良环境对生殖细胞形成的影响，倡导健康生活方式。

二、教学重点

1.精子的形成过程。

2.同源染色体、四分体、联会、交叉互换、非姐妹染色单体、减数分裂概念的理解。

3.减数分裂过程中染色体与DNA分子的行为和数量变化。

4.减数分裂过程中非同源染色体自由组合和同源染色体非姐妹染色单体的交叉互换对配子多样性的影响。

三、教学难点

1.同源染色体、四分体、联会、交叉互换、非姐妹染色单体、减数分裂概念的理解。

2.减数分裂过程中染色体与DNA分子的行为和数量变化。

3.减数分裂过程中非同源染色体自由组合和同源染色体非姐妹染色单体的交叉互换对配子多样性的影响。

四、教学过程

（一）复习旧知识

1.复习动物有丝分裂染色体的行为变化过程

以口诀的方式对动物细胞有丝分裂过程中染色体的行为变化和细胞质分裂，回顾有丝分裂过程中染色体的、DNA和染色单体的数量变化，了解有丝分裂过程如何实现亲代细胞的遗传性状稳定的遗传给子代细胞，保证前后代的连续性。

图像	时期	口诀	含义
	间期	蛋合 D 复单出现	蛋白质合成，DNA 复制，出现染色单体

续表

图像	时期	口诀	含义
	前期	二消二现量不变	核仁、核膜解体消失，染色体、纺锤体出现，染色体、染色单体、核DNA数量不发生变化
	中期	形数清晰成赤道	染色体形态固定，数目清晰，着丝点排列在细胞中央形成赤道板
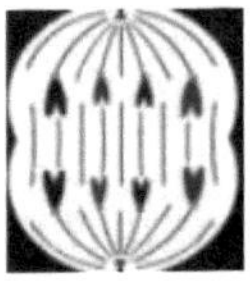	后期	点分体增两极间	着丝点分裂，染色单体消失，染色体数目增加，在纺锤丝牵引下移向细胞两极
	末期	两消两现与前反，细板分质数复原	核仁、核膜重新出现，染色体、纺锤体消失与前期相反，细胞板出现将细胞一分为二，细胞中染色体、DNA数量恢复到与亲本细胞数量相等
动植相异纺质分，有无中心和细板			植物细胞是由两极发出纺锤丝形成纺锤体，动物细胞和低等植物细胞是由中心体发出星射线形成纺锤体；植物细胞在有丝分裂过程中没有细胞板形成细胞壁，动物细胞有丝分裂过程中没有细胞板无细胞壁形成

2.复习有丝分裂染色体、DNA的数量变化

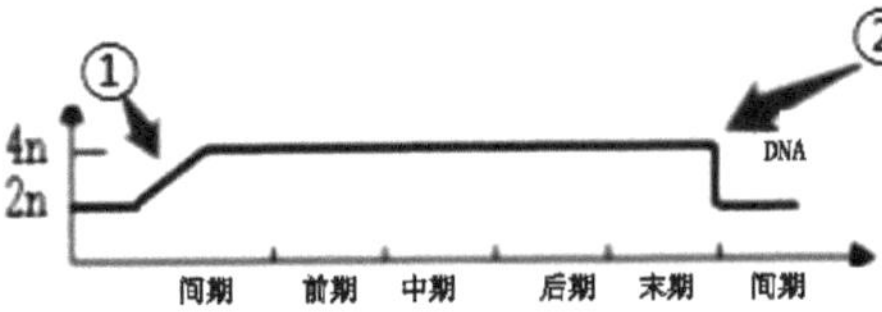

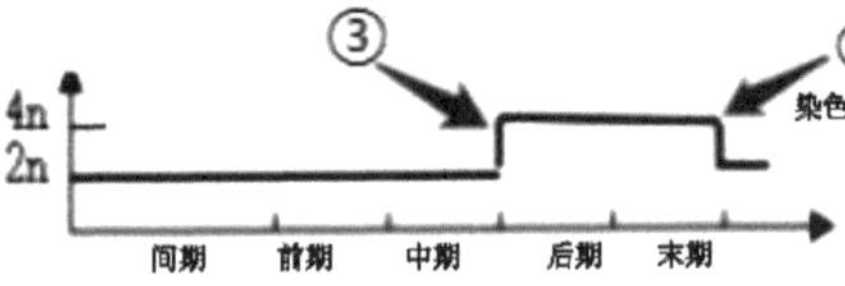

①DNA复制DNA数量加倍。

②细胞质分裂导致细胞一分为2，DNA数量恢复与分裂前相等。

③着丝点分裂染色单体消失，染色体数量加倍。

④细胞质分裂细胞一分为二，染色体数量恢复与分裂前相等。

（二）新授课

1.导入

在腐烂的水果周围常可看到飞舞的果蝇。果蝇的生长周期短，繁殖快，染色体少且容易观察，是遗传学上常用的实验材料。下图是黑腹果蝇雌雄个体的体细胞和配子的染色体示意图。

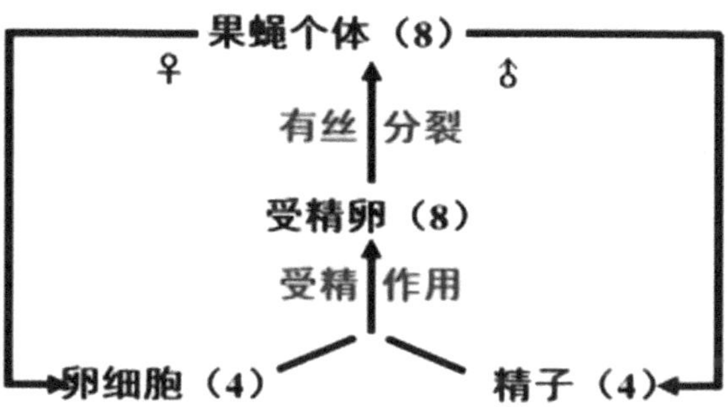

果蝇体细胞和配子的染色体示意图

讨论：

（1）配子的染色体与体细胞的染色体有什么差别?

配子中的染色体数目是体细胞中的一半；配子的染色体是由体细胞的每对同源染色体中的一条组合而成的。

（2）针对这幅图，你还能提出什么问题或猜想?

在精子和卵细胞成熟的过程中，必然有一个特殊的过程使染色体数目减少一半；受精时，精子和卵细胞融合，染色体数目得以恢复正常。

2.减数分裂的概念

减数分裂是进行有性生殖的生物，在产生成熟生殖细胞时进行的染色体数目减半的细胞分裂。在减数分裂过程中，染色体只复制一次，而细胞分裂两次。减数分裂的结果是，成熟生殖细胞中的染色体数目比原始生殖细胞的减少一半。

（1）范围：进行有性生殖的生物。

（2）时期：在产生成熟生殖细胞时。

（3）特点：染色体只复制一次，而细胞分裂两次。

（4）结果：成熟生殖细胞中的染色体数目比原始减少一半。

3.五个核心概念：

（1）同源染色体：配对的两条染色体，形状和大小一般都相同，一条来自父方，一条来自母方，叫作同源染色体。如：A与B，C与D。A与C→非同源染色体。

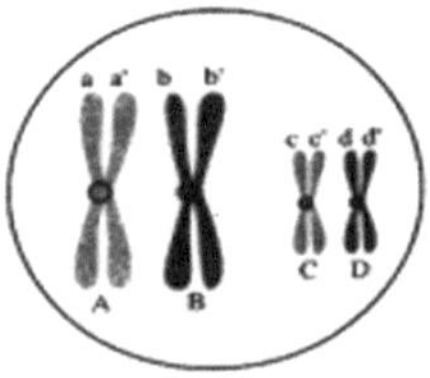

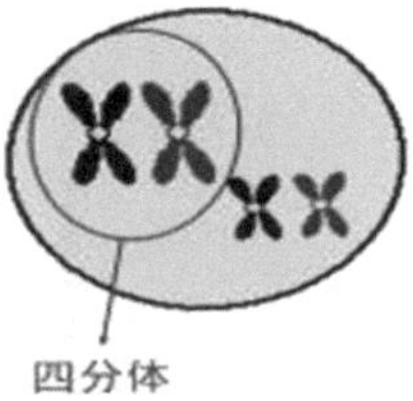

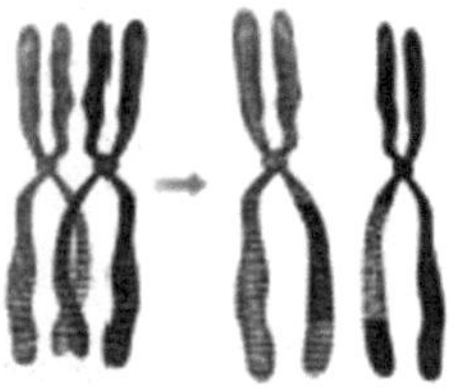

（2）姐妹染色单体：一条染色体复制后形成的两条完全一样的染色单体，由着丝点连在一起。如：a与a'，b与b'。a与b→非姐妹染色单体。

（3）联会：同源染色体两两配对的现象。

（4）四分体：联会后的每对同源染色体就含有四条染色单体，叫作四分体；交叉互换：同源染色体联会时，四分体中的非姐妹染色单体之间经常发生缠绕，并交换相应的片段。

4.精子的形成过程

（1）场所：睾丸或雄蕊

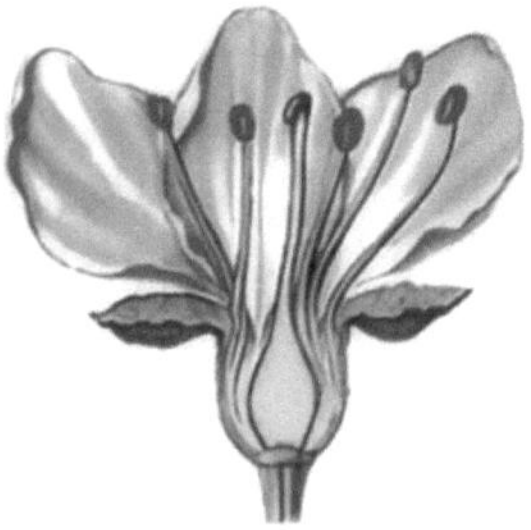

高等植物：雄蕊和雌蕊

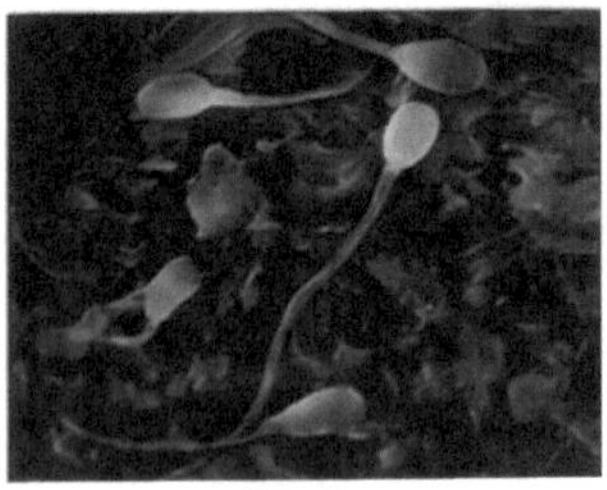

精子

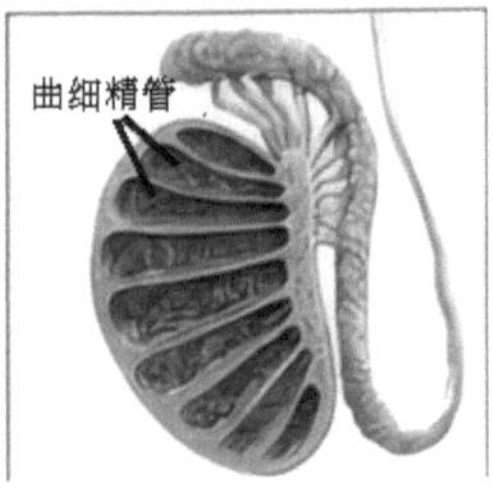

人和其他哺乳动物：睾丸

精原细胞的染色体数与体细胞相同；精原细胞既能进行有丝分裂增加自身的数目，又能通过减数分裂产生精子。

（2）减数第Ⅰ分裂全过程

间期特点：蛋白质合成、DNA复制，出现染色单体，染色体数量不变化，细胞体积增大。

前期特点：同源染色体联会，形成四分体，同源染色体的非姐妹染色单体交叉互换，实现了第一次基因重组；染色体、染色单体和DNA的数量无变化。

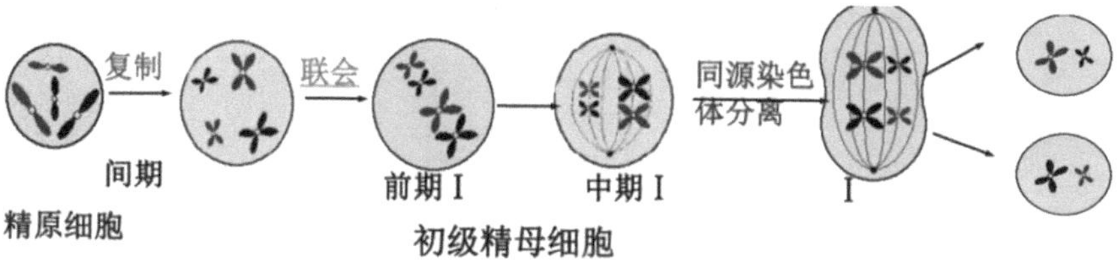

中期特点：四分体在纺锤丝的作用移动到细胞中央的赤道板，染色体的形态清晰、数量固定，且无变化。

后期特点：组成四分体的同源染色体两两分离，非同源染色体实现了自由组合，实现了第二次基因重组；染色体、染色单体和DNA的数量无变化。

末期特点：细胞质分裂，细胞核分裂，一个细胞分裂产生两个细胞，染色体、染色单体和DNA均实现了数量减半。

（3）减数分裂Ⅱ全过程：

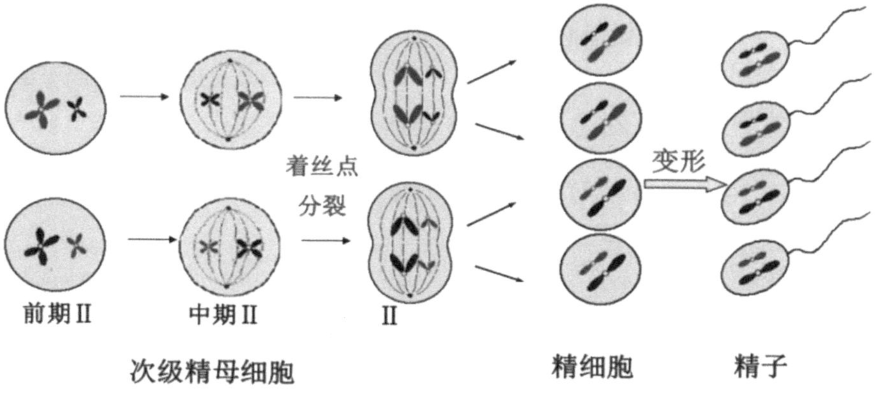

第二次分裂过程中，对于二倍体生物的次级精母细胞除了无同源染色体外，此过程中从分裂开始到结束染色体的行为变化类似于有丝分裂过程，最终一个精原细胞分裂产生了四个精细胞。

精细胞通过变形形成了精子，才获得了受精能力。

（4）形成过程：

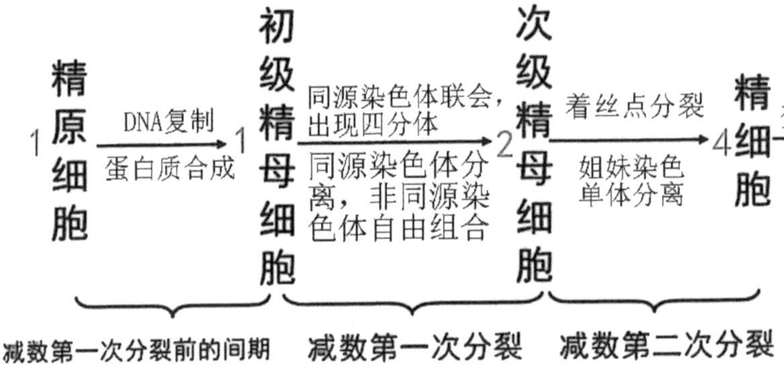

（5）形成过程中染色体的行为变化

时期	图像	口诀	精细胞的形成过程含义
精原细胞（间期）	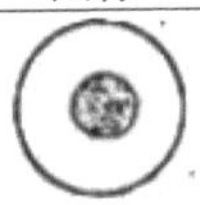	蛋合D复单出现	蛋白质合成，DNA复制，出现染色单体
初级精母细胞 前期		二消二现量不变 唯有联会才同源 同源联会分体现 四分体，四条单 同源非姐可交换	核仁、核膜解体消失，染色体、纺锤体出现，染色体、染色单体、DNA数量不变； 同源染色体不仅形状大小相同，一条来自父方，一条来自母方，最根本是需要能联会才是同源染色体； 同源染色体进行联会出现四分体； 一个四分体含有四条染色单体，4个DNA； 同源染色体的非姐妹染色单体可发生交叉互换进行基因重组。
初级精母细胞 中期		位移中央成赤道	四分体在纺锤丝牵引下移到细胞中央形成赤道板
初级精母细胞 后期		同分非组两极间	同源染色体分离，非同源染色体自由组合，纺锤体拉动染色体的着丝点，向细胞两极移动

续表

<table>
<tr><th colspan="2">时期</th><th>图像</th><th>口诀</th><th>精细胞的形成过程含义</th></tr>
<tr><td colspan="2">末期</td><td></td><td>质分均等辨雌雄
分完已是数减半</td><td>通过细胞质分裂是否均等，辨别是雄性还是雌性个体的减数分裂，如果细胞质分裂均等，则为雄性个体的减数分裂；如果是细胞质分裂不均等，则为雌性个体的减数分裂
第一次分裂完成后，染色体、DNA、染色单体数量均实现减半</td></tr>
<tr><td rowspan="3">次级精母细胞</td><td>前期</td><td></td><td rowspan="4">减分Ⅱ，曾相识
除却同源似有丝</td><td rowspan="4">减数第二次分裂类似于有丝分裂，所以分裂过程似曾相识；
作为二倍体生物的减数第二次分裂，分裂过程中除了没有同源染色体的行为变化外，其他的变化过程与有丝分裂完全相同</td></tr>
<tr><td>中期</td><td></td></tr>
<tr><td>后期</td><td>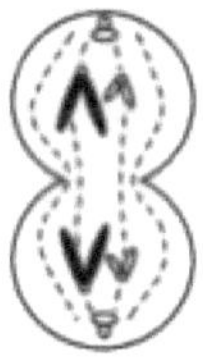</td></tr>
<tr><td colspan="2">精细胞（末期）</td><td></td></tr>
</table>

（6）由学生讨论后完成表格内容（设体细胞中染色体数为2N，核DNA含量为2a）

	精原细胞	初级精母细胞	次级精母细胞	精细胞	精子
染色体	2n	2n	n	n	n
同源染色体（对）	n	n	0	0	0
染色单体	0	4n	0	0	0
DNA	2a → 4a	4a	2a	a	a

（7）根据表格数据做出减数分裂过程中染色体、DNA的数量随时间变化的图像曲线图

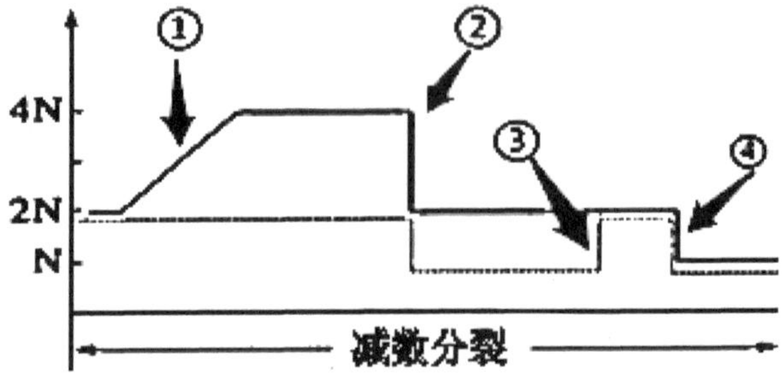

①DNA复制DNA数量加倍；

②简述第1次分裂末期细胞质分裂细胞一分为2，DNA数量减半；

③简述第2次分裂后期着丝点分裂，染色单体消失，染色体数量加倍，在纺锤丝牵引下，移向细胞两极；

④简述第2次分裂末期，细胞质分裂细胞一分为二，染色体和DNA数量。

五、典例演练

（一）判断与选择题

1.与有丝分裂不同，减数分裂形成的成熟生殖细胞的染色体数目会减少。判断下列相关表述是否正确。（正确的打"√"，错误的打"×"）

（1）玉米体细胞中有10对染色体经过减数分裂后，精细胞中染色体数目为5对。（　　）

（2）在减数分裂过程中，染色体数目减半发生在减数第一次分裂。（　　）

2.蝗虫的体细胞中有24条染色体，在观察蝗虫的细胞时，下列现象能够说明该细胞处于减数分裂的是（　　）。

A.出现染色单体

B.同源染色体联会

C.染色体移向细胞的两极

D.子细胞中有24条染色体

（二）简答题

3.下图所示的细胞正在进行细胞分裂，识图回答问题。

（1）这个细胞正在进行哪种分裂？为什么？

（2）细胞中有几条染色体？几条染色单体？

（3）细胞中有几对同源染色体？哪几条染色体是非同源染色体？

（4）细胞中包含哪些姐妹染色单体？

（5）这个细胞在分裂完成后，子细胞有几条染色体？

（6）尝试画出这个细胞的分裂后制图。

《减数分裂》自主学习导学案

一、教学目标

1.生命观念：阐明细胞的减数分裂过程，形成遗传的物质观。

2.科学思维：掌握精子的形成过程，理解减数分裂过程中染色体与DNA分子的含量变化，分析归纳精、卵细胞形成过程的异同，对比分析有丝分裂与减数分裂的异同，培养科学思维。

3.社会责任：了解不良环境对生殖细胞形成的影响，倡导健康生活方式。

二、教学重点

1.精子的形成过程。

2.同源染色体、四分体、联会、交叉互换、非姐妹染色单体、减数分裂概念的理解。

3.减数分裂过程中染色体与DNA分子的行为和数量变化。

4.减数分裂过程中，非同源染色体自由组合和同源染色体非姐妹染色单体的交叉互换对配子多样性的影响。

三、学习难点

1.精子的形成过程。

2.同源染色体、交叉互换概念的理解。

2.减数分裂过程中染色体的行为变化，染色体、染色单体和DNA分子的数量变化及原因。

四、教学过程

（一）自主复习旧知识

1.下表是动物细胞有丝分裂中染色体的行为变化过程示意图，请同学们根据图示回忆分裂各时期染色体的行为变化，以及引起的染色体、染色单体和DNA的数量变化。

图像	时期	口诀	含义
	间期		
	前期		
	中期		
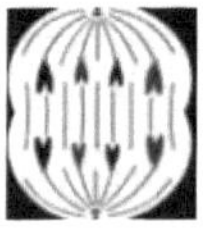	后期		

续表

图像	时期	口诀	含义
	末期		
动、植物细胞有丝分裂过程中染色体的行为差异			

2.复习有丝分裂染色体、DNA的数量变化

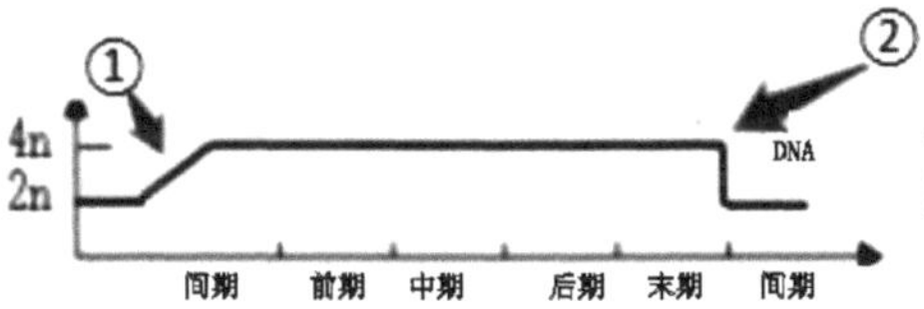

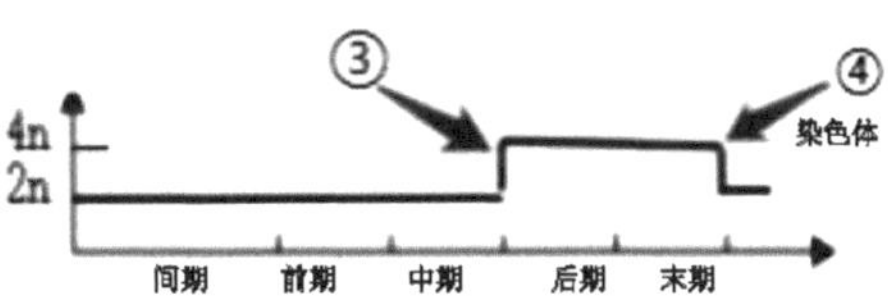

①DNA数量加倍的原因：

②DNA数量恢复与分裂前相等的原因：

③染色体数量加倍的原因：

④染色体数量恢复与分裂前相等的原因：

（二）新授课

1.自主学习、小组讨论

在腐烂的水果周围常可看到飞舞的果蝇。果蝇的生长周期短，繁殖快，染色体少且容易观察，是遗传学上常用的实验材料。下图是黑腹果蝇雌雄个体的体细胞和配子的染色体示意图。

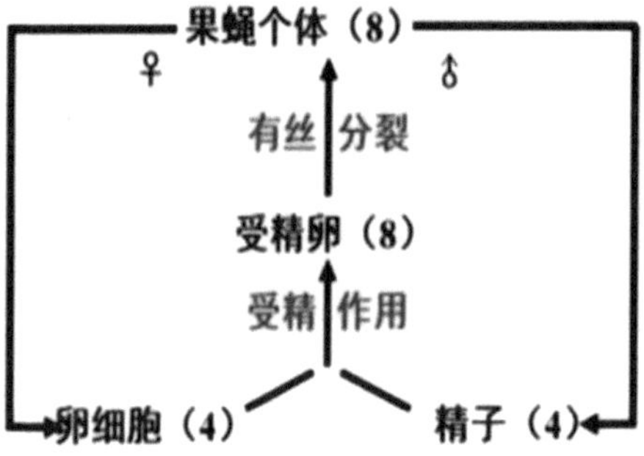

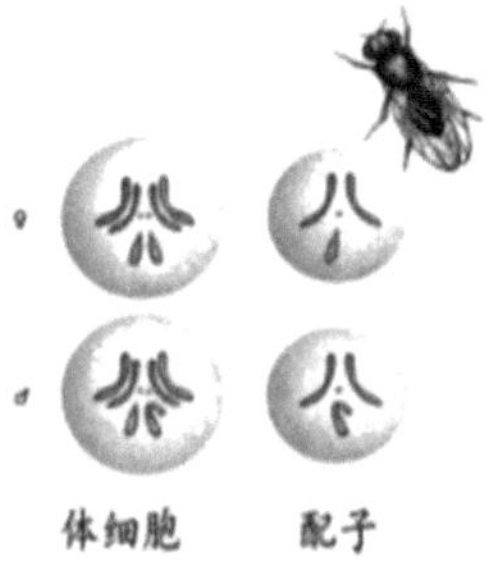

果蝇体细胞和配子的染色体示意图

（1）配子的染色体与体细胞的染色体有什么差别？

（2）针对这幅图，你还能提出什么问题或猜想？

2.减数分裂的概念

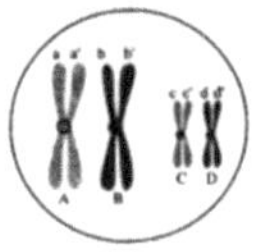

减数分裂是进行有性生殖的生物，在产生成熟生殖细胞时进行的染色体数目减半的细胞分裂。在减数分裂过程中，染色体只复制一次，而细胞分裂两次。减数分裂的结果是，成熟生殖细胞中的染色体数目比原始生殖细胞的减少一半。

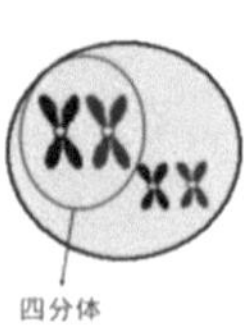

（1）范围：

（2）时期：

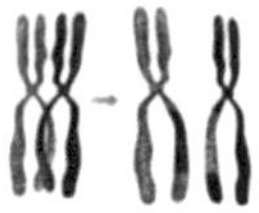

（3）特点：

（4）结果：

3.教师点拨、五个核心概念：

（1）同源染色体：

（2）姐妹染色单体：

（3）联会：

（4）四分体：

（5）交叉互换：

4.精子的形成过程

（1）场所：

（2）减数分裂Ⅰ全过程：

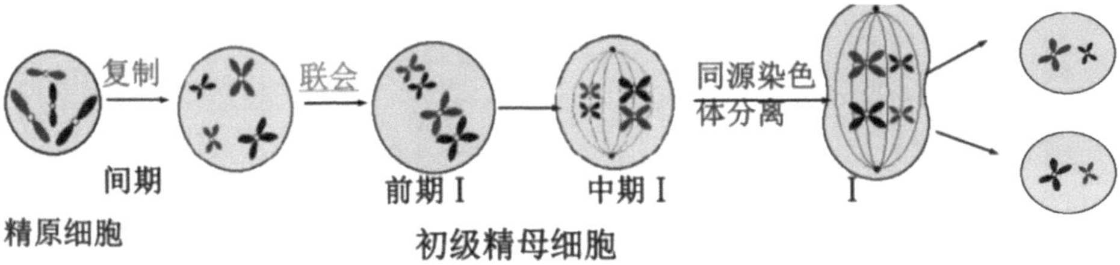

自主学习、合作研究、教师点拨：

请你仿照植物细胞有丝分裂总结的口诀，把减数第一次分裂各时期染色体的行为、数量变化、DNA和染色单体的数量变化总结成口诀，并在右侧表格里写出口诀的每个字或词表达的意思。

时期			口诀	口诀的含义
减数第一次分裂	精原细胞（间期）			
	初级精母细胞	前期		
		中期		
		后期		
	末期			

（3）减数分裂Ⅱ全过程：

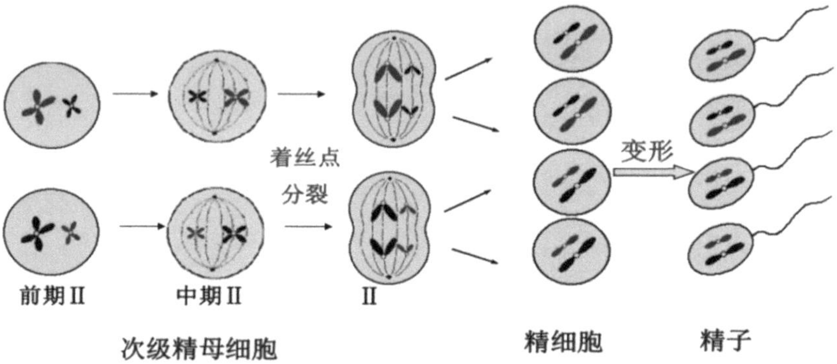

减数第二次分裂

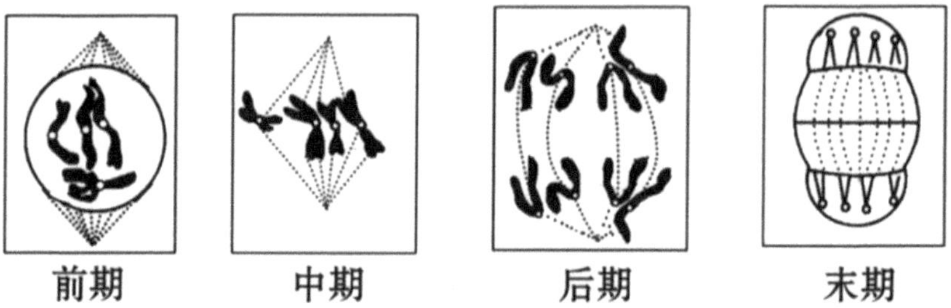

植物细胞的有丝分裂

自主学习、合作研究、教师点拨：

请研究减数第二分裂示意图中染色体的行为变化，再与植物细胞有丝分裂过程中染色体的行为变化进行比较，看看是否有相似的特点？不同的表现在哪些方面?

（4）自主学习、合作研究、教师点拨：

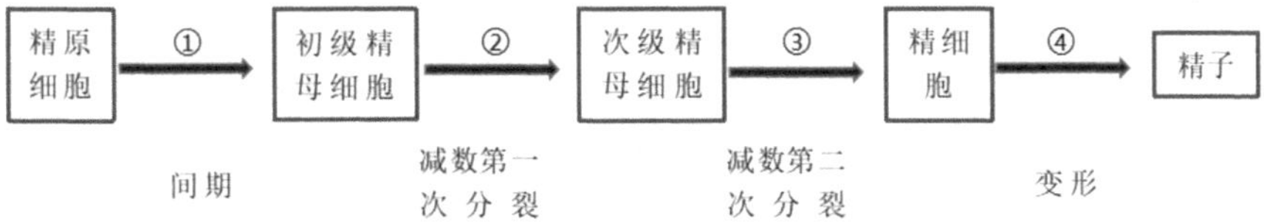

针对精子的形成过程，请总结出四个过程中染色体的主要行为变化：

（5）自主学习、合作研究、教师点拨：

请各小组讨论后完成表格内容（设体细胞中染色体数为2N，核DNA含量为2a）。

	精原细胞	初级精母细胞	次级精母细胞	精细胞	精子
染色体					
同源染色体(对)					
染色单体					
DNA					

（6）根据表格数据做出减数分裂过程中染色体、DNA的数量随时间变化的图像曲线图，总结染色体、染色单体、DNA数量变化时期及原因。

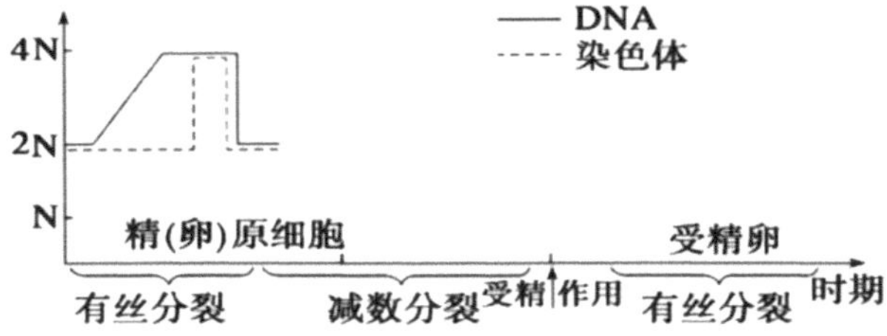

①DNA数量变化时期及原因：

②染色体数量变化时期及原因：

③推测染色单体数量变化时期及原因：

《减数分裂》自主学习教学反思

本章节从课程标准中要求出发，要让学生理解生物通过生殖、发育和遗传实现生命的延续和种族的繁衍。理解高中生物第3个大概念，即：遗传信息控制生物性状，并代代相传。在遗传中，不仅保持遗传性状的相对稳定，还因有性生殖中基因的分离和重组导致双亲后代的基因组合有多种可能。所以在学习中不仅要能阐明减数分裂产生染色体数量减半的精细胞或卵细胞，还要能深刻理解减数分裂过程中的非同源染色体自由组合或同源染色体的非姐妹染色单体的交叉互换，这将有助于理解基因多种组合产生的原因和方式。在课标的教学建议中提出运用细胞减数分裂的模型，阐明遗传信息在有性生殖中的传递规律，来培养学生的生命观念、发展科学思维。

首先，在教学过程中通过图文配合的方式解释重要概念，构建减数分裂过程的大致框架、思维导图；其次、通过动画演示或模型制作、小组合作学习、自主学习，理解减数分裂过程中染色体的行为变化和数量变化，总结出减数分裂过程中染色体和DNA数量减半的时期及原因，总结出同源染色体分离和非同源染色体的自由组合、同源染色体的非姐妹染色单体交叉互换等因素产生出多种多样的配子；第三，在教学过程中采用口诀编撰法，以有丝分裂过程中染色体的行为和数量变化口诀为参考模板，鼓励学生总结和编撰减数分裂各时期染色体的行为和数量变化口诀；第四，通过自主学习、小组合作对比分析、准确学习精、卵细胞形成过程的异同。第五，结合表格，根据染色体、DNA、染色单体和同源染色体对数的变化绘制这四者在减数分裂过程中的变化曲线，让学生对减数分裂过程中这四者数量变化有更加形象直观的了解，同时分析每一个拐点它变化的内涵即原因和时期；第六，通过资料阅读、信息收集，了解不良环境对生殖细胞形成的影响，提倡健康生活方式。

在整个教学过程中师生全程参与，教师精心编制导学案，并进行适时点拨。学生在教师的指导下，开展小组合作学习、自主学习，并结合动画演示和模型制作较好地突破了本节中的难点，掌握了教学的重点，较好地理解了非同源染色体的自由组合和同源染色体的非姐妹染色单体交叉互换，结合第一章成对遗传因子分离，不成对的遗传因子自由组合，让学生自然而然产生了基因与染色体的平行关系，为下一章节中论证基因在染色体上奠定了基础。

《减数分裂》一节教学设计 2：

基于核心素养指导下的自主学习学案设计与实践

以《精子的形成》一节教学为例

《普通高中生物学课程标准（2017年版）》指出课程要反映时代要求，关注学生个性化、多样化的学习，课程的基本理念要以发展核心素养为宗旨，课程内容要聚集大概念，实施过程中注重开展以探究为特点的主动学习，学生获得终身学习能力。注重核心素养的落实，发展关键能力。生物学科的核心素养包括生命观念、科学思维、科学探究和社会责任[①]。

要培养学生终身学习的能力，必须培养学生的自主学习能力，自主学习是在教师的协助下，由学生决定学习内容、选择学习方法、确定学习强度、评价学习结果，并利用元认知对学习过程和学习行为进行监控，改善自己的学

① 中华人民共和国教育部：《普通高中生物学课程标准(2017年版)》，人民教育出版社2020年版，第5页。

习方式，提高的学习效率的一种主动学习方式[①]。教师在学生自主学习过程中的参与，如协助学生解读课标、精选和提供学习材料、编制学案、学法介绍、释义解惑、举一反三等。学案是教师协助学生开展自主学习的重要工具。学案可将教学目标转换为学习目标，设计合理的素材呈现顺序和方式，促进自主学习。

为了更好地检测教学目标的实现，在教学设计中以终为始，进行逆向设计[②]。逆向设计分为三个阶段：确定预期结果、确定适合的评估证据、设计教学活动。现以《精子的形成》一节学案设计和实践进行说明。

1.重教材、重课标，设计学习目标

1.1教材分析

《减数分裂》为高中生物必修二第二章第一节，经过第一章的学习，知道了遗传因子的重要概念，通过假说演绎法研究了遗传因子遗传中的行为，初步掌握了遗传的两大规律。遗传因子是什么？遗传因子在哪里？为什么具有这样的遗传规律？教材通过第二章《基因在染色体上》来回答上述问题，在内容安排上一是介绍减数分裂过程中染色体的行为变化规律，二是将遗传因子与基因的概念进行转换，三是介绍了遗传因子与染色体在遗传过程中的平行行为，进而类比推理得出基因在染色体上的结论。《减数分裂》这一节包含三个内容：精子的形成过程，卵细胞的形成过程以及用显微镜观察蝗虫的减数分裂。设计两课时完成，一课时完成《精子的形成》，另一课时完成《卵细胞的形成及用显微镜观察蝗虫的减数分裂》。

本节课包含两个内容：一是魏斯曼的理论预测，二是精子的形成过程，重点是精子形成过程和过程中染色体的行为变化，尤其是减数分裂中染色体的特殊行为。

在与社会生活联系方面，教材给出了烟草、烟雾等不良环境因子对生殖

① 吴宝山、施望敏：《基于自主学习的效课堂构建》，《中学生物教学》2016第5期，第36–39页。
② 陈佳兴：《浅谈运用“逆向教学设计”训练学生科学思维——以“DNA复制的实验证据”为例》，《中学生物教学》2018年第16期，第21–23页。

细胞形成的影响，也会影响生殖细胞的质量和数量，提醒学生要形成健康的生活方式，并能分析不良条件对生殖细胞的影响，从而提出解决方案，主动承担起社会责任。

1.2学情分析

学生经过初中生物的学习，知道细胞通过分裂完成数量的增加，在分裂过程中染色体会复制，分裂完成后能实现染色体和核DNA的平均分配。在高中生物《分子与细胞》中学习了有丝分裂，对有丝分裂过程中染色体的行为变化有一定程度的理解，对细胞分裂过程中的相关概念，如有丝分裂、着丝点、姐妹染色单体、赤道板、中心体、纺锤体、细胞板等概念也有较为准确的认知，学会了染色体、染色单体、DNA的数量判断方法，初步掌握了上述三者变化规律的数学模型构建程序，这为学习减数分裂奠定了基础。

1.3课程标准要求及核心素养分析

本节体现了“阐明减数分裂产生染色体数量减半的精细胞或卵细胞”次位概念，属于“有性生殖中基因的分离和重组导致双亲后代的基因组合有多种可能”重要概念，也属于高中生物第3个大概念“遗传信息控制生物性状，并代代相传”。

在本章节的教学要求中，要学生不仅能阐明减数分裂产生染色体数量减半的精细胞或卵细胞的机制，还要能深刻理解“非同源染色体自由组合或同源染色体的非姐妹染色单体的交叉互换产生多种类型的精子或卵细胞”这一原理，这将有助于理解基因多种组合产生的原因和方式。在课标的教学建议中提出运用细胞减数分裂的物理模型构建，阐明遗传信息在有性生殖中的传递规律，来培养学生的生命观念，通过模型与建模、归纳与概括来发展科学思维。

1.4自主学习目标设计

以核心概念学习，架构减数分裂概念模型；以自主学习、合作学习准确理解精子形成过程；以数学模型的构建掌握精、卵细胞形成过程中染色体、DNA和染色体单体数量变化规律。

2.重情景、重素养，设计评估证据

2.1设计评价内容，创设问题情境，评价核心素养达成

细化学习目标，将学习目标转化为评价项目或评价内容，围绕评价项目、评价内容、创设问题情境，以终为始，进行逆向设计，促进学生用所学的知识与能力解决真实问题。问题情境可以是特定条件下的，可以是给定条件下的，也可以是真实情境的，根据科学思维的进阶，在学习的初始阶段宜偏重创设特定情境，在深度学习阶段，宜侧重创设真实情景。基于上述原因，在本节内容的初步学习阶段，重要概念理解、精子的形成过程宜设计特定情景，在总结提高的两个问题，如DNA或染色体数量变化模型构建、遗传的稳定性及变异的多样性设计的问题情境偏向于给定情景或真实情景。

表 1：基于学习目标的评价内容、问题情景及评价方式表

评价内容	问题设计	评价方式	评价主体	核心素养
有丝分裂的掌握情况	以植物细胞有丝分裂过程示意图为例，染色体的哪些行为变化使细胞分裂前后染色体数量保持不变？染色体、DNA 的数量判断方法有哪些？	纸笔检测	教师	生命观念 科学思维
概念模型构建	如果要构建减数分裂的概念模型，你认为要用哪些核心概念和重要行为变化呢？请在笔记本上运用你选定的概念及行为构建一个简单的减数分裂概念模型。	提问与纸笔检测	教师	科学思维
精子的形成过程	请根据教材示意图分析，精原细胞到精细胞的形成过程中，哪些行为实现了染色体和 DNA 数量减半？	观察与纸笔检测	师生	科学思维
减数分裂中染色体和 DNA 数量模型构建	如果某精原细胞含有 2 对同源染色体，你能画出减数分裂过程中染色体（或 DNA）的数学变化曲线吗？你能解释曲线中各拐点产生的原因吗？	纸笔检测与提问	师生	科学思维 科学探究

续表

评价内容	问题设计	评价方式	评价主体	核心素养
染色体的行为变化与遗传稳定性和变异多样性的关系	男性的一个精原细胞如果不发生交叉互换能产生几种类型的精细胞？如果发生交叉互换能产生几种类型的精细胞？ 一个男性个体不考虑交叉互换可能产生多少种类型的精细胞？考虑交叉互换呢？	提问	师生	生命观念 科学思维

2.2根据solo分类理论设计学业成果评价表

SOLO分类理论是由香港大学教育心理学教授比格斯和他的同事科利斯首创的一种描述学业等级的一种质性评价方法。该理论认为，人们在回答某个问题时的思维结构是可以检测的。该理论将学生对某个知识的学习成果划分成五个层次，由低到高分为：前结构、单点结构、多点结构、关联结构、抽象扩展结构①。下面以本节两个不同类型的问题为例，设计学习成果评价方案，判断学生在每个问题回答过程中表现出来的层次水平，反映目标达成情况。表2是"精子的形成过程"学业评价表，用以评价学生的科学思维水平之核心素养，表3是"减数分裂过程中染色体、染色单体和DNA变化的数学模型构建"，用以评价学生的模型与建模科学思维方法。

表2："精子的形成过程"学业成果评价

学业等级	等级特点	学生反馈呈现等级评价
前结构	对问题线索和解答混淆，对问题拒绝、同义反复、转换、跳跃到个别细节上	完全不能回答，或者能回答个别行为变化，之间没有严密的逻辑

① 闫白洋：《利用 SOLO分类理论进行生物学科学思维的表现性评价》，《生物学教学》2018第4期，第16–18页。

续表

学业等级	等级特点	学生反馈呈现等级评价
单点结构	运用问题线索和单个相关素材作答，只能联系单一事件进行概括	能回答染色体在减数分裂某时期的行为变化及该行为产生的结果
多点结构	运用问题线索和多个孤立的相关素材，能根据几个有限的、孤立的事件进行概括，事件间不能建立联系形成整体认知	能回答染色体、DNA 数量判断方法，能用该方法判断特定图示中染色体、DNA 的数量
关联结构	运用问题线索和相关素材，能处理素材间的关系，能在设定的情景或已经历的经验范围内利用相关知识进行概括	能根据教材图示，准确描述某时期染色体行为变化，并准确地说出该时期细胞中染色体、DNA 的数量
抽象扩展结构	运用问题线索和相关素材，整合素材，做出新的假设判断，能通过演绎与归纳对未经历的情景进行概括	能根据教材图示，准确描述某时期染色体行为变化，并准确地说出该时期细胞中染色体、DNA 的数量，能准确总结减数分裂过程中染色体、DNA 数量减半的原因

表 3：“减数分裂中染色体、染色单体和 DNA 变化的数学模型构建”学业成果评价

学业等级	学生反馈呈现等级评价
前结构	能认识染色体或染色质，不会判断染色体数量
单点结构	能区分染色体与染色质、能根据图像判断染色体、染色单体和 DNA 数量的方法
多点结构	能根据减数分裂各时期图像，判断减数每个时期的染色体、DNA 和染色单体的数量，并能在坐标图把数量变化与相关时期准确对应，绘制曲线图
关联结构	除多点结构要求外，还能准确说出数量变化的时期及原因，能准确说出三条曲线图之间的关联关系
抽象扩展结构	除关联结构要求外，还能说出符合该模型所需条件，能用具体的事例进行证明，当纵坐标类型更换后，如更换为染色体与 DNA 的比例也能准确绘制相关曲线图

3.重自主、重素养、重评价设计教学活动

教学活动设计为教师指导下的自主学习，所以学习活动教师要准备好教学用的视频、示意图，学案等工具。为激发学生的学习兴趣，问题设计必须具有一定的情景性，同时还应具有可评价性，便于教师的评估，学生的学习方式有自主学习、合作学习以及教师讲授，科学思维的培养上设计归纳与概念、模型构建、演绎推理等多种思维方法的训练。

表 4：“减数分裂”一节教学活动设计

问题情景	教师活动	学生活动	核心素养培养
以植物细胞有丝分裂过程示意图为例，染色体的哪些行为变化使细胞分裂前后染色体数量保持不变？染色体、DNA 的数量判断方法有哪些？	教师提供学案，观察学生的回答情况，适当指导，了解学生对有丝分裂过程及染色体、DNA 数量判断方法的掌握情况	根据学案中的示意图，进行自主思考与回答，回忆有丝分裂分裂中染色体的行为变化的关键点，回顾染色体、DNA 数量的判断方法	根据特定情景，巩固学生对有丝分裂核心概念的掌握，建立遗传与稳定的生命观念，复习归纳与概括、模型与建模的科学思维方法，发展科学思维
如果要构建减数分裂的概念模型，请认真阅读教材，你认为要用哪些核心概念和连接词呢？请在笔记本上运用你选定的概念、连接词构建一个简单的减数分裂概念模型	教师巡视，个别点拨与集体点评相结合	学生小组合作，探讨减数分裂概念模型的基本构架和重要行为变化，构建概念模型	基于特定的情景，通过概念模型构建，完成减数分裂的整体认识，发展科学思维
请根据教材示意图分析，精原细胞到精细胞的形成过程中，染色体通过哪些行为实现了染色体和 DNA 数量减半？	提供示意图，动画和视频，进行巡查，检查学生对每个分裂时期染色体行为的总结，并进行问题适当分解与指导	学生自主学习与合作学习相结合，根据教材、教师提供的动画及视频，总结归纳，减数第一次分裂中染色体的特殊行为，导到减数分裂结束后染色体、DNA 二者的数量减半	根据特定情景，通过归纳与概括学习减数分裂过程，构建减数分裂的概念模型，发展科学思维

续表

问题情景	教师活动	学生活动	核心素养培养
如果某精原细胞含有2对同源染色体，你能画出减数分裂过程中染色体（或DNA）的数学变化曲线吗？你能解释曲线中各拐点产生的原因吗？	教师巡视，适度指导，点评、提问，评价学生数学模型的构建过程	学生根据给定的条件，根据有丝分裂过程中建立的染色体或DNA数量变化模型，通过自主学习与合作学习，构建减数分裂过程中染色体或DNA的数量变化模型，分析模型中趋势变化的原因及时间	基于给定情景，通过模型与建模的科学思维方法，准确掌握减数分裂过程中染色体或DNA的数量变化规律，发展学生的科学思维和科学探究能力
男性的一个精原细胞如果不发生交叉互换能产生几种类型的精细胞？如果发生交叉互换能产生几种类型的精细胞？一个男性个体不考虑交叉互换可能产生多少种类型的精细胞？考虑交叉互换呢？	教师点拨：一个男性体内有若干个精原细胞，且同一时期进行减数分裂的精原细胞数量很多。教师对学生进行问答式评价	学生基于自身关注的真实情景，通过自主学习，师生互动，运用所学的知识解释现实生活中的生物学问题	基于真实情景，男的一个精原细胞和一个男性个体产生精子的过程，通过归纳与概括，演绎与推理，发展科学思维。运用所学的知识解释现实生活中的生物学问题，培养变异多样性的生命观念

4.重实践、重观察，深入教学反思

4.1逆向设计，目标达成过程化

以往课堂教学目标达成主要通过课后学生作业完成情况或测试效果进行评价，在教学过程中对目标达成效果评价相对较少，通过逆向教学设计，重构了教学设计方式，把教学评价内容分散到核心素养达成或关键能力培养的各个环节中，使评价过程化，能较好较全面地反映出学生的学习效果，也更有利于核心素养的培养。

4.2学案辅助，自主学习不偏航

自主学习不是自由学习，教师对学案的编制，可以充分发挥教师的专业能力，准确解读课程标准，有效整合课堂内外、教材正文与旁栏的资料信息，设计适当的教学情境，编制紧扣学习目标的练习题，对学生的自主学习有效或高效的进行起到积极作用。

4.3情景设计，助力思维方法训练

在核心素养之科学思维评价进阶中，强调基于不同情景，选择多种思维方法，通过归纳与概括，演绎和推理，模型和建模等方式培养科学思维，本节课的情景设计从特定到给定再到真实情景，选择的思维方法有概括与归纳、模型与建模，实现了多情景多方法的灵活运用，极大地促进了学生科学思维培养。

参考文献

［1］中华人民共和国教育部：《普通高中生物学课程标准》（2017年版），北京：人民教育出版社，2020：5。

［2］吴宝山：《施望敏.基于自主学习的高效课堂构建》，《中学生物教学》，2016，09（5）：36-39。

［3］陈佳兴：《浅谈运用“逆向教学设计”训练学生科学思维——以“DNA复制的实验证据”为例》，《中学生物教学》，2018，23（16）：21-23。

［4］闫白洋：《利用SOLO分类理论进行生物学科学思维的表现性评价》，《生物学教学》，2018，43（04）：16-18。

以 4C 为核心的教学流程在高中生物概念教学中的实践与探索

——基于 ACOP 学习机会评估维度

生物学课程是科学领域的重要学科课程，教学内容聚焦生物学大概念，发展核心素养。概念教学通常通过重要概念、次位概念和一般概念的学习，形成和发展生物学大概念，概念教学贯穿生物学教学始终。如何开展概念教学，在概念教学中重点关注哪些维度才能有效教学或高效教学，是教学中重点思考的问题。ACOP的学习机会评估项目针对概念教学给出了评估维度，这似乎为评估维度转化教学设计维度提供了方案，但如果转化为教学设计维度，那么设计维度又应该包含哪些内容，每项内容在教学中如何实施，如何构建合乎认知科学教学流程呢？本文结合高中生物教学实践，进行了一定的探索。

1. 基于 ACOP 学习机会评估维度构建高中生物概念教学流程

1.1从ACOP学习机会评估维度明确概念教学要素

ACOP是美国教育部、地平线研究小组、RMC研究小组等多部门为完成“评估数学和科学合作计划的影响”项目时开发的评价数学和科学课堂教学质量的方案。ACOP评估方案的设计基本理念，一是基于学习科学，强调教学应关注学生的前概念，发展对概念的深度理解；二是基于有效教学，强调高质量的学习机会是有效教学的突出特征。将学习机会评估作为整个评估系统设计的重点，学习机会评估包含五个维度：科学内容、呈现前概念的机会、接触相关科学现象的机会、利用证据得出结论并对现象提出论点的机会、理解目标概念的机会。

每个维度有具体的特征表象，“科学内容”强调科学知识的准确性、学习内容与目标概念一致性；“呈现前概念的机会”强调学生知道、记录、表征前概念以及思考方式；“接触相关科学现象的机会”强调接触和关注科学现象，记录和描述数据；“利用证据得出结论并对现象提出论点的机会”强调理解、解释数据，证据证明和质疑论点；“理解目标概念”强调将学习内容与目标概念联结，将目标概念与前科学概念联系，新概念应用到新的情景中。[①]从五个课堂评估维度转化到课堂教学设计，概念教学的课堂设计则应该关注这五个维度。

1.2高中生物学强调概念教学

生物学概念是核心素养之生命观念的重要组成部分，生命观念的建立依赖于生物学概念的准确理解与掌握。在《普通高中生物学课程标准（2017年版）》中将概念分为生物学大概念、重要概念和次位概念，在教学建议中要求组织教学活动时，应该围绕大概念和重要概念展开，依据重要概念精选恰当的教学活动内容和活动方式，教学策略可以是讲解、演示、讨论，也可以是基于学生动手活动或对资料的分析及探究。在教学过程中，教师还必须注意学生头脑中已有的前概念，特别是那些与科学概念相抵触的错误概念，课堂教学活动要帮助学生消除错误概念，建立科学概念。[②]

1.3构建以4C为核心的高中生物概念教学流程

所谓4C，即4个创设，按教学流程来看，分别是创设机会呈现前概念、创设情景体验机会、创设探究论证机会理解概念、创设目标概念应用机会，具体流程如下图。流程图中起点是学生的前概念，终点是科学的目标概念，在达成目标概念的过程中，注重了学生前概念的呈现，在创设的学习情景、探究与论据、目标概念应用场景均要考虑与目标概念的一致性，教学过程选择的素材具有典型性和有效性。

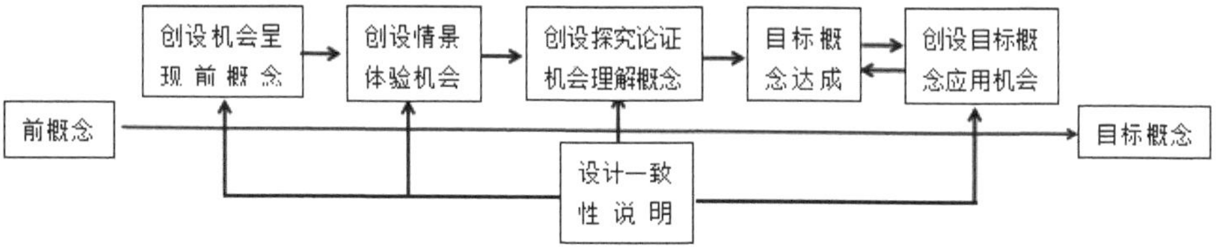

图1 以4C为核心的高中生物概念教学流程

① 周丐晓、刘恩山：《从美国ACOP课堂教学质量评估系统看对有效教学的追求》，《外国教育研究》2020年第5期，第103–118页。

② 中华人民共和国教育部：《普通高中生物学课程标准(2017年版)》，人民教育出版社2020年版，第58页。

2. 以 4C 为核心的高中生物概念教学流程在教学中的应用

为了更好地说明4C为核心的概念教学流程在教学中的应用，以人教版高中生物《血糖平衡调节》一节为例，进行了实践与探索。

2.1创设机会呈现前概念

2.1.1分析课程标准与教材，明确相关章节目标概念

根据《普通高中生物学课程标准（2017年版）》，《血糖平衡调节》属于“生命个体的结构与功能相适应，各结构协调统一共同完成复杂的生命活动，并通过一定的调节机制保持稳态”这一生命观念；从属于“内分泌系统产生的多种类型的激素，通过体液传送而发挥调节作用，实现机体稳态”重要概念；直接反映的次位概念是激素通过反馈调节等机制维持机体的稳态。根据教材对次位概念内涵的梳理，本节内容由五个概念形成了次位概念的基本支架，第一个是“正常人体，无论是在运动还是安静状态下，人体的血糖浓度总是维持在一定的水平”；第二个是“血糖平衡的调节，也就是调节血糖的来源和去向，使其处于平衡状态”；第三个是“胰岛素是唯一能够降低血糖浓度的激素，胰岛素和胰高血糖素共同维持血糖含量的稳定”；第四个是“血糖调节主要依靠激素的作用，血糖的平衡还受到神经系统的调节”；第五个是“在一个系统中，系统本身工作的效果，反过来又作为信息调节该系统的工作”。

2.1.2设置问卷，呈现前概念

前概念指学生在接受正规科学教育之前所形成的概念，这些概念中有些是正确的，有些是错误的。错误概念是人们在日常生活及以往的学习中形成的、与当前科学理论对事物的理解相违背的经验的理解。错误概念的形成往往不是由于理解偏差或遗忘而造成，它经常与日常直觉经验相联系，植根于一个与科学理论不相容的概念体系或概念生态之中。[①]

了解前概念对目标概念的准确形成有着重要意义，如何了解学生的前概

① 刘恩山：《中学生物教学论》，高等教育出版社2009年版，第7页。

念，如教学之前教师提出一些观点让学生判断，通过调查问卷进行收集。[①]在本节中设置了这样一份课前问卷，呈现学生的前概念。

下列是生活中常见的一些说法，请同学们对这些学法进行评价，如不认同，请说出你的理由：

①正常人体一天中刚吃完饭后血糖浓度最高，在饥饿时最低，血糖几乎耗尽，血糖处于不平衡状态。

②正常人体假如血糖是平衡的，血糖的来源应该是淀粉等糖类物质的消化吸收。

③正常人体假如血糖是平衡的，血糖的去路有细胞呼吸和通过小便排出。

④注射胰岛素就可以治疗糖尿病。

⑤胰高血糖素是胰腺外分泌部分泌，促进消化道中糖类物质的吸收从而升高血糖的一类激素。

⑥为平衡血糖浓度，胰岛素抑制胰高血糖素分泌，胰高血糖素促进胰岛素的分泌。

⑦正常人体的调节都是以神经调节为主。

⑧假如血糖的平衡还受神经调节，调节的效应器是自主神经末梢和所支配的胰岛A细胞或胰岛B细胞。

⑨正常人体在便秘时通常会反复收腹增大腹腔压力，促进排便。

⑩正常人体在环境温度发生较大的变化时会通过加减衣服来保持体温稳定。

设计一致性设计说明：第1项检测是针对第一个概念提出；第2、3检测是针对第二个概念提出；第4、5、6项是针对第三个概念提出；第7、8项是针对第四个概念提出；第9、10项是针对第五个概念提出。设置的说法均来自生活实际，有的是从他人获得，有的是自己亲自体验。

2.2创设情景体验机会

以本校本年级某老师参加深圳市马拉松短视频为例，借用教材问题探

---

① 安代红：《基于前概念调查的初中生物学概念转变教学策略探究》，《生物学通报》2016第10期，第41页。

讨，创设与目标概念接触的机会。马拉松长跑是赛程超过40km、历时2小时以上的极限运动，运动员每小时至少要消耗300g糖类。血糖可以补充肌肉因运动而消耗的糖类。正常人的血糖含量为3.9～6.1mmol/L，全身的血量大约为5L。

计算：如果仅靠血液中的葡萄糖，运动员能跑多长时间？讨论长跑过程中大量消耗葡萄糖，会导致血糖含量下降吗？为什么？

设计一致性设计说明：以本校教师参加本市马拉松比赛为情景，增强学生亲近感与体验感，拉近学生与目标概念的距离，设置问题让学生分析与计算，激发学生求知欲，激发学生了解人体如何通过调节实现血糖平衡的兴趣。

2.3创设探究论证机会理解概念

概念一：正常人体，无论是在运动还是安静状态下，人体的血糖浓度总是维持在一定的水平。

合作探究1：图一是一正常人一天24小时中，每隔两小时测定的血糖浓度变化曲线图，请根据结果分析正常人一天中血糖浓度变化有什么规律？

正常人体一天中无论运动还是静止，血糖浓度总是一定范围内波动。在进食后血糖有一定程度升高，一段时间后下降；运动后血糖浓度有所降低，但也在一定范围内变化。

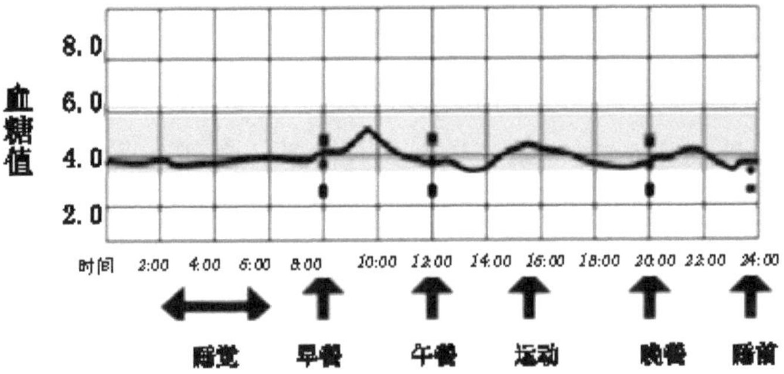

图2 正常人24小时血糖动态变化表

设计一致性设计说明：此概念三个关键点，分别是人体健康情况、人体状态、血糖浓度，以一正常人一天24小时血糖的持续跟踪测定，最能说明问题，学生根据教师所提供资料进行分析讨论，得出结论，形成概念一。

概念二：血糖平衡的调节，也就是调节血糖的来源和去向，使其处于平衡状态。

【资料1】肝脏是营养物质代谢的主要器官：测定人在饭后，从肝门静脉流入肝脏的血液中葡萄糖含量为高于肝静脉中血液中葡萄糖含量；人在饥饿肝门静脉中血糖浓度低于肝静脉中血糖浓度。

【资料2】糖原分解时不能直接产生葡萄糖，而是葡萄糖-6-磷酸，葡萄糖-6-磷酸通过磷酸酯酶才能转变为葡萄糖，进而释放进血液。而肌纤维中缺乏此酶。

【资料3】东北虎的食物中蛋白质和脂肪的含量很高，糖类比较少，但东北虎体内的葡萄糖浓度（4.8-6.9mmol/L）与人体相当。

合作探究2：

1.根据下列资料和教材P51的相关文字资料，找出血糖的来源与去向。

2.试探究血糖浓度降低时，人体通过什么途径实现血糖的相对稳定？

3.人体的体温、渗透压也相对稳定的，是平衡的，请结合血糖平衡调节模型构建一个平衡调节的基本模型。

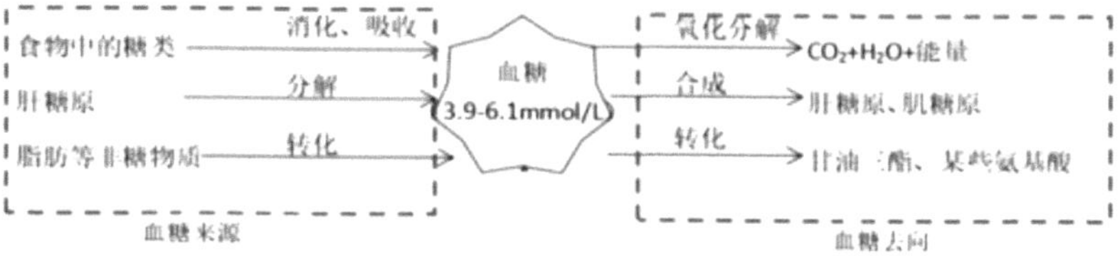

图3　人体血糖的来源与去向

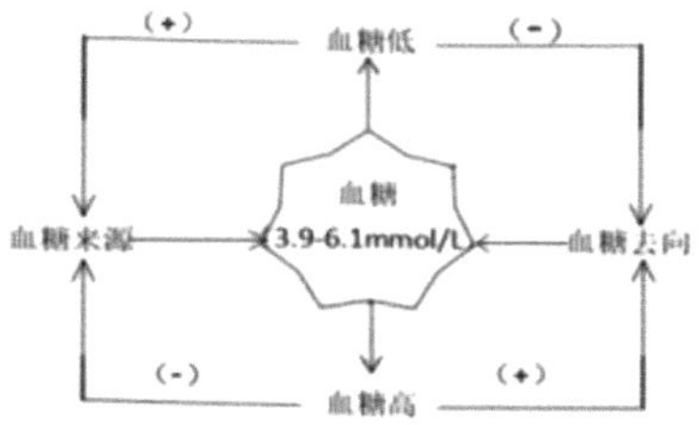

图4　人体血糖调节的模型

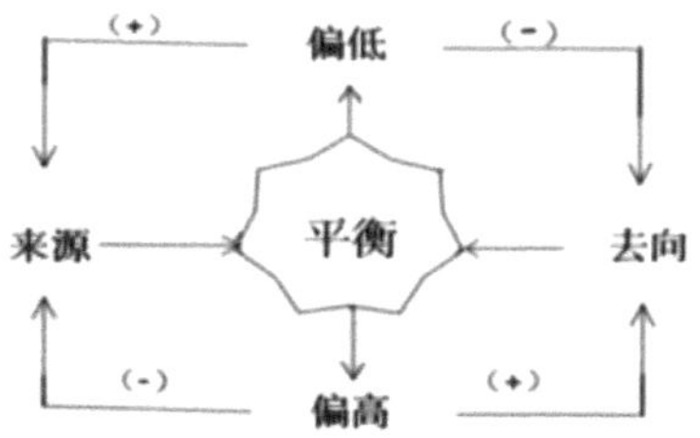

图5　人体平衡调节的基本模型

设计一致性设计说明：本概念要求学生理解平衡调节实质就是调节来源和去向这一基本观念，结合教材图示、初中知识中有关人体食物的消化与吸收等相关知识，构建血糖调节的基本模型，并由此拓展到体温、渗透压的平衡调节的一般模型，为后续学习奠定基础。

第三个概念：胰岛素是唯一能够降低血糖浓度的激素，胰岛素和胰高血糖素共同维持血糖含量的稳定。

合作探究3：胰岛素是唯一能够降低血糖浓度的激素，胰岛素通过哪些途径来降低血糖浓度的？如果血糖浓度过低，胰高血糖素又是如何升高血糖的呢？

合作探究4：胰岛素能降低血糖浓度，胰高血糖素能升高血糖浓度，请猜想胰高血糖素升高会促进还是会抑制胰岛素的分泌？同理，胰岛素的分泌会促进还是抑制胰高血糖素的分泌？

请根据下列相关材料写出实验设计思路。胰岛A细胞、胰岛B细胞、高血糖动物细胞培养液、低血糖动物细胞培养液、一定浓度的胰岛素溶液、一定浓度的胰高血糖素溶液。不考虑胰岛素、胰高血糖素含量的具体测定方法，环境条件都适合实验的开展。

思路1：用低血糖动物细胞培养液培养胰岛A细胞，一段时间后过滤得到细胞和滤液，测定滤液中的胰高血糖素浓度；用低血糖动物细胞培养液和一定浓度胰岛素溶液一起培养胰岛A细胞，一段时间后过滤得到细胞和滤液，测定滤液中的胰高血糖素浓度。

下图是研究胰岛素对胰高血糖素分泌的影响和胰高血糖素对胰岛素分泌的影响结果图，你能据图得出什么结论？

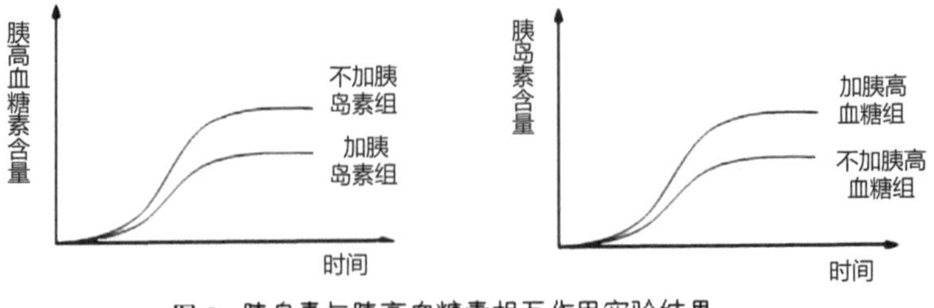

图6 胰岛素与胰高血糖素相互作用实验结果

胰岛素能抑制胰高血糖素的分泌，胰高血糖素能促进胰岛素的分泌。

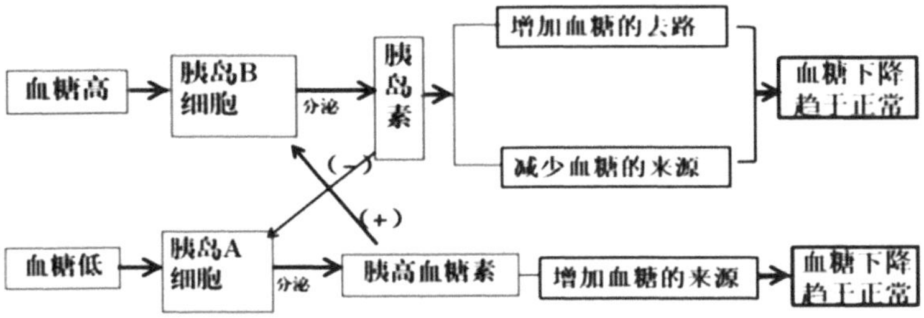

图 7　血糖的激素调节

合作探究5：结合合作探究3、探究4的实验结果，你能建构由胰岛素和胰高血糖素通过体液调节完成血糖调节的概念图吗？请完成相关概念图。

设计一致性设计说明：本设计要解决“胰岛素是唯一能够降低血糖浓度的激素，胰岛素和胰高血糖素共同维持血糖含量的稳定”这个概念，一是要让学生了解胰岛素通过哪些途径实现降低血糖浓度的效果，胰高血糖素通过哪些途径实现升高血糖浓度的效果；二是要解开学生心中“胰岛素的作用能不能使血糖降到极低，胰高血糖素能不能使血糖升极高”这个谜团，通过合作探究，实验设计与实验结果的分析，形成胰岛素可抑制胰高血糖素的分泌，胰高血糖素可促进胰岛素的分泌的结果，从而把胰岛素和胰高血糖素在血糖调节中的关系连接起来，形成调节的整体认知。

第四个概念：血糖调节主要依靠激素的作用，血糖的平衡还受到神经系统的调节。

合作探究6：请根据上面所学知识，结合下面资料4–7，完善血糖的平衡调节概念图。

【资料4】：研究发现，胰岛细胞都连有神经元，并通过脊髓和下丘脑神经元相连；人体血糖浓度降低时，测得此时下丘脑某一区域神经元放电增强，如果此时注射葡萄糖则发现此区域神经元放电减弱；如果血糖浓度升高到一定程度，又发现下丘脑另一区域神经元放电增强。

【资料5】：人们发现下丘脑血糖调节中枢已损毁的家兔仍然存在两种激素的分泌，但所分泌激素的量没有达到正常水平。

【资料6】：肾上腺髓质的分泌活动受到交感神经和促肾上腺皮质激素的作用。交感神经兴奋时，肾上腺髓质激素分泌增加。

【资料7】：用电刺激下丘脑的腹内核或交感神经，仅30秒血糖浓度即可达到最高值，比注射肾上腺素或胰高血糖素的效果还快；用电刺激下丘脑的外侧核或副交感神经，即使摘除胰岛的动物，肝糖原合成酶的活性也能增强，肝糖原的合成仍能增加。

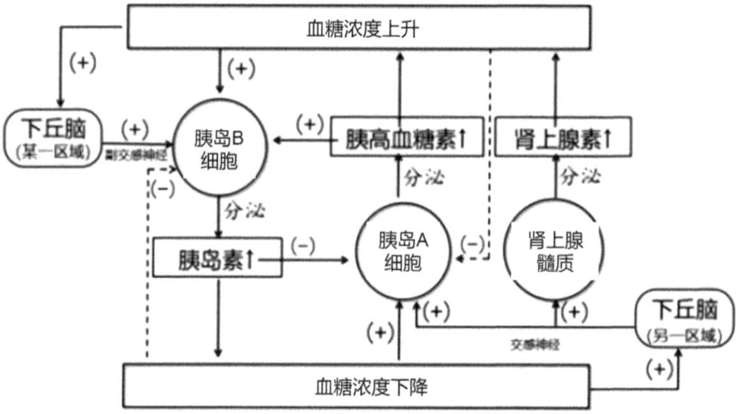

图 8 血糖的激素调节与神经调节

设计一致性设计说明：本设计要解决的概念是“血糖调节主要依靠激素的作用，血糖的平衡还受到神经系统的调节”，一是要让学生知道血糖调节不仅有激素调节且为主要调节方式，还有神经调节；二是让学生了解神经调节的反射弧，完善血糖调节整体概念。

第五个概念：在一个系统中，系统本身工作的效果，反过来又作为信息调节该系统的工作，这种调节方式叫作反馈调节。

合作探究7：反馈调节是人体常见的调节方式，请结合上图信息分析探究两种调节的特点及意义，总结两种调节的共同特点，得出反馈调节的概念。

问题1：负反馈调节的结果是偏离平衡是趋于平衡？这种调节的意义是什么？

问题2：正反馈调节的结果是偏离平衡是趋于平衡？这种调节的意义是

什么？

问题3：请从调节过程分析，这两种调节有什么共同点？请总结出反馈调节的概念。

负反馈调节的结果是趋于平衡，有利于个体稳态的维持；正反馈调节的结果是偏离平衡，具有放大效应，不利于稳态的维持，但对某些生理活动有积极意义。

两个调节的共同点都是以上次调节结果作为下次调节的信息起点。在一个系统中，系统本身工作的效果，反过来又作为信息调节该系统的工作，这种调节方式叫作反馈调节。

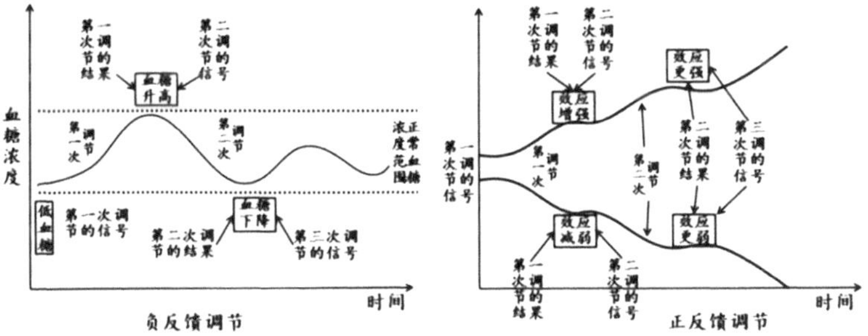

图9 负反馈调节与正反馈调节示例

设计一致性设计说明：本设计要解决的概念是“在一个系统中，系统本身工作的效果，反过来又作为信息调节该系统的工作，这种调节方式叫做反馈调节”，学生通常对概念中“系统本身工作的效果，反过来又作为信息调节该系统的工作”理解有困难，教师以图示的方式把上一次调节效果与下一次调节信号等同起来，并重复两到三次调节，较好地理解该概念。

2.4目标概念的应用

本节内容以血糖平衡的调节为例，通过六个概念实现对次位概念“激素通过反馈调节等机制维持机体的稳态”的理解，为检测学生对该概念理解程度，设计下列情景，让学生尝试目标概念的应用。

胰岛素是调节血糖的重要激素，研究者研制了一种智能胰岛素（IA）并对其展开了系列实验，以期用于糖尿病的治疗。

（1）正常情况下，人体血糖浓度升高时，通过哪些激素哪些途径实现血糖下降？人体血糖浓度下降时，通过哪些激素哪些途径实现血糖上升？

（2）GT是葡萄糖进入细胞的载体蛋白。研究表明IA既能与细胞膜上的胰岛素受体结合，又能与葡萄糖竞争结合GT，当IA与靶细胞上的受体结合后，细胞膜上的GT增多。若IA作为治疗药物，糖尿病患者用药后进餐，血糖水平会先上升后下降。请从稳态与平衡的角度，完善IA调控血糖的机制图。

分析：糖尿病患者用药后，IA与胰岛素受体结合，也合GT结合，进餐后血糖上升，葡萄糖与IA竞争结合GT，导致IA与GT结合减少，IA与胰岛素受体结合增加，细胞膜上的GT增多，葡萄糖通过主动运输或协助扩散的方式被摄入细胞内增加，从而降低血糖；当血糖降低时，葡萄糖与GT结合减少，IA与GT结合增加，IA与胰岛素受体结合减少，膜上GT少，葡萄糖被摄入细胞内减少，血糖上升。

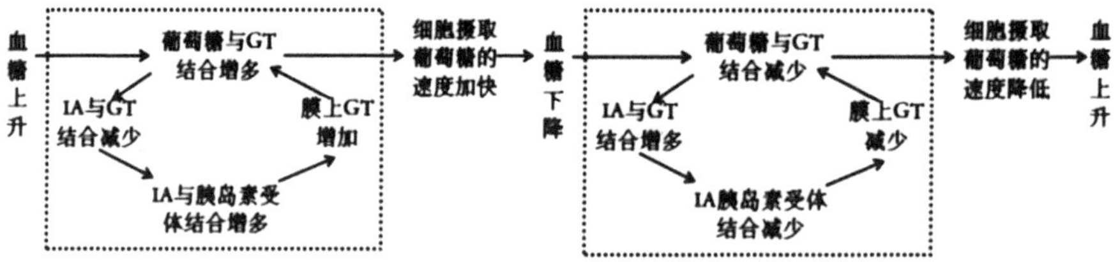

图10 IA参与血糖负反馈调节机制

设计一致性设计说明：设计此应用，既能让学生巩固正常人体在血糖偏高或偏低时，通过什么调节方式什么途径实现血糖恢复正常，保持血糖的稳定。同时设计新情景新材料，引入智能胰岛素（IA）用于糖尿病人的治疗的相关信息，再次理解反馈调节的实质，在疾病治疗、药物开发中也要关注药物的特性，让药物参与到人体的反馈调节中，促进人体进行正常的生命活动。

参考文献

[1] 周丐晓、刘恩山：《从美国ACOP课堂教学质量评估系统看对有效教学的追求》，《外国教育研究》，2020（46）5：103-118。

[2] 中华人民共和国教育部：《普通高中生物学课程标准》（2017年版），北京：人民教育出版社，2020：58。

[3] 刘恩山：《中学生物教学论》2版，北京：高等教育出版社，2009：7。

[4] 安代红：《基于前概念调查的初中生物学概念转变教学策略探究》，《生物学通报》，2016（51）10：41。

第三节　高三复习也自主，学案导学贯始终

——《特异性免疫》自主学习复习课导学案设计

一、教材分析

本节内容在教材中属于免疫调节的第二节内容，通过第一节《免疫系统的结构和功能》的复习，学生已经对免疫器官、免疫细胞和免疫活性物质有较好的认识，尤其是免疫细胞的种类、来源和功能作为重要内容学生进行了复习，其次学生初步了解免疫系统的功能，对免疫防御、免疫自稳和免疫监视三个功能有了一定的认知，但理解还不够深入，这需要通过后面第二节《特异性免疫》的学习，加深理解。

本节首先简单介绍了分子标签和非特异性免疫，对非特异性免疫中第一道、第二道防线的结构组成、免疫对象和免疫特点进行一定介绍；然后重点介绍了特异性免疫中的体液免疫和细胞免疫，这两种免疫着重介绍了体液免疫的概念、过程、结果，与非特异性免疫的联系和记忆B细胞的特性，对细胞免疫的过程、结果与非特异性免疫的联系和记忆T细胞的特性进行了介绍，然后对两种特异性免疫进行了对比，分析差异，总结联系；到本节此处，免疫的主干理论知识已基本学习完毕，教材对三种调节的关系进行分析与总结，并得出

“各结构协调统一共同完成复杂的生命活动，并通过一定的调节机制保持稳态”大概念。

二、学情分析

高三的学生，在初中学习过免疫，对特异性免疫和非特异性免疫均有一定的了解，在高二新课学习时，对高中新加入教材的分子标签、抗原呈递细胞、增殖分化、细胞因子、辅助性T细胞、细胞毒性T细胞、靶细胞和记忆细胞也有一定的学习和了解，具有一定的生命观念基础，高三的复习课则要把这些重要概念进行准确理解，通过两种特异性免疫搭建起重要概念间的联系，并通过科学思维对两种特异性免疫过程、三种调节的相互联系分析与归纳，结合当下新冠肆虐引发的关于接种疫苗的相关话题进行深度讨论，从而构建“生命个体的结构与功能相适应，各结构协调统一共同完成复杂的生命活动，并通过一定的调节机制保持稳态”这一生命观念的理解以及社会责任的担当。

三、课程标准要求及核心素养分析

《特异性免疫》属于“生命个体的结构与功能相适应，各结构协调统一共同完成复杂的生命活动，并通过一定的调节机制保持稳态”这一大概念，在知识与能力上要求：概述人体的免疫包括生来就有的非特异性免疫和后天获得的特异性免疫。

在生命观念上：与生命观念有关的重要概念有：第一道防线、第二道防线、非特异性免疫、第三道防线、特异性免疫、抗体、B细胞、辅助性T细胞、细胞因子、记忆B细胞、浆细胞、细胞免疫、靶细胞、细胞毒性T细胞、巨噬细胞、细胞免疫。涉及每道防线每种免疫参与的结构、免疫的对象及免疫特点，每种免疫细胞和免疫活性物质的来源、作用，与之相关的生命观念结构与功能相适应观、稳态的维持需要一定的调节机制，生物体多结构协调统一的观念。

在科学思维上：分析体液免疫各免疫细胞的功能，归纳体液免疫的特点；对比分析归纳细胞免疫的特点；概括特异性免疫与非特异性免疫的区别与联系；归纳神经调节、体液调节与免疫调节的关系，建立起多系统多结构协调统一的观念。

在社会责任上：了解RNA病毒的特点，学会解释新冠疫苗的防御效率逐步降低的原因；根据特异性免疫的特点，特别是二次免疫的特点，积极参与新冠疫苗的接种。

四、核心素养的落实的方法

本节的大概念是生命个体的结构与功能相适应，各结构协调统一共同完成复杂的生命活动，并通过一定的调节机制保持稳态，免疫功能的实现必然有与之对应的结构，包括免疫器官、免疫细胞、免疫活性物质，落实大概念的重要手段是准确理解把握生物学重要概念的内涵与外延，并用以解释生物学相关事件和现象，此节的重要概念一部分来自上节，一部分是新提出，可以用表格的方式进行复习。

在科学思维的落实上主要通过对比分析、归纳总结的方法，因为本节书的每个知识点上总是有多种方式，这些方式间有相似处也有差异，还有联系，比如防线有第一道、第二道、第三道防线，免疫有特异性免疫和非特异性免疫，特异性免疫中又分细胞免疫和体液免疫，所以用归纳总结的方法比较好。

在社会责任的落实上，根据特异性免疫的特点，特别是二次免疫的特点，让学生进行小组讨论，多次接种新冠疫苗的理由，并讨论新冠疫苗预防效果越来越低的原因，正确地对待疫苗的接种。

五、教学过程流程设计

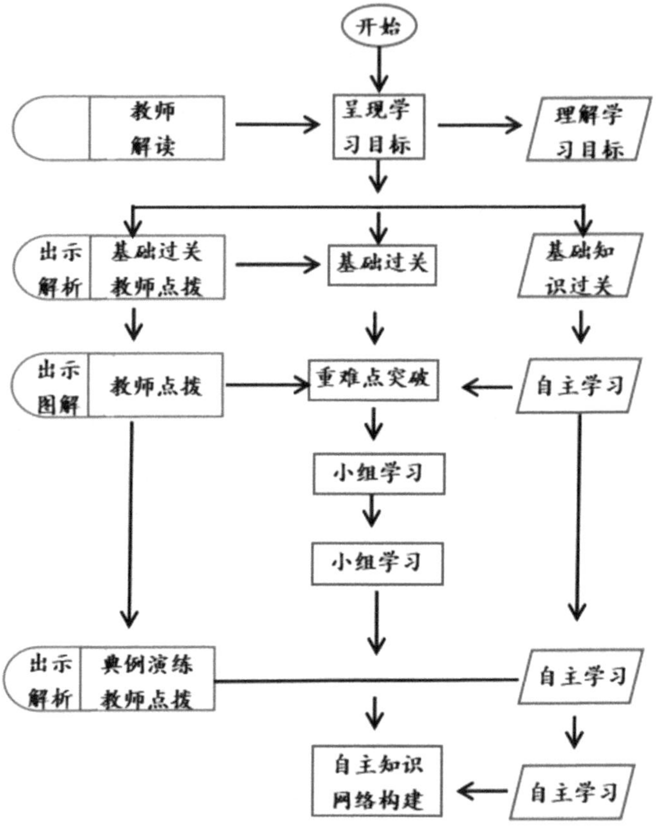

《特异性免疫》自主复习导学案

一、课标要求

1.说出人体非特异性免疫的二道防线结构基础和功能

2.说出参与体液免疫与细胞免疫的免疫细胞种类及其功能，归结体液免疫与细胞免疫的差异与联系

3.阐明特异性免疫与非特异性免疫的区别与联系

4.阐明神经调节、体液调节与免疫调节在维持人体稳态的相互关系

5.学会解释疫苗的二次接种原因

二、基础知识过关

请根据要求选择每题正确答案，并对错误答案进行改正

1.下列关于免疫系统的组成的叙述正确的是（　　）

A、免疫系统有免疫器官、免疫细胞、免疫活性物质组成

B、免疫细胞包括吞噬细胞、淋巴细胞等

C、T细胞和B细胞都是由骨髓产生的造血干细胞形成的，T细胞是在骨髓中成熟；而B细胞是迁移到胸腺中成熟的

D、淋巴细胞的直接生活环境只能是淋巴

E、免疫活性物质包括抗体、淋巴因子、溶酶体等

F、细胞因子只能由辅助性T细胞合成分泌

G、抗原呈递细胞如树突状细胞、杯状细胞，不包含B细胞

2.下列关于免疫系统的防卫功能的三道防线的叙述正确的是：（　　）

A、人人生来就有，对多种病原体都有防御作用的免疫叫作非特异性免疫

B、前两道防线被突破，人体的第三道防线就发挥作用了

C、T细胞和效应B细胞参与的是非特异性免疫

D、第三道防线主要是由免疫器官和免疫细胞借助血液循环和淋巴循环而组成的

3.下列关于体液免疫的叙述正确的是（　　）

A、体液免疫就是发生在血浆或组织中的免疫

B、B细胞的增殖分化需要接受两次信号的刺激

C、抗原呈递细胞与辅助性T细胞间传递信息依赖细胞直接接触

D、浆细胞接受抗原刺激后快速增殖分化

E、记忆B细胞增殖分化过程中有基因选择性表达

F、形成的细胞集团最后由吞噬细胞处理，属于第一道防线

4.下列关于细胞免疫的叙述正确的是（　　）

A、细胞免疫就是发生在某些细胞表面的免疫

B、细胞毒性T细胞的增殖分化需要接受两次信号的刺激

C、靶细胞与细胞毒性T细胞间传递信息依赖细胞直接接触

D、靶细胞是被抗原寄生了的细胞，抗原可以是病毒或细菌

E、记忆T细胞增殖分化过程中有基因选择性表达

F、抗原直接被细胞毒性T细胞杀灭

5.下图为人体免疫部分过程示意图，请据图回答。

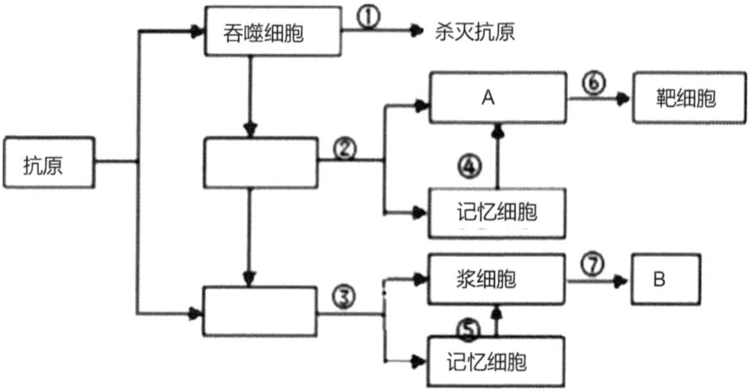

（1）图中①②③中属于特异性免疫的是________________。

（2）当抗原侵入人体细胞后，人体主要是通过A____________发挥免疫作用，将结核杆菌释放到体液中，通过与B______________特异性结合而被灭活，最后由______________清除。

（3）②途径进行的免疫是________免疫，参与的细胞中能识别抗原的有哪些细胞______________，能特异性识别抗原的有哪些细胞________。

（4）③途径进行的免疫是________免疫，参与的细胞中能识别抗原的有哪些细胞______________，能特异性识别抗原的有哪些细胞________。

三、自主学习、教师点拨

1.关于抗原、抗体

（1）抗原：引起机体产生____________的物质。如_________等物质

（2）抗体：专门抗击这种病原体的________。

（3）来源：抗原来自体外或体内；抗体来自体内的_____________。

（4）抗体由__________________（效应B淋巴细胞）的______________

（填写细胞器）合成和分泌，主要分布在______________。

（5）抗体参与的反应是第三道防线中的______________。

（6）思考：

过敏原是否是抗原？为什么？

2.关于人体中的免疫细胞，请写出下列各细胞的名称及其来源：

细胞	来源	作用
抗原呈递细胞		
B 细胞		
辅助性 T 细胞		
记忆 B 细胞		
浆细胞		
细胞毒性 T 细胞		
记忆 T 细胞		

3.体液免疫与细胞免疫过程：

3.1体液免疫（抗原没有进入细胞）

结合右图，写明几种细胞的名称及在此过程中的作用或特点。

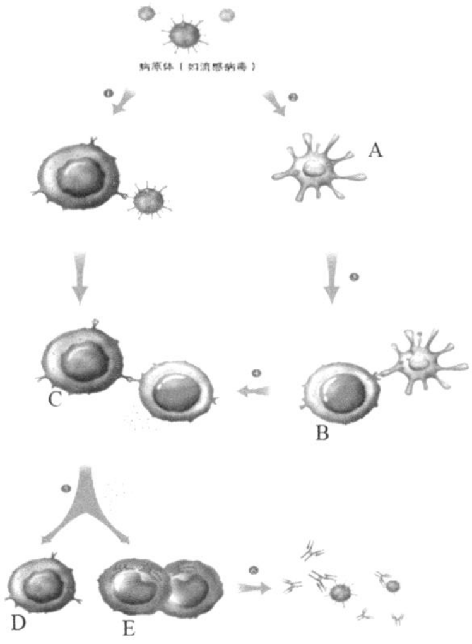

（1）细胞A：

（2）细胞B：

（3）细胞C：

（4）细胞D：

（5）细胞E：

3.2细胞免疫（抗原进入细胞）

A、结合右图，写明几种细胞在此过程中的作用。

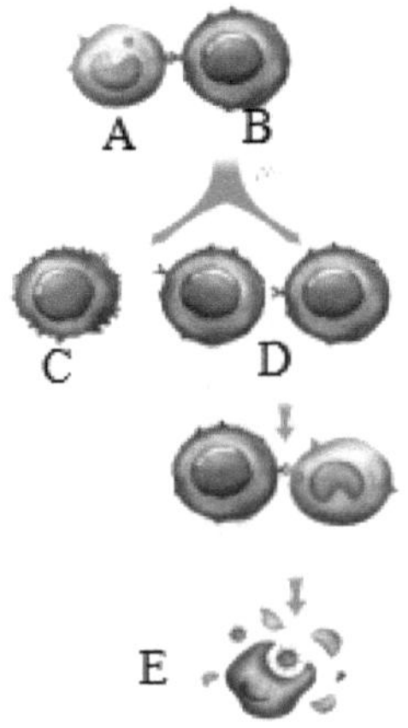

（1）细胞A：

（2）细胞B：

（3）细胞C：

（4）细胞D：

（5）细胞E：

3.3写明两种免疫活性物质在此过程中的作用。

（1）细胞因子：

（2）抗体：

3.4体液免疫和细胞免疫的联系。

（1）都用到________细胞和__________细胞。

（2）多为联合作战。对于外毒素，__________发挥作用；对于胞内寄生生物，体液免疫先起作用，阻止寄生生物的传播感染，当寄生生物进入细胞后，___________将抗原释放，再由体液免疫最后清除。

4.自主学习、小组讨论、教师点拨。

二次免疫：

（1）请补充完整人体二次免疫时抗体浓度变化曲线。

（2）当人体第二次接触疫苗时，参与调节的细胞有哪些？

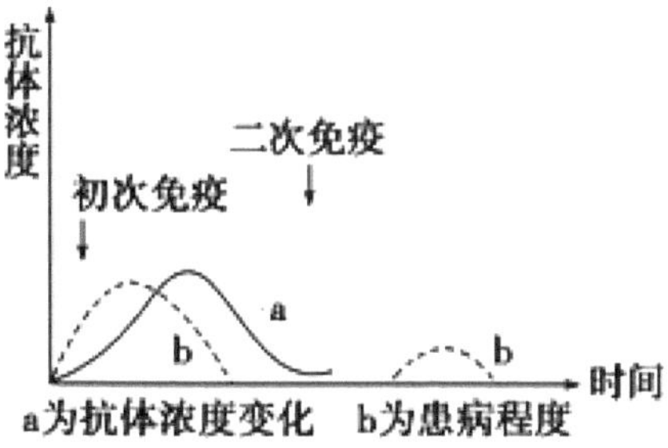

（3）为什么第二次免疫时患病程度较第一次轻很多？

（4）为什么可以用患过新冠的病人血清来治疗新的甲流病人？

四、典例演绎，举一反三

一、选择题（1–5题）

1.人体感染链球菌等细菌后可致急性肾小球肾炎，患者体内存在抗原——抗体复合物，并出现蛋白尿。下列叙述正确的是（　　）

A.用双缩脲试剂检测蛋白尿，需水浴加热方可呈现出紫色

B.患者血浆蛋白减少使血浆渗透压升高，可出现组织水肿

C.链球菌的抗原由核糖体合成并经高尔基体运输至细胞膜

D.内环境中形成的抗原——抗体复合物可被吞噬细胞吞噬消化

2.人偏肺病毒（hMPV）是新发现的一种呼吸道致病病毒，会使患者出现咳嗽、呼吸困难等症状。医学工作者为探究药物A对该病的治疗作用，将生理状况相同的健康小鼠均分为两组，先用相同量的hMPV感染两组小鼠，然后甲组注射生理盐水，乙组注射等量的药物A溶液。一段时间后测得两组小鼠体内抗体、巨噬细胞和细胞毒性T细胞增加的相对浓度如图所示。下列说法正确的是（　　）

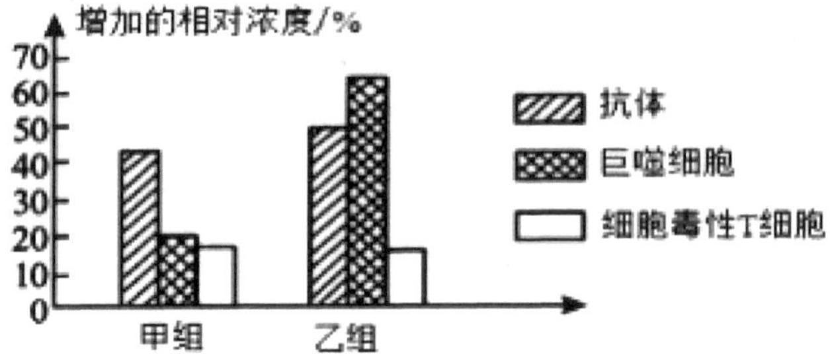

A.hMPV入侵机体后，细胞毒性T细胞、巨噬细胞等淋巴细胞均能抵御病毒

B.药物A能显著提高巨噬细胞的数量，从而增强机体的第一道防线

C.药物A也能够提高抗体的数量，该抗体能够特异性地识别hMPV

D.细胞毒性T细胞可直接结合病毒并进行清除，但药物A不能提高其数量

3.人体内环境稳态是神经-体液-免疫调节网络调控的结果。下图是人体内某些生命活动的调节过程。下列说法错误的是（　　）

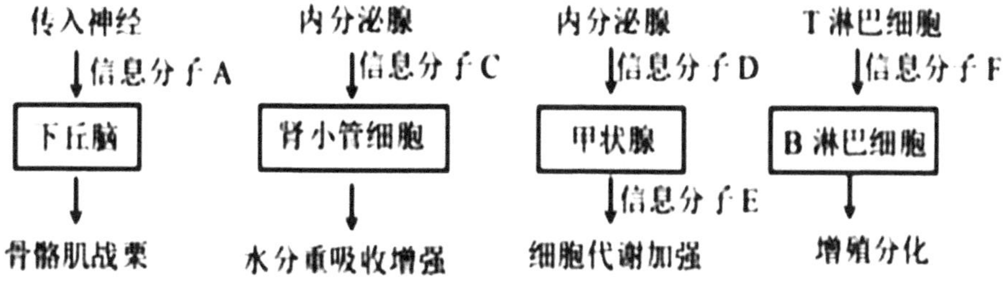

A.信息分子A、C、D、E、F发挥作用后会被移走或分解失活

B.信息分子C由内分泌腺分泌后，由体液定向运输到肾脏

C.信息分子F与B淋巴细胞结合，该过程属于特异性免疫

D.信息分子A、C、D、E、F均会与受体结合，起到调节作用

4.如图为人体特异性免疫基本过程示意图，有关叙述正确的是（　　）

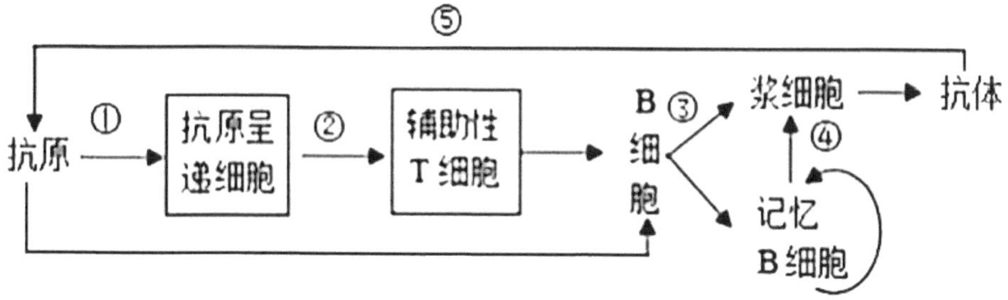

A.图中的B细胞和辅助性T细胞都是由骨髓造血干细胞分化而来的，并在骨髓中发育成熟

B.辅助性T细胞通过分泌细胞因子作用于B细胞

C.B细胞激活后产生抗体，一个B细胞可产生多种抗体

D.机体再次受到同种抗原刺激时，不发生④过程

5.如图是人体对某病毒的部分免疫过程示意图，Ⅰ～Ⅴ表示不同种类的细胞。下列叙述错误的是（　　）

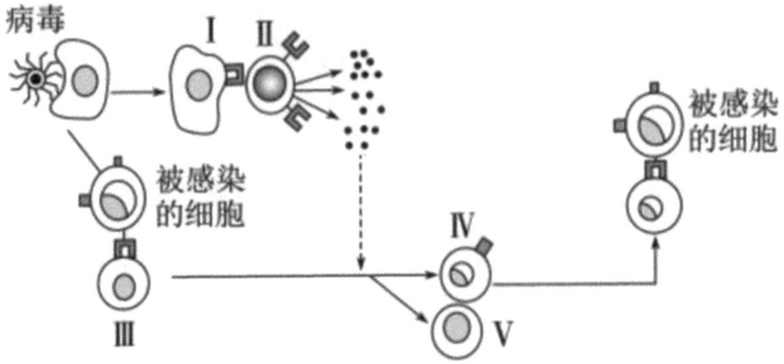

A.图中细胞Ⅱ在细胞免疫和体液免疫过程中都能识别与抗原有关的信号

B.细胞Ⅲ、Ⅳ都是细胞毒性T细胞，但作用不同

C.再次受到相同的抗原刺激，能快速分裂、分化的是细胞Ⅴ

D.细胞Ⅱ分泌抗体，促进细胞Ⅲ分裂、分化形成细胞Ⅳ、Ⅴ

二、非选择题

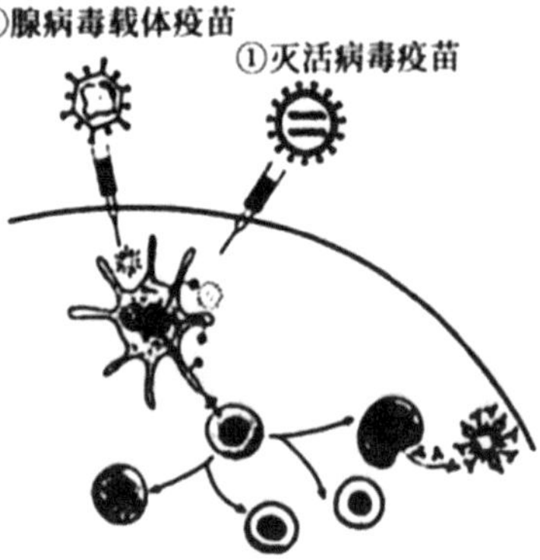

6.新冠病毒的肆虐给人类生活带来了极大的影响，研发疫苗是防控新冠肺炎的有效措施。下图为我国研制中的两种疫苗的作用示意图，请回答下列问题：

（1）人体免疫系统识别到入侵的病毒后，激活的T细胞可转变成_____，直接攻击被该病毒入侵的细胞。激活的B细胞则可转变成_____大量合成_____，分泌到细胞外，结合并阻止该病毒入侵人体细胞。

（2）图中①为将新冠病毒灭活后研制的灭活病毒疫苗，这种疫苗保留有新冠病毒的__________，能激活人体产生免疫反应，但通常需要多次接种，原因是_____。

（3）根据新冠病毒通过表面棘突蛋白（S蛋白）与人细胞膜上ACE2受体结合后入侵人体细胞的特点，研制了图中②所示的腺病毒载体疫苗，将编码新冠病毒S蛋白的基因经过_____酶的作用，构建无害的腺病毒载体。

（4）腺病毒载体疫苗注入人体后，可表达出新冠病毒的_____，诱发人体内产生_____细胞，当人体被新冠病毒感染时，能迅速增殖分化，发挥免疫保护作用。

（5）接种腺病毒载体疫苗的人若在接种前感染过腺病毒，可能会存在“预存免疫”而降低疫苗的免疫效果，其原因是_______________________。

五、自主知识网络构建

一、免疫系统的组成和功能

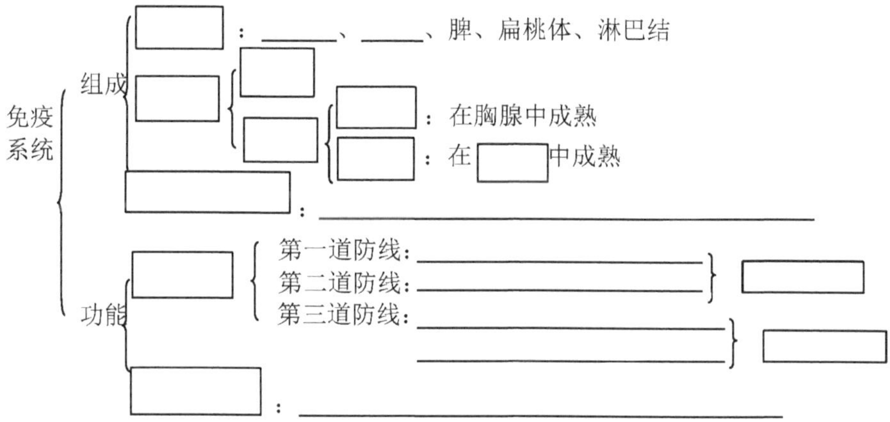

二、免疫系统的第三道防线

1.下图表示人体特异性免疫过程，据图回答下列问题。

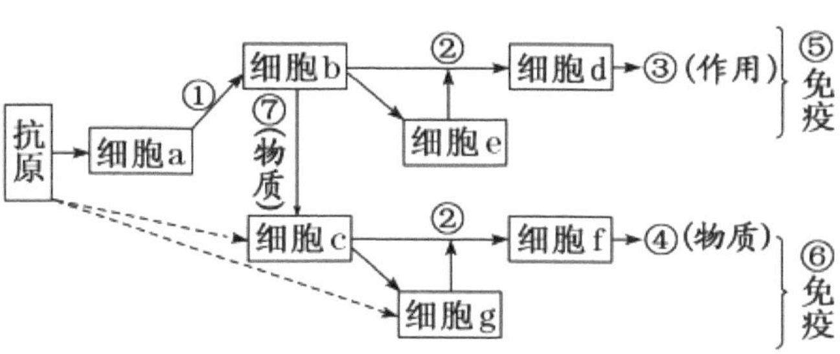

（1）在免疫学中，将_______________称为抗原

（2）依次写出a、b、c、d、e、f分别代表的细胞名称：

____

图中不能识别抗原的细胞是________________；能够特异性识别抗原的是________________

（3）⑤和⑥分别代表的具体免疫类型是__________和__________。在病毒感染中，机体往往先通过____________________免疫阻止病毒的散布；再通过__________免疫使胞内病原体暴露，与__________结合，进而逐步被吞噬、消灭，由此可见细胞免疫和体液免疫相互配合，共同发挥免疫效应

（4）物质⑦和物质④分别是__________和__________

（5）物质④的作用方式是____________________________________

（6）③的作用方式是____

（7）如果胸腺被切除，对⑤和⑥分别产生怎样的影响？

____

（8）为什么二次免疫具有“更快更强”的特点？

____

《特异性免疫》自主复习教学反思

通过本节课的复习，要让学生在第一道防线、第二道防线、非特异性免疫、第三道防线、特异性免疫、抗体、B细胞、辅助性T细胞、细胞因子、记忆B细胞、浆细胞、细胞免疫、靶细胞、细胞毒性T细胞、巨噬细胞、细胞免疫这些重要概念上，通过思维导图搭建特异性免疫的整体架构，形成结构与功能相适应观、稳态的维持需要一定的调节机制，生物体多结构协调统一的观念。

通过分析体液免疫各免疫细胞的功能，归纳体液免疫的特点；对比分析归纳细胞免疫的特点；概括特异性免疫与非特异性免疫的区别与联系；归纳神经调节、体液调节与免疫调节的关系，建立起多系统多结构协调统一的观念，培养学生的科学思维。

通过了解RNA病毒的特点，学会了解释新冠疫苗的防御效率逐步降低的原

因，也根据特异性免疫的特点，特别是二次免疫的特点，在生活中要积极参与和发动身边的人齐参与新冠疫苗的接种，提高新冠的防疫水平。

对于这一节的生物学重要概念，在结构和结构上有相似性和差异性，所以用表格对其来源、特性和功能进行对比方式进行复习，比较好地突破了概念的理解，对整节知识框架的建构有积极意义。

针对本节书中每个知识点上总是有多种方式，这些方式间有相似处也有差异，还有联系，比如防线有第一道、第二道、第三道防线，免疫有特异性免疫和非特异性免疫，特异性免疫中又分细胞免疫和体液免疫，这些内容分类具有一定的平行关系，所以通过对比分析、然后归纳总结的方法比较好。

根据特异性免疫的特点，特别是二次免疫的特点，让学生进行小组讨论，多次接种新冠疫苗的理由，并讨论新冠疫苗预防效果越来越低的原因，正确地对待疫苗的接种，较好地落实了社会责任。

在师生的课堂参与形式来看，因为这是高三复习课，有较多内容学生已经有了初步的学习和了解，在某些重要概念和生命观念的理解可能还不到位，对这种陈述性的知识学习方法还有待完善的情况下，在课堂教学中开展教师辅助下的自主学习非常有意义，学生可以根据教师的导学案，可以自主地选择学习内容，自主选择学习策略，教师设计高质量的导学案，可以很好地引导学生学习的方向，把握学习的重难点，对重要概念深入学习，并可针对学生存在的问题，可集中讲授，也可单独辅助，构建了和谐的课堂教学氛围，学生学习效率得到了极大的提高。

第四节　探究活动可自主，课内课外两相宜

4.4.1对教材中的经典实验演绎，开展探究性活动和自主学习

人教版高中生物新教材中很多新课的引入都与实验有关，而且大多是生命科学上的经典实验。如果在这些实验的基础上，结合STS思想，对这些经典实验进行演绎，开展探究性学习，自主学习，这既可以加深对经典实验地理解，获得探究能力，还可以运用科学家们得出的结论或规律解决现实生活问题。于是本校生物兴趣小组的同学做了这样的探索（如表1）。

表 1：从经典实验演绎形成的研究性学习题目

经典实验	学生开展的研究性学习
生长素发现过程的达尔文燕麦实验	单侧光对根向地生长的影响探究
孟德尔两对相对性状的豌豆实验	两对相对性状自交 n 次后新性状所占比例的规律探究
普里斯特利的小鼠实验	探究该实验每天必须光照时间的长度
恩吉尔曼的水绵与好氧菌实验	几种好氧型细菌对氧气敏感度的探究
酵母菌的培养实验	探究面团发酵时的最佳温度
肺炎双球菌的转化实验	探究 RNA 是遗传物质的实验设计

4.4.2对学生分组实验演绎，开展研究性学习

人教版现行高中生物教材中共有十七个学生实验。这些实验有的是验证型的，有的是操作型的，有的是观察型。鉴于此，对前两种类型的实验进行演

绎，设计探究性学习，自主学习，进行STS思想渗透，具体研究题目见表2。

表 2：从分组实验演绎形成的研究性学习题目

分组实验	学生开展的研究性学习题目
生物组织中还原糖、脂肪、蛋白质的鉴定	茅根中还原性糖的鉴定
温度对酶活性的影响	探究加酶洗衣粉的适宜温度条件
比较过氧化氢酶和 Fe^{3+} 的催化效率	探究加酶洗衣粉与普通洗衣粉的洗涤速度
设计实验，观察生长素类似物对植物生长发育的影响	探究芽的数量与扦插生根的速度关系
调查人群中的遗传病	调查人群中的色弱遗传情况
观察 SO_2 对植物的影响	探究酸雨对植物种子萌发率的影响
调查环境污染对生物的影响	废电池对富贵竹生根的影响

4.4.3结合生活实践，设计探究性活动，解决社会问题

科学知识来自社会生活实践的经验总结，又反作用于实践，改造实践，形成更加科学的结论或规律。STS思想强调解决生产生活实际问题，研究性学习强调学习能力和探究能力的获得，因此根据学生关注热点，开展实验探究，以发展学生的获取信息、相互交流、设计实验、结果预测、规律探索的能力。根据各兴趣小组关注的热点和方向不同，分别在不同方面进行了科学研究（如表3）。

表 3：福田中学生物学兴趣小组研究题目表

实验组	实验探究题目
林富坚实验组	空调水对金鱼健康状况的影响
刘成东实验组	温度与低压直流电结合对银杏种子萌发情况
杨　秋实验组	废电池浸出液对绿豆种子萌芽的影响

续表

实验组	实验探究题目
陈思曼实验组	利用艾叶延长荔枝保存时间的实验探究
赵　颖实验组	利用大红叶草修复因 Cu^{2+} 造成的土壤污染的实验探究
李耿锋实验组	利用西洋菜修复因非离子氨造成的水污染的实验探究
黄璟珧实验组	南瓜籽提取液对蛔虫的杀灭功效与剂量实验研究设计
杨秋敏实验组	蓖麻叶提取液与西维因结合对小地老虎的防治效果的实验探究设计
兰图亚实验组	学生早餐情况
彭雨辰实验组	东门步行街空气微生物状况调查研究
冯卓南实验组	深南路绿化带的生态效应探究
刘嘉琪实验组	深圳地铁空气质量初步研究

4.4.4分析研究性学习成果，促进能力的升华

研究性学习过程中最后一个步骤便是成果交流、共同分享、促进提高。各组的成果中体现了这样几个特点。

实验步骤设计非常规范、条理分明，实验中较好地控制了各种无关变量形成单因子变量，并充分体现了对照原则、科学性原则和可重复性原则，较好地阐述了实验变量与因变量的关系，掌握了实验设计的基本方法。

实验结果的预测详细准确，展示了探究实验的探究性和不确定性，对实验结果预测，尤其对多因子变量实验结果预测的预测，更能锻炼学生逻辑思维的严密性和完整性。如在黄璟珧课题组《南瓜籽提取液对蛔虫的杀灭功效与剂量实验研究设计》中的实验预期结果：

图6：0.04mol/LCu^{2+}溶液经大红叶草处理前后蚯蚓的存活量变化

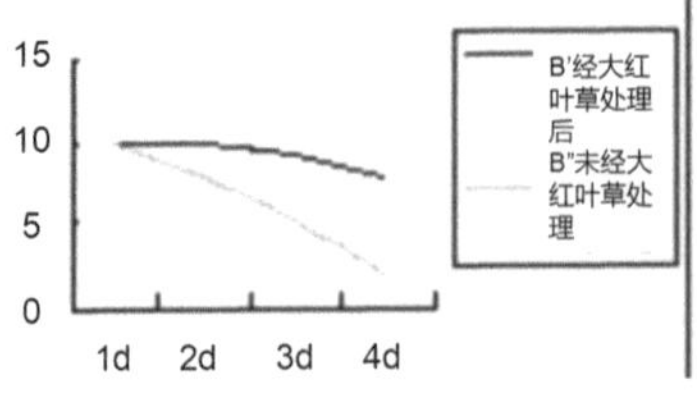

图7：0.06mol/LCu^{2+}溶液经大红叶草处理前后蚯蚓的存活量变化

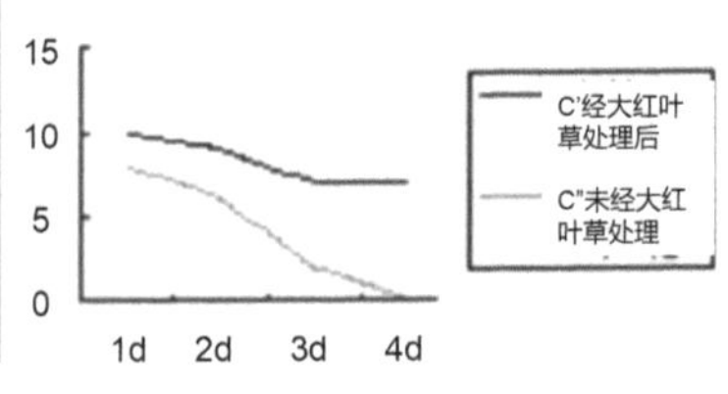

（1）南瓜籽浸出液对蛔虫并无特别影响；

（2）南瓜籽浸出液对蛔虫的杀灭效果相对于阿苯达唑而言较轻微；

（3）南瓜籽浸出液对蛔虫的杀灭效果相对于阿苯达唑几乎相同；

（4）南瓜籽浸出液对蛔虫的杀灭效果相对于阿苯达唑而言较强；

（5）南瓜籽浸出液不影响阿苯达唑溶液对蛔虫的杀灭效果；

（6）南瓜籽浸出液可以增强阿苯达唑溶液对蛔虫的杀灭效果；

（7）南瓜籽浸出液降低阿苯达唑溶液对蛔虫的杀灭效果。

（8）经过淀粉酶与蛋白酶处理的南瓜籽浸出液对蛔虫的杀灭效果相对于南瓜籽浸出液而言减弱；

（9）经过淀粉酶与蛋白酶处理的南瓜籽浸出液对蛔虫的杀灭效果相对于南瓜籽浸出液而言几乎相同；

（10）经过淀粉酶与蛋白酶处理的南瓜籽浸出液对蛔虫的杀灭效果相对于南瓜籽浸出液而言较强；

实验结果的处理方式多样，表述准确。各实验组对实验结果处理除了一般的图片资料外，还充分应用电脑技术处理，做出了各种表格、直方图或曲线图，很好地描述了各种生命活动过程的变化规律，如赵颖实验组《利用大红叶草修复因Cu^{2+}造成的土壤污染的实验探究》中蚯蚓存活量变化处理图。

实验结果的讨论很是到位、客观。除了自变量会影响实验结果外，各种无关变量也可影响实验结果的准确性，在实验中除了尽可能控制已知的无关变量外，还可能有一些未知的无关变量。另外实验选择的材料、仪器等各种原因均可影响实验结果。各实验组对实验结果的分析时总体表现出了客观、有理有据。

4.4.5探究性活动、自主学习渗透STS思想的实践思考

STS教育是一项综合性教育，而探究性学习已成为信息时代占主导地位的学习方式。通过STS思想在探究性学习中的实践研究，学生在以下几方面有着明显的提高：

首先是选题能力，通过专题指导，以及学生在任务下的亲身实践，学生

明白了选题的基本原则，掌握了选题的一般方法，如何鉴别选择题目的创新性、可行性和规范性，以及对研究课题进行评价的方法。

其次是实验研究能力，因为探究的题目与现实生活联系紧密，且要解决实际问题，具有明确的导向作用，所以在实验探究方面同学们参与的积极性很高，通过专题指导，学生在实验探究中的提出探究题目、制定研究计划、实施探究计划、实验数据的收集和处理、探究成果的交流与汇报方面的能力大大提高。

第三，提高了学生的生物科学素养。通过与现在生活问题的结合，学生学习的动力和兴趣均增强了，单纯枯燥的知识也变得生动了，并学会了解决生产生活实际问题的一些基本方法，获得了科学探究的基本能力，对生命科学的情感和态度均有了明显的变化，提高了学生的生物科学素养。

第四，在研究性学习中渗透STS教育思想要注意事项有：明确的目的性；周密的计划性；选择内容和形式注意学生个体差异；发挥学生的主动性。只有这样才可能让学生既获得科学研究方法能力的同时，又能关注社会，解决现实生活中的一些具体问题。

4.4.6一堂探究性活动自主学习结题报告课实录

2016年6月19日下午第一、二节，生物实验室2，高二（19）班参加生物校本课的同学在这里开展研究性学习结题汇报。全场共22人，共5个小组，两位教师，随着上课铃声的响起，汇报开始了。

第一组是刘思奇课题组开展的《东门步行街微生物污染情况调查研究》，成员逐步介绍了本研究的目的，研究方法、研究过程、研究结果和结论与不足，然后是听众的提问时间，憋着一堆问题的听众可不客气了。

第一位同学：在汇报中所说，你们应用了对照法进行研究，从你们的研究过程看出，只在一天的三个时间段进行了研究，而且点均选择东门步行街，请问如何体现对照的？

第二位同学：东门步行街也挺大的，为什么只选择了同一地点的三个时间段，有没有选择其他地方呢？选择地方时有没有考虑其代表性呢？

第三位同学：在你们展示“夜晚的东门”“白天的东门”两幅图中，你们本想说明在白天人多，而夜晚人少，可从图中怎么看出夜晚的人并不白天人多，甚至更多呢？

第四位同学：你们的研究做了实验，也得出了一些数据，看上去能说明一些问题，但是，我们从这些数据里并不能得出这些微生物是否超标，而且超标了是否一定有害呢，请说明一下。

……

在完成第一小组的答辩后，第二小组张道文课题组上场，他们研究的课题是《单色光对叶绿素形成的影响实验探究设计》，在课题组完成一系列讲解后，听众们又开始了一系列精彩的提问：

第一位同学：你们探究的是不同色光对植物叶绿素形成的影响，请问为什么要用韭黄做实验呢？有没有其他更好的植物呢？

第二位同学：你们探究的是不同色光对植物叶绿素形成的影响，请问在对照组中为什么用全光源白光呢，而不是用黑暗处理呢？

第三位同学：我们知道叶绿素的形成，除了受光照影响外，还温度影响，而你们是采用不同色光的电灯作为光源，会不会这些电灯在作光源的同时也影响了纸盒中的温度对实验结果的影响呢？假如有，你们是如何控制的呢？

第四位同学：接着刚刚那位同学的提问，叶绿素的形成还与矿质营养有关，你们为什么用土壤培养，会不会因为土壤本身就缺某些矿质营养不可能变绿呢？

……

在第二小组一番痛苦的挣扎后，第三小组丁楠课题组上场了，她们的课题是《水竹对污水的净化效果实验探究》，在她们的一阵精彩演讲过后，听众们又开始发难了：

第一位同学：在你们的实验原理中，说到以小鱼为指标衡量污水的污染程度，请问，小鱼是从哪里来的？据我们了解，小鱼是你们从中心公园鱼塘中捞回来的，而我们也知道小鱼种类较多，不同鱼种对污水的耐受程度不同，你们是如何确定小鱼的种类的？

第二位同学：通过你们的实验说明了水竹是可以净化污水的，而且是将河流分为两部分的，在现实生活中我们能将河流分为两部分吗，你们所用的水竹是要栽在河流中，我们能在福田河中栽水竹吗？如果都栽了水竹会不会在净化了污水的同时，却阻塞了河道呢？

第三位同学：在你们的实验中好像没有说明水竹可以净化什么样的污水，我们知道污水的主要来源包括：工业废水、农田排水和生活污水，你们用的水竹是否都可以净化这些污水呢？

第四位同学：除了水竹有没有其他更好的植物呢？目前科学家们对这个问题的研究情况是怎样的？

……

丁零零，一阵急促的铃声响起，下课了，大家意犹未尽。

这堂课是一节汇报课，在课前虽然教授了学生如何做一个高素质的听众，如何做一个有一定素养的提问者，但从这节课的反映出来的情况看，学生的表现远远超出我的想象，我思考、我探索，得出在平时的教学中，方法呆板了，没有充分体现学生的主动性，在课堂教学的45分钟，又如果可以将学生的主动性与课堂教学的高效性有机地结合，在课堂设计方面应该注意些什么，在课后的作业要求方面又应如何设计，这又将是一个新课题，值得深入细致的研究。

第五节　错题收集汇成册，集中攻克补缺陷

学生在学习过程中难免掌握不到位，在完成作业或测试中产生错题，错题是一种宝贵的资源，反映了学生知识与能力上的缺陷，如果对错题进行收

集，并加以整理，形成错题集，学生根据错题集进行错题重做，一方面反映学生是否真正理解和掌握了此类知识和能力考查项，如果对错题还能进行类似题目进行个性化准备，对学生真正可以起到举一反三的作用，也有助于知识迁移。现实中学生的学习时间紧、任务重，练习多，完全由学生进行自主收集错题，存在一定难度，所以需要教师来辅助完成。

学生可以收集一些具有个性的错题集，教师在评阅试卷时可以发现一些共性的问题，这些问题需要教师在课堂教学中集中解决，还要有针对性地训练，教师可以把这些共性的错题及举一反三的训练题推送给学生，学生结合自己个性的错题形成本人的完整错题集。

下面是高三（12）班陈佳玲同学收集的个性化错题集

一.1得分：0分/2分（全对260人/部分对0人/全错19人/班级平均得分1.86）

1．水和无机盐是细胞的重要组成成分，下列相关表述正确的是（　）

A．细胞内的自由水和结合水都是良好的溶剂

B．某些无机盐离子具有维持人血浆酸碱平衡的作用

C．同一株植物中，老叶细胞比幼叶细胞中自由水含量高

D．将植物秸秆充分晒干后，其体内剩余的物质主要是无机盐

【学生作答】：D

【正确答案】：B

一.4得分：0分/2分（全对226人/部分对0人/全错53人/班级平均得分1.49）

癌症是威胁人类健康的疾病之一，目前某些防癌疫苗已经投入临床使用。下列相关说法错误的是（　）

A.癌细胞表面出现异常的抗原

B.在某部位发现的癌细胞可能并不来源于该部位

C.同种癌症的癌细胞基因组一定产生相同的突变

D.防癌疫苗可预防病毒致癌因子引起的细胞癌变

【学生作答】：D

【正确答案】：A

一.6得分：0分/2分（全对224人/部分对0人/全错55人/班级平均得分1.63）

6．下图为果蝇两条染色体上与眼色控制有关的四个基因分布示意图，下列叙述正确的是

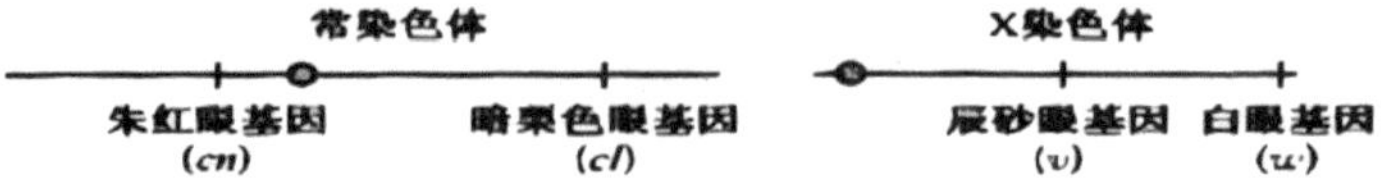

A．这四个基因互为等位基因

B．基因 *v* 和 *w* 控制的性状总与性别相关联

C．减数分裂过程发生交叉互换会导致基因 *cl* 与 *w* 的位置互换

D．减数第二次分裂后期，这四个基因不可能出现在细胞同一极

【学生作答】：D

【正确答案】：B

一.9得分：0分/2分（全对138人/部分对0人/全错141人/班级平均得分0.56）

某植物花瓣的大小由复等位基因a_1、a_2、a_3控制，其显隐性关系为a1对a_2为显性，a_2 对a_3为显性；有a_1基因的植株表现为大花瓣，有a_2基因且无a_1基因的植株表现为小花只含a_3基因植株无花瓣。花瓣颜色受另一对等位基因B、b控制，基因型为BB和Bb的花瓣是红色，bb的为黄色。两对基因独立遗传，基因型为a_1a_3Bb和a_2a_3Bb的个体杂交产生的子代(　)

A.全为杂合子　　B.共有6种表现型

C.红花所占的比例为 3/4　　D.与亲本基因型相同的个体占1/4

【学生作答】：C

【正确答案】：D

一.11得分：0分/2分（全对123人/部分对0人/全错156人/班级平均得分0.84）

【学生作答】：B

【正确答案】：C

一.13得分：0分/4分（全对76人/部分对0人/全错203人/班级平均得分

0.37）

5. (2022·**山东烟台·三模**)目前有两种针对新冠病毒的疫苗。疫苗①：将新冠病毒灭活后制成灭活病毒疫苗；疫苗②：用腺病毒载体携带编码新冠病毒 S 蛋白的基因制成腺病毒载体疫苗，疫苗②可使人体细胞高效表达出 S 蛋白，能长时间反复刺激免疫系统。下列叙述正确的是(　　)

A. 两种疫苗均需多次接种，因为单次接种无法产生大量记忆细胞

B. 接种疫苗后，人体产生的抗体离不开浆细胞对疫苗的识别作用

C. 机体接种两种疫苗后产生的抗体种类完全相同

D. 机体接种疫苗②前感染过腺病毒，可能会减弱疫苗的免疫效果

【学生作答】：D

【正确答案】：A

一.15得分：0分/4分（全对108人/部分对0人/全错171人/班级平均得分0.47）

15.水稻的雄性不育性状是由细胞质基因和细胞核基因共同控制的,子代的细胞质基因只能来源于母本。S 表示细胞质不育基因,N 表示细胞质可育基因;R(R_1、R_2)表示细胞核中可恢复育性的基因,其等位基因 r(r_1、r_2)无此功能,只有当细胞质中含有 S 基因,细胞核中 r_1、r_2 基因纯合时,植株才表现出雄性不育性状。不同基因型水稻 S 基因的表达情况如下表所示,下列分析错误的是

基因型	N($r_1r_1r_2r_2$)	S($r_1r_1r_2r_2$)	S($R_1R_1r_2r_2$)	S($r_1r_1R_2R_2$)	S($R_1R_1R_2R_2$)
s 基因转录的 mRNA	－	+++	+++	+	+
s 基因编码的蛋白质	－	+++	++	+	－
水稻育性性状	育性正常	雄性不育	部分花粉可育	部分花粉可育	育性正常
注:“+”表示产生相应物质,“+”的多少表示物质量的多少:“－”表示没有产生相应物质					

A.s($r_1r_1r_2r_2$)与 N($r_1r_1r_2r_2$)杂交,后代全部雄性不育

B.s($R_1R_1r_2r_2$)与 s($r_1r_1R_2R_2$)杂交,后代全部育性正常

C.R_1 和 R_2 均能抑制不育基因 S 的表达,但抑制机理不同

D .R_1 抑制不育基因 S 的转录,使水稻恢复为部分花粉可育

【学生作答】：B

【正确答案】：D

一.16得分：0分/4分（全对117人/部分对0人/全错162人/班级平均得分0.74）

二.17得分：3分/10分（全对8人/部分对268人/全错3人/班级平均得分3.84）

1. 褪黑素是人脑中松果体产生的一种激素，具有促进睡眠、调节内分泌、增强免疫力等多种作用。褪黑素的分泌受光线的影响，有明显的昼夜节律。回答下列问题：

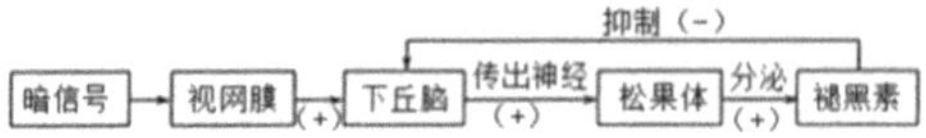

（1）据上图所示，暗信号引起褪黑素分泌增加的过程属于__________（填“神经”、“体液”、“神经—体液”）调节。人体血浆中褪黑素浓度在凌晨2-4时达到峰值之后会下降，其原因是一方面__________；另一方面，__________。

（2）胸腺、脾脏等免疫器官均可作为褪黑素作用的靶器官，原因是__________。褪黑素分泌不足使胸腺退化加快，这会导致人体体液免疫功能减弱，原因是__________。

（3）某保健品宣称口服褪黑素可以改善老年人睡眠不足的问题。评价该宣传是否有科学依据，还需弄清哪些事实？（请写出两点）

__________。

【正确答案】：查看优秀答案

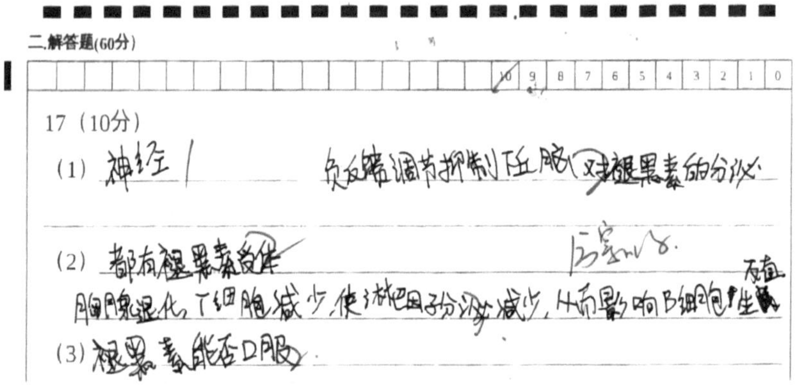
二.解答题(60分)

10 9 8 7 6 5 4 3 2 1 0

17（10分）

（1）神经　负反馈调节抑制下丘脑对褪黑素的分泌

（2）都有褪黑素受体
胸腺退化，T细胞减少，使淋巴因子分泌减少，从而影响B细胞增殖

（3）褪黑素能否口服

二.18得分：2分/10分（全对47人/部分对231人/全错1人/班级平均得分7.05）

1. 随着人口增长和工业发展，城市河流中含碳有机物、无机盐（包括铵盐、磷酸盐以及重金属盐等）的污染也日益严重，某城市采用立体生态浮床技术来净化河流水质，浮床示意图如下。请回答下列问题：

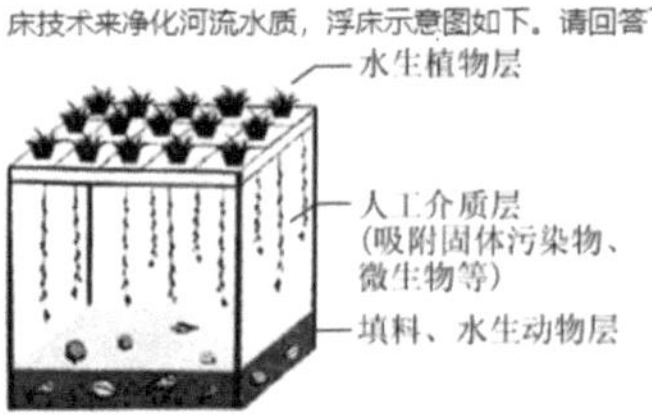

（1）立体生态浮床通过在浮床植物下方布置人工介质，放养水生动物，增加了生态系统的__________多样性，从而提高了生态系统的稳定性。

（2）统计被污染湖泊中动物、植物和微生物的种类及数量，属于在__________水平的调查，研究自然水域物种之间的关系和物种丰富度有利于指导渔业生产，物种丰富度是指__________。

（3）在净化河流水质时，上层水生植物的作用是__________。有人提出可在上层的水生植物层种植蔬菜。请你对该建议予以评价，该建议可行否__________，并说明理由：__________。

二.21得分：4分/12分（全对15人/部分对255人/全错9人/班级平均得分5.7）

21. 甘蔗是华南地区一种重要的经济作物。某研究团队从甘蔗根际土壤中分离出了几种固氮菌，实验方案如下。

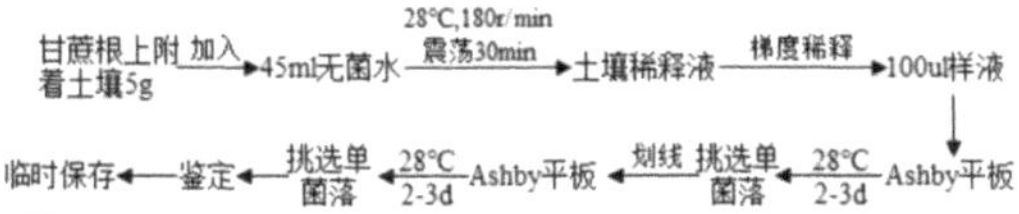

回答下列问题：

（1）Ashby培养基的营养成分主要包括水、无机盐________等。实验中第一次在Ashby培养基上接种的方法是________，在Ashy平板上进行多次接种的目的是________________________

（2）固氮菌能产生固氮酶。为评估固氮酶的活性，可以检测____________.

（3）研究发现，上述固氮菌还能产生IAA。取一定体积的固氮菌菌液离心，获得上清液，现欲测定上清液中IAA的含量，请利用以下试剂，写出实验思路。_______

供选试剂：标准的1g/L的IAA母液，蒸馏水，S试剂(与IAA反应显红色，且颜色深浅与IAA浓度成正相关)

【学生作答】：查看该生作答

【正确答案】：

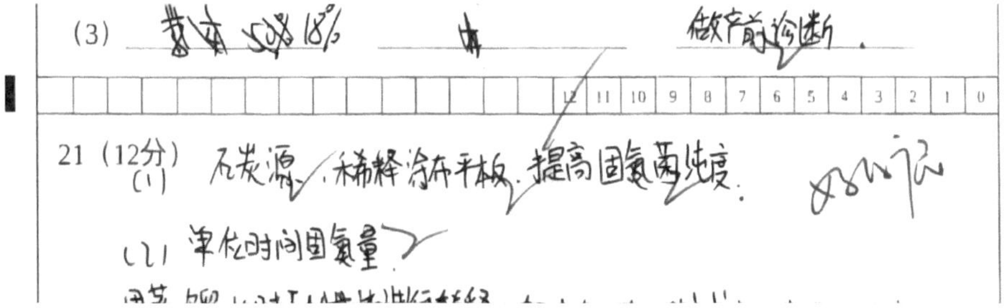

第六节　自主学习练典例，错题重刷促落实

4.6.1 自主学习典例演练设计思路分析

以基因对性状的控制为例

试题考查内容选择1：内容选择中心法则及其发展，要求考生识记中心法则的主要内容以及后人对其进行的补充和完善，能结合所学的知识准确判断各选项。DNA复制和逆转录都以脱氧核糖核苷酸为原料，前者需解旋酶和DNA聚合酶，后者需逆转录酶，产物都是DNA；转录是以DNA一条链为模板，以核糖核苷酸为原料，需RNA聚合酶，产物为RNA。

核心素养考查：生物学的生命观念与科学思维。

试题考查内容选择2：以基因的作用与性状表现的流程示意图，考查遗传信息的转录和翻译、基因与性状的关系，要求考生识记遗传信息转录和翻译的过程、场所、条件和产物等基础知识；识记基因控制性状的两种方式，能结合所学的知识准确判断各选项。

核心素养考查：生物学的生命观念与科学思维。

试题考查内容选择3：考查基因的表达即基因控制蛋白质的合成过程包括两个阶段：基因是通过控制氨基酸的排列顺序控制蛋白质合成的。整个过程包括转录和翻译两个主要阶段。

（1）转录：转录是指以DNA的一条链为模板，按照碱基互补配对原则，合成RNA的过程。转录的场所：细胞核转录的模板：DNA分子的一条链；转录的原料：四种核糖核苷酸（“U”代替“T”与“A”配对，不含“T”）；与转录有关的酶：RNA聚合酶；转录的产物：mRNA，tRNA，rRNA。

（2）翻译：翻译是指以mRNA为模板，合成具有一定氨基酸排列顺序的蛋白质的过程。翻译的场所：细胞质的核糖体上。翻译的本质：把DNA上的遗传信息通过mRNA转化成为蛋白质分子上氨基酸的特定排列顺序。

核心素养考查：生物学的生命观念与科学思维。

试题考查内容选择4：考查基因的表达相关知识，意在考查考生对知识点的理解掌握和对图形分析能力。由图分析可知甲是以两条链为模板，所以甲是复制，乙是以一条链为模板，说明是转录，丙是翻译。核心素养考查生物学的生命观念与科学思维。

试题考查内容选择及核心素养考查5：中心法则可表示的遗传信息的传递方向：

①DNA→DNA：DNA的复制过程；

②DNA→RNA→蛋白质：DNA的转录、翻译过程；

③RNA→RNA：RNA的复制过程；

④RNA→DNA：逆转录过程；

其中，①②过程是真核生物、原核生物和DNA病毒的遗传信息传递过程，③④为某些RNA病毒的遗传信息传递过程。

核心素养考查：生物学的生命观念与科学思维。

试题考查内容选择5：考查中心法则遗传信息流

（1）遗传信息可以从DNA流向DNA，即DNA的复制。

（2）遗传信息可以从DNA流向RNA，进而流向蛋白质，即遗传信息的转录和翻译，后来中心法则又补充了遗传信息从RNA流向RNA以及从RNA流向DNA两条途径。

核心素养考查：生物学的生命观念与科学思维。

试题考查内容选择6：考查学生识图能力，比较三大过程的差异。a代表DNA的复制过程，b代表转录过程，c代表RNA的复制，d代表翻译，e代表逆转录过程。a、b、d是绝大多数生物遗传信息的传递方向，c、e是病毒遗传信息的传递方向。

核心素养考查：生物学的生命观念与科学思维。

试题考查内容选择7：病毒是一类没有细胞结构的特殊生物，只由蛋白质外壳和内部的遗传物质构成，不能独立的生活和繁殖，只有寄生在其他生物的活细胞内才能生活和繁殖，一旦离开了活细胞，病毒就无法进行生命活动。

核心素养考查：生物学的生命观念与科学思维。

试题考查内容选择8：考查析图能力，以基因的表达为材料，①为转录，②为翻译的过程。转录在细胞核中，翻译在细胞质中；M1和M2不可能同时出现在同一个细胞中，因为基因选择性表达的实质是基因的选择性转录；老年人细胞中能产生酪氨酸酶，只不过酶的活性降低而已。

核心素养考查：生物学的生命观念与科学思维。

试题考查内容选择9：碱基互补配对原则是指在DNA分子结构中，由于碱基之间的氢键具有固定的数目和DNA两条链之间的距离保持不变，使得碱基配对必须遵循一定的规律，这就是A（腺嘌呤）一定与T（胸腺嘧啶）配对，G（鸟嘌呤）一定与C（胞嘧啶）配对，反之亦然。DNA的复制、转录和翻译、RNA的复制和逆转录过程中都会发生碱基互补配对原则。

核心素养考查：生物学的生命观念与科学思维。

试题考查内容选择10：（1）以生物界遗传信息的传递规律及为中心法则。

（2）图中标号①表示以DNA为模板合成DNA的DNA复制过程；③表示以mRNA为模板合成肽链的翻译过程。

（3）如果DNA分子一条链（a链）的碱基排列顺序是……ACGGAT……，在进行DNA复制时，遵循碱基互补配对原则，以a链为模板形成的子链的碱基顺序是……TGCCTA……；在进行②以DNA一条单链为模板，合成mRNA的过程中，遵循碱基互补配对原则，以a链为模板形成的mRNA的碱基顺序是……UGCCUA……，mRNA中3个相邻碱基决定一个氨基酸，这段mRNA中包含了2个密码子，需要2个tRNA才能把所需要的氨基酸转运到核糖体上。

（4）基因对性状的控制有两条途径：一是通过控制酶的合成来控制代谢过程，进而控制生物体的性状；二是通过控制蛋白质的结构直接控制生物体的性状。

核心素养考查：生物学的生命观念与科学思维。

试题考查内容选择12：（1）图中a表示以DNA为模板合成DNA的复制过程，b表示以DNA为模板合成RNA的转录过程，c表示以mRNA为模板合成蛋白质的翻译过程，d表示以RNA为模板合成DNA的逆转录过程。

（2）翻译过程在核糖体上进行，需要tRNA搬运特定的氨基酸，并通过反密码子与mRNA中的密码子相识别。

（3）DNA复制发生在真核细胞分裂间期的S期。

（4）在真核细胞中，DNA复制和转录过程主要发生在细胞核中。

（5）tRNA携带特定的氨基酸，并通过反密码子特异性识别信使RNA上密码子。

（6）RNA病毒的遗传信息传递和表达包括RNA复制和翻译过程，逆转录病毒的遗传信息传递和表达包括逆转录、DNA复制、转录、翻译等过程。

核心素养考查：生物学的生命观念与科学思维。

试题考查内容选择13：要求学生从图甲中能分析出过程a是以基因R一条链为模板合成mRNA的过程，是转录过程，b是以mRNA为模板合成酶的过程，是翻译过程，该图体现了基因通过控制酶的合成控制细胞代谢进而间接控制生物的性状；由图乙可知为转录过程，图中的酶是RNA聚合酶。

核心素养考查：生物学的生命观念与科学思维。

4.6.2 基因对性状的控制——自主学习典例演练

一、单选题

1.下列有关基因型、性状和环境的叙述，错误的是（　　）

A.两个个体的身高不相同，二者的基因型可能相同，也可能不相同

B.某植物的绿色幼苗在黑暗中变成黄色，这种变化是由环境造成的

C.O型血夫妇的子代都是O型血，说明该性状是由遗传因素决定的

D.高茎豌豆的子代出现高茎和矮茎，说明该相对性状是由基因重组决定的

2.关于复制、转录和逆转录的叙述，下列说法错误的是（　　）

A.逆转录和DNA复制的产物都是DNA

B.转录需要RNA聚合酶，逆转录需要逆转录酶

C.转录和逆转录所需要的反应物都是核糖核苷酸

D.细胞核中的DNA复制和转录都以DNA为模板

3.如图为基因的作用与性状的表现流程示意图，下列选项正确的是（　　）

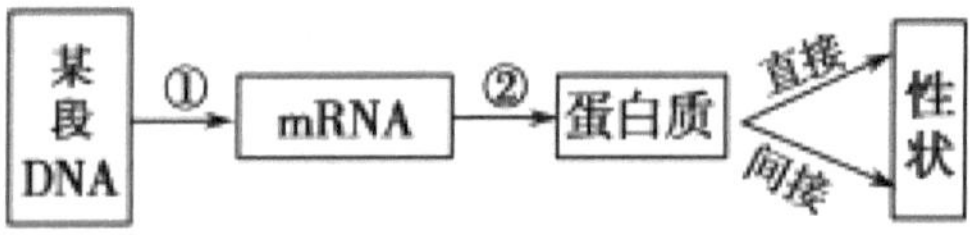

A.①是转录过程，它以DNA的一条链为模板、四种脱氧核苷酸为原料合成mRNA

B.②过程需要mRNA、氨基酸、核糖体、RNA聚合酶、ATP等

C.白化病是基因通过控制酶的合成而间接控制性状的实例

D.②过程中共有64个密码子对应着20种氨基酸

4.下列关于发生在真核细胞中物质合成过程的叙述，正确的是（　　）

A.酶的合成一定以RNA为模板，以氨基酸为原料

B.肽链的合成一定以RNA为模板，以氨基酸为原料

C.RNA的合成一定以DNA为模板，以核糖核苷酸为原料

D.DNA的合成一定以DNA为模板，以脱氧核苷酸为原料

5.下图是有关DNA分子的复制、基因的表达的示意图，下关叙述正确的是（　　）

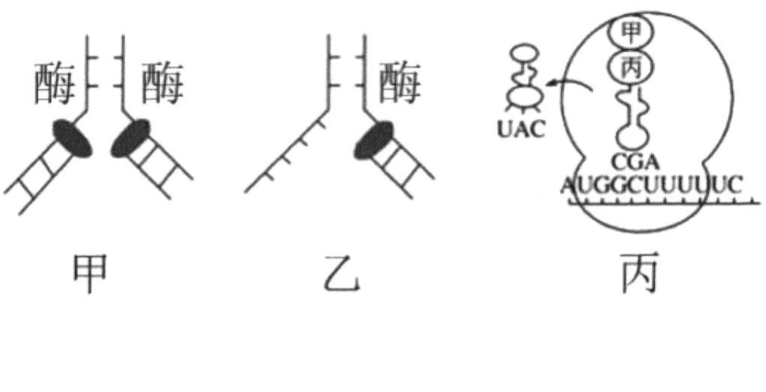

A.甲过程主要发生在细胞核内，乙、丙过程主要发生在细胞质内

B.甲、乙两过程需要酶的催化，丙过程不需要酶的催化

C.甲、乙、丙过程都遵循碱基互补配对原则

D.甲、乙、丙过程所需原料依次是核糖核苷酸、脱氧核苷酸、氨基酸

6.关于下列各图的叙述，正确的是（　　）

图1　　　　图2

A.图1所示过程相当于图2的⑧过程，所需原料是核苷酸

B.图1中①mRNA与②核糖体结合进行翻译，起始密码子在mRNA的左端

C.④⑤⑥⑦过程中的碱基互补配对方式完全相同

D.若①中的一个碱基发生改变，其控制合成的③多肽链的结构不一定发生改变

7.遗传信息传递方向可用中心法则表示，下列叙述正确的是（　　）

A.劳氏肉瘤病毒的RNA可通过逆转录合成单链DNA

B.烟草花叶病毒的RNA可通过复制将遗传密码传递给子代

C.果蝇体细胞中核DNA分子通过转录将遗传信息传递给子代

D.洋葱根尖细胞中DNA聚合酶主要在期通过转录和翻译合成

8.如图为中心法则示意图，相关叙述正确的是（　　）

A.①②③发生在细胞核和线粒体中

B.①④的碱基配对方式完全相同

C.细胞中的tRNA通过④过程复制

D.⑤在逆转录酶的催化作用下完成

9.有关遗传信息传递的说法，正确的是（　　）

A.图中能发生碱基互补配对的过程只有①②④

B.核DNA复制、转录、翻译的场所依次是细胞核、细胞核、核糖体

C.浆细胞合成抗体的过程中遗传信息的传递方向是①②③

D.HIV病毒侵入机体后，T细胞的基因会选择性表达出⑤过程所需的酶

10.关于基因表达和中心法则的叙述，错误的是（　　）

A.原核生物拟核基因的转录和翻译在时间和空间上没有分开

B.衰老细胞内染色质收缩，造成细胞核基因难以复制和表达

C.根据氨基酸序列能推出唯一一种核糖核苷酸序列

D.在某些病毒的复制过程中存在RNA复制或逆转录

11.如图是中心法则及其发展的内容，下列相关叙述错误的是（　　）

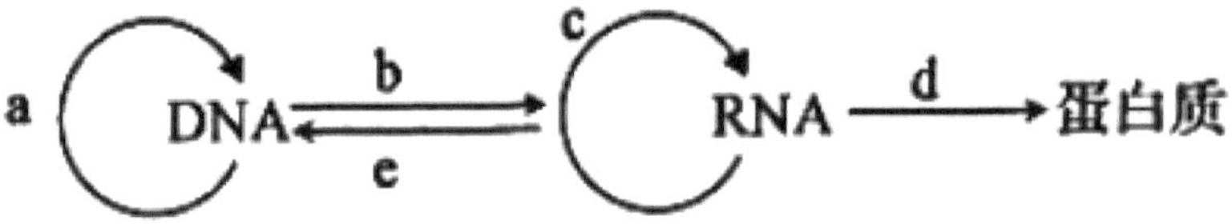

A.生物的遗传信息储存在DNA的脱氧核苷酸序列中

B.a、e过程所需的原料相同，b、c所需的原料也相同

C.遗传信息表达合成蛋白质是表现型实现的基础

D.b过程需要RNA聚合酶催化，而e过程需要逆转录酶催化

12.冠状病毒为单股正链RNA病毒，用（+）RNA表示。下图表示冠状病毒的增殖和表达，相关说法错误的是（　　）

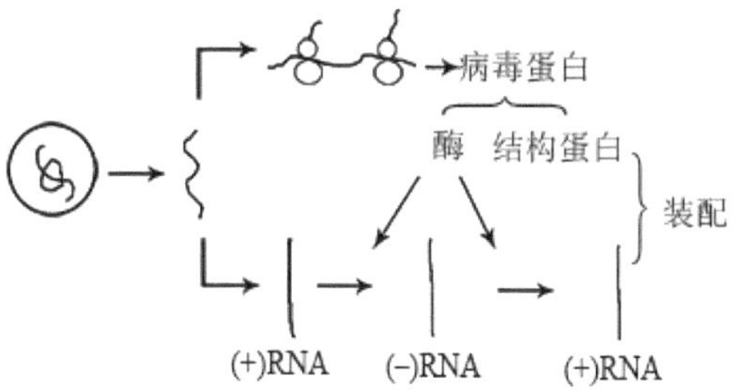

A.冠状病毒属于RNA病毒，体内含有逆转录酶

B.病毒RNA复制时需要的酶在宿主细胞内合成

C.病毒RNA可直接作为翻译的模板

D.病毒RNA复制时遵循碱基互补配对原则

13.下列有关基因表达和生物性状控制的叙述，正确的是（　　）

A.在复制、转录和翻译过程中，都涉及A与T，G与C的碱基互补配对

B.人的白化症状体现了基因通过控制蛋白质的结构直接控制生物体的性状

C.在胰岛素基因中插入一段外源DNA序列，引起的变异属于染色体结构变异

D.人体内细胞进行DNA复制和转录时，DNA双链都要解旋，前者需要解旋酶

14.如图为人体中基因对性状控制过程的示意图，据图分析可以得出（　　）

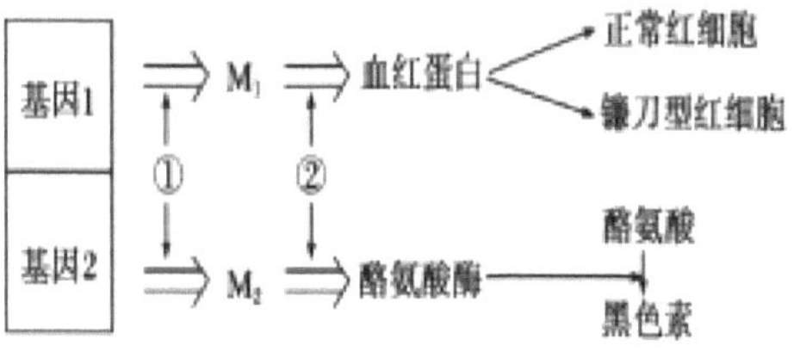

A.过程①②都主要发生在细胞核中

B.基因1、2对生物性状的控制方式相同

C.M1和M2不可能同时出现在同一个细胞中

D.老年人的黑色素细胞中不含M2

15.关于基因、蛋白质和性状三者间关系的叙述，正确的是（　　）

A.生物体的性状完全由基因控制，与环境无关

B.基因控制性状是通过控制蛋白质的合成来实现的

C.基因与性状之间都是一一对应关系

D.基因不能控制酶的合成

16.下列各项过程中，遵循“碱基互补配对原则”的有（　　）

①DNA复制　②RNA复制　③转录　④翻译　⑤逆转录

A.①③④⑤　　B.①②③④　　C.①②③⑤　　D.①②③④⑤

二、综合题

17.根据下图回答问题：

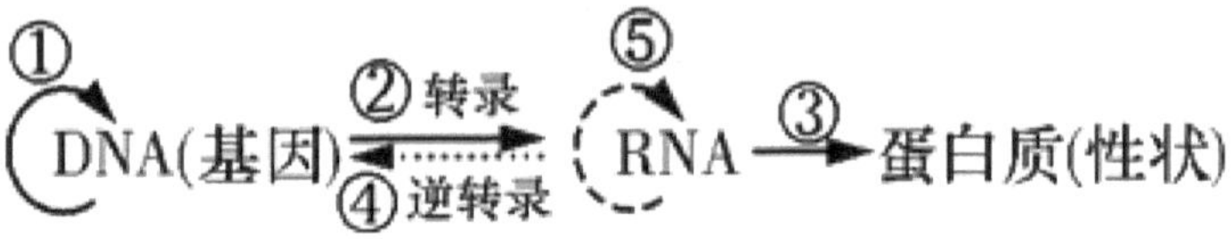

（1）此图表示遗传信息的传递规律，在遗传学上称为__________法则。

（2）图中标号①表示__________过程；③表示________________过程。

（3）如果DNA分子一条链（a链）的碱基排列顺序是……ACGGAT……，那么，在进行①过程中，以a链为模板形成的子链的碱基顺序是______________________；在进行②过程中，以a链为模板形成的mRNA的碱基顺序是_____________，在这段mRNA中包含了_____________个密码子，需要________个tRNA才能把所需要的氨基酸转运到核糖体上。

（4）基因对性状的控制有两条途径：一是通过控制_______________来控制代谢过程，进而控制生物体的性状；二是通过控制_______________直接控制生物体的性状。

18.中心法则揭示了生物遗传信息由DNA向蛋白质传递与表达的过程。请回答下列问题。

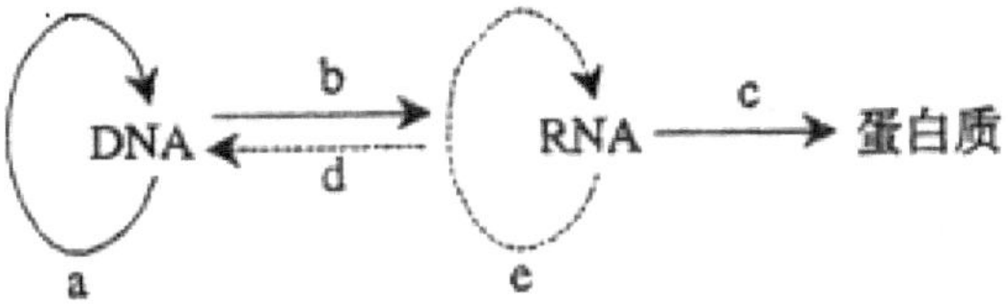

（1）a、b、c、d所表示的四个过程依次分别是＿＿＿＿＿、＿＿＿＿＿、＿＿＿＿和＿＿＿＿。

（2）需要tRNA和核糖体同时参与的过程是＿＿＿＿＿＿（用图中的字母回答）。

（3）a过程发生在真核细胞分裂的＿＿＿期。

（4）在真核细胞中，a和b两个过程发生的主要场所是＿＿＿＿＿＿＿。

（5）能特异性识别信使RNA上密码子的分子是＿＿＿＿＿＿，后者所携带的分子是＿＿＿。

（6）RNA病毒的遗传信息传递与表达的途径有（用类似本题图中的形式表述）：

①＿＿＿＿＿＿＿＿＿＿＿＿＿＿＿；②＿＿＿＿＿＿＿＿＿＿＿＿＿＿＿。

19.豌豆的圆粒和皱粒是由等位基因R、r控制的相对性状，圆粒性状的产生机制如图所示。据图回答相关问题：

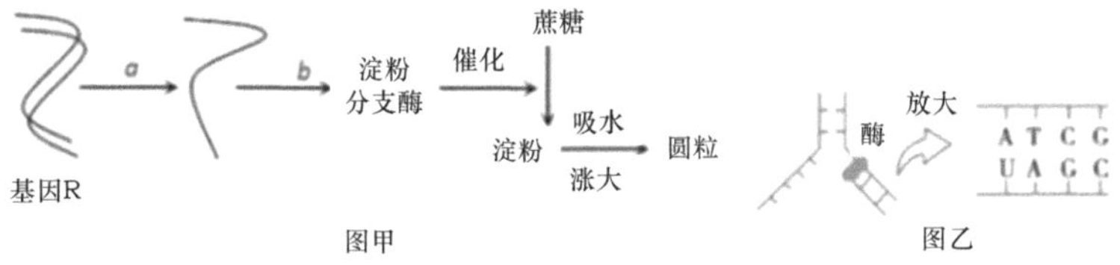

（1）a过程被称为＿＿＿＿＿＿，需要用到酶为＿＿＿＿＿＿，b过程发生的场所是＿＿＿＿＿＿。

（2）图乙所示过程对应图甲所示的＿＿＿＿＿＿过程（填字母），此过程需要的基本原料是＿＿＿＿＿＿。图乙中含有核苷酸＿＿＿＿＿＿种。

（3）基因与a过程的产物相比，两者在化学组成成分方面都具有____________________。

（4）若淀粉分支酶含有350个氨基酸，则过程b最多会有____________种tRNA参与。

（5）细胞中，完成b所示的过程很快速。一般来说，少量的mRNA分子就可以快速合成出大量的蛋白质，原因是__________________。

（6）已知蔗糖甜度比淀粉高，所以新鲜豌豆选择____________（填“圆粒”或“皱粒”）豌豆口味更佳。图示过程体现了基因通过__________来控制生物性状。

4.6.3 自主学习错题举一反三设计思路分析

——以基因对性状的控制为例

举一反三内容选择1：DNA的复制、转录、逆转录、RNA的复制、翻译。

包括这五大过程发生的时间、场所、过程、遵循的原则、碱基配对的方式、产物、意义、信息流的传导。

分别设置了4道相关内容的题目，如第19题设计思路：图示为基因控制蛋白质的合成过程示意图，其中①为tRNA，能识别密码子并转运相应的氨基酸；②为核糖体，是翻译的场所；③为mRNA，是翻译的模板；④为双链DNA分子，其中一条链是转录的模板。

（1）图中的①是tRNA，②是核糖体，③是mRNA；图示（见上页19题图示）进行的是胰岛素合成的转录和翻译过程。

（2）③为mRNA，根据其上的碱基序列可知，形成该链的模板是图中的A链；合成③mRNA的原料是游离的核糖核苷酸。

（3）人体细胞中，遗传物质DNA主要分布在细胞核中，也有一部分分布在线粒体中。

（4）③mRNA通过核孔从细胞核出来，因此其从细胞核内到细胞质中穿过0层磷脂双分子层。

（5）该细胞的细胞核中含有合成血红蛋白的基因，但血红蛋白基因不表达，AD正确；DNA的基本单位是脱氧核糖核苷酸，B正确；该细胞含有该生物全部的基因，C错误。

第4题设计思路：基因自由组合定律的实质是：控制不同性状的遗传因子的分离和组合是互不干扰的；在形成配子时，决定同一性状的成对的遗传因子彼此分离，决定不同性状的遗传因子自由组合。

举一反三内容选择2：基因控制性状的方式：一是通过控制酶的合成控制代谢过程，间接控制生物体的性状；二是通过控制蛋白质的结构直接控制生物的性状。共设计了3道题进行举一反三。

如第5题根据图知，花青素是由苯丙酮氨酸转化而来，其转化需要酶1、酶2和酶3，花青素在不同的酸碱度下表现的颜色不同。

举一反三内容选择3：以病毒为材料考查遗传信息的传递与表达，共设计了2道题。如第8题：为某RNA病毒侵染宿主细胞后的增殖过程，其中①表示以病毒RNA为模板逆转录合成DNA；③表示转录过程；⑤表示翻译过程，⑥表示最后组装形成新的病毒。第17题的①表示RNA逆转录形成DNA的过程，②表示DNA转录形成RNA，③表示翻译形成相应的蛋白质。

艾滋病全称是获得性免疫缺陷综合征，是由人类免疫缺陷病毒HIV所引起的一种严重的传染性疾病。HIV侵入人体，攻击的主要对象是T淋巴细胞，病毒在寄主细胞内能逆转录形成病毒DNA并整合到染色体的DNA上，并能随寄主细胞染色体的复制而复制，且不会被人体的免疫系统所识别。大量的T淋巴细胞的死亡导致患者免疫功能相继严重缺陷，各种病原体乘虚而入。解答本题关键要看懂题图中HIV侵染T淋巴细胞后的遗传信息流动过程，即①表示RNA逆转录形成DNA的过程，②表示DNA转录形成RNA，③表示翻译形成相应的蛋白质，进而结合相关知识回答。

4.6.4 基因对性状的控制——自主学习错题举一反三设计

一、单选题

1.人或动物PrP基因编码一种蛋白（PrPc），该蛋白无致病性。PrPc的空间结构改变后成为PrPsc（朊粒），就具有了致病性。PrPsc可以诱导更多的PrPc转变为PrPsc，实现朊粒的增殖，可以引起疯牛病。据此判断，下列叙述正确的是（　　）

A.朊粒侵入机体后可整合到宿主的基因组中

B.朊粒的增殖方式与肺炎双球菌的增殖方式相同

C.蛋白质空间结构的改变可以使其功能发生变化

D.PrPc转变为PrPsc的过程属于遗传信息的翻译过程

2.关于如图所示的过程，下列说法错误的是（　　）

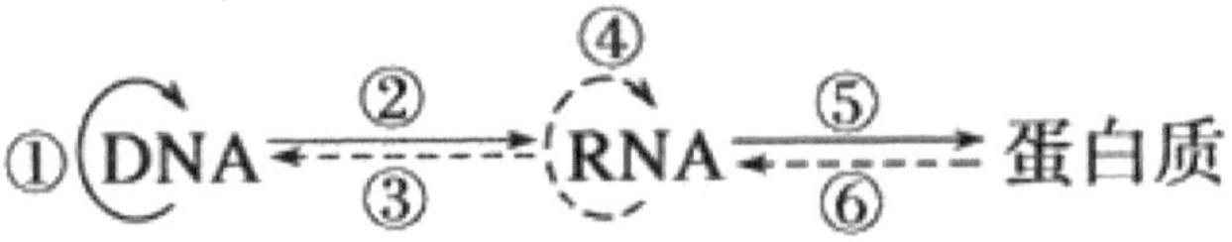

A.正常情况下，③、④、⑥在动植物细胞中都不可能发生

B.①、③过程的产物相同，催化的酶也相同

C.①、②进行的场所有细胞核、线粒体、叶绿体，⑤进行的场所为核糖体

D.①、②、⑤所需的原料分别为脱氧核苷酸、核糖核苷酸、氨基酸

3.下图所示为细胞中遗传信息的传递和表达过程，相关叙述正确的是（　　）

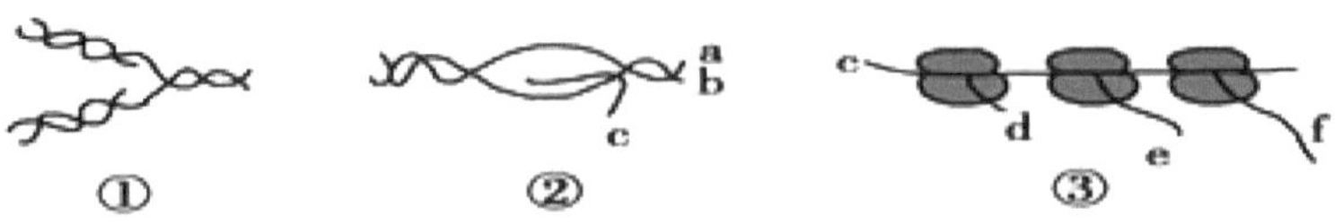

A.①是DNA的复制、②是转录，③是翻译，三个过程中碱基配对情况不完全相同

B.②③过程发生的场所可能相同，③是以DNA为模板合成一定氨基酸顺序的蛋白质

C.①②过程所需要的原料相同

D.③过程中不同核糖体合成的是同一种蛋白质，核糖体的移动方向是由右向左

4.古比鱼尾形由位于常染色体上的三对独立遗传的基因决定，相关基因、酶以及尾形关系如图所示，据此推测错误的是（　　）

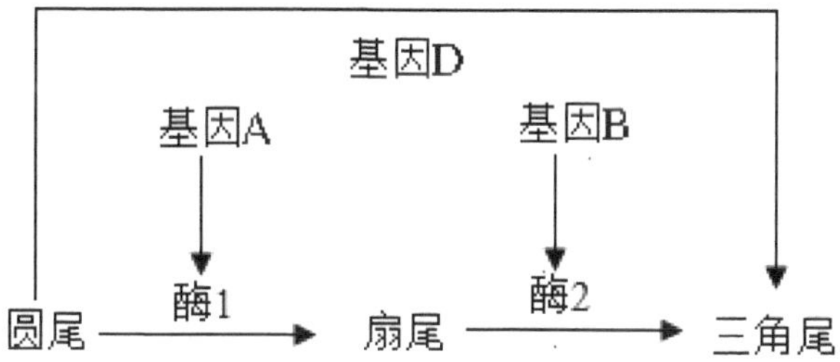

A.由图可知基因可通过控制酶的合成影响代谢过程，进而控制生物体的性状

B.基因型相同的杂合三角尾鱼相互交配，F1的基因型最少3种、最多27种

C.圆尾鱼与扇尾鱼杂交，F1中圆尾：扇尾：三角尾数量比可能出现2：1：1

D.让圆尾鱼相互交配，F1中出现其他尾形的原因可能是由于基因重组所致

5.牵牛花的颜色主要是由花青素决定的，如图为花青素的合成与颜色变化途径示意图：

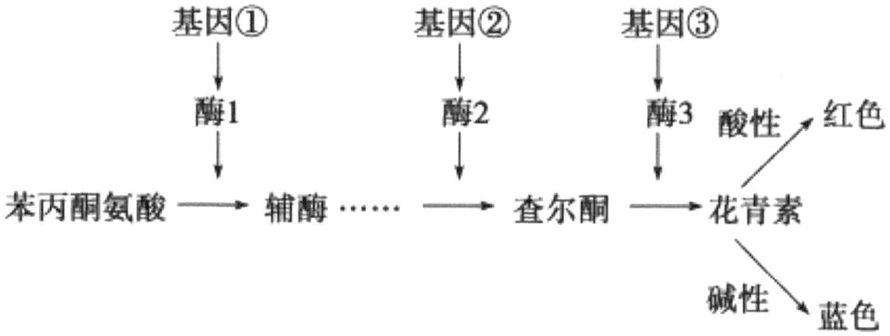

从图中不能得出的是（　　）

A.花的颜色由多对基因共同控制

B.基因可以通过控制酶的合成来控制代谢

C.生物性状由基因决定，也受环境影响

D.若基因①不表达，则基因②和基因③不表达

6.下列关于基因、性状以及两者的关系叙述正确的是（　　）

A.基因能够通过表达，实现遗传信息在亲代和子代之间的传递

B.基因在染色体上呈线性排列，基因的前端有起始密码子，末端有终止密码子

C.人的白化病是由于基因不正常而合成过多的酪氨酸酶，将黑色素转变为酪氨酸，而表现出白化症状

D.人的镰刀型细胞贫血症是基因对性状的直接控制

7.青霉素、利福平、环丙沙星、红霉素对细菌的作用部位或作用原理分别对应图乙中的⑥⑦⑧⑨，图甲为遗传信息的传递过程。下列叙述正确的是（　　）

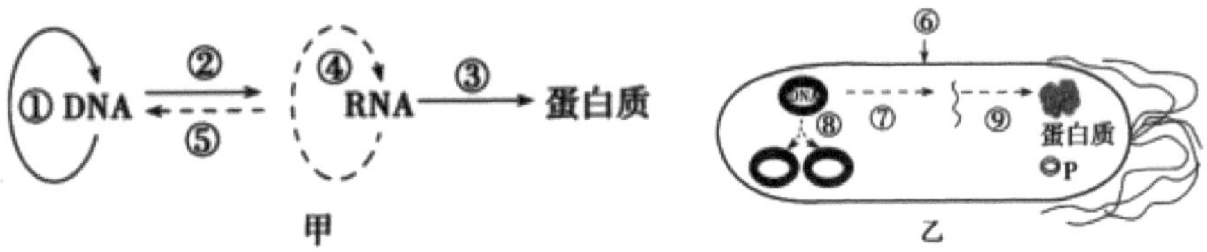

A.环丙沙星和红霉素都能抑制②③过程

B.青霉素和利福平都能抑制细菌的①过程

C.结核杆菌的④⑤过程都发生在细胞质中

D.①②③过程可发生在人体的健康细胞中

8.如图是某逆转录病毒增殖过程的部分示意图，①~⑥代表相关过程，下列叙述错误的是（　　）

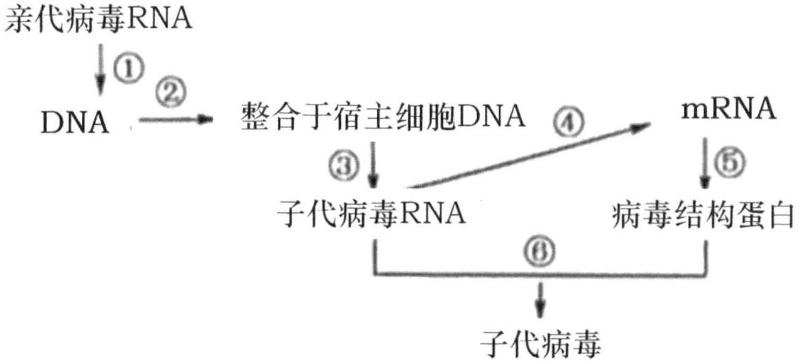

A.图示反映出RNA也能携带生物的遗传信息

B.过程①所需的酶在宿主细胞的核糖体上合成

C.将DNA某片段经过程②整合于宿主细胞DNA一般属于基因重组

D.若该病毒为HIV，则其主要通过侵染人体生殖细胞从而遗传给子代

9.下列过程中，由逆转录酶催化的是（　　）

A.DNA→RNA　　B.RNA→DNA

C.蛋白质→蛋白质　　D.RNA→蛋白质

10.DNA是主要的遗传物质，下列有关DNA的说法正确的是（　　）

A.摩尔根证明了DNA是遗传物质，并且发明了基因位置测定的方法

B.沃森和克里克提出了DNA双螺旋结构模型，并提出了半保留复制

C.DNA是真核生物的遗传物质，RNA是原核生物及病毒的遗传物质

D.DNA复制与RNA逆转录产物相同，碱基互补配对方式也相同

11.图1和图2表示某些生物体内的物质合成过程示意图，对此分析正确的是（　　）

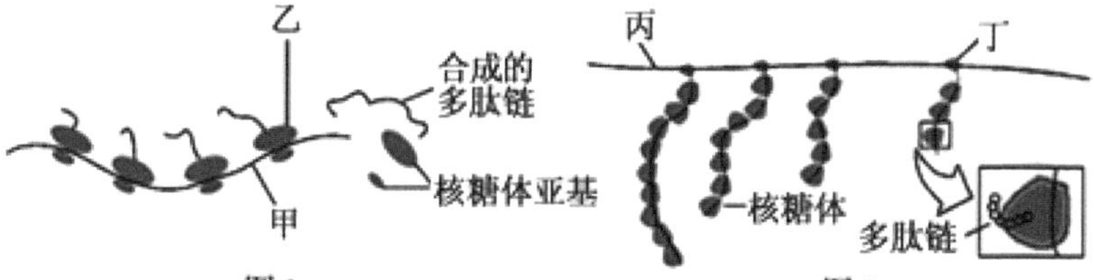

图1　　图2

A.图中甲和丙表示mRNA，乙和丁表示核糖体

B.乙和丁的移动方向均为从右向左

C.图1和图2所示过程均可发生在人体细胞中

D.图1和图2所示过程使得少量的mRNA分子可以迅速合成大量的蛋白质

12.如图表示遗传信息的中心法则图解，有关叙述不正确的是（　　）

A.在噬菌体侵染细菌的实验中，采用搅拌和离心等手段是为了使噬菌体和细菌分离

B.艾滋病病毒侵入宿主细胞后，能够进行的过程有a、b、c、d、e

C.原核细胞RNA的合成只以b过程方式进行

D.遗传密码的简并性在遗传学上的意义是生物有一定的容错性，一定程度上有利于物种的稳定性

13.关于真核生物的遗传信息及其传递的叙述，错误的是（　　）

A.遗传信息可以从DNA流向RNA，也可以从RNA流向蛋白质

B.细胞中以DNA的一条单链为模板转录出的RNA均可编码多肽

C.细胞中DNA分子的碱基总数与所有基因的碱基数之和不相等

D.染色体DNA分子中的一条单链可以转录出不同的RNA分子

14.流感病毒是单链RNA病毒，其外面有一层来自细胞的磷脂双分子层包膜，有帮助病毒吸附宿主细胞的凝血素和帮助病毒摆脱宿主细胞的神经氨酸酶。下列叙述错误的是（　　）

A.流感病毒不属于生命系统的结构层次

B.破坏神经氨酸酶能抑制流感病毒的扩散

C.抗流感病毒的抗体能和侵入呼吸道细胞内的病毒特异性结合，阻止其增殖

D.流感病毒在宿主细胞内繁殖时，遗传信息可从RNA流向RNA，再流向蛋白质

15.图甲为某种细胞内的基因表达过程，图乙中①~⑤表示生理过程。下列叙述错误的是（　　）

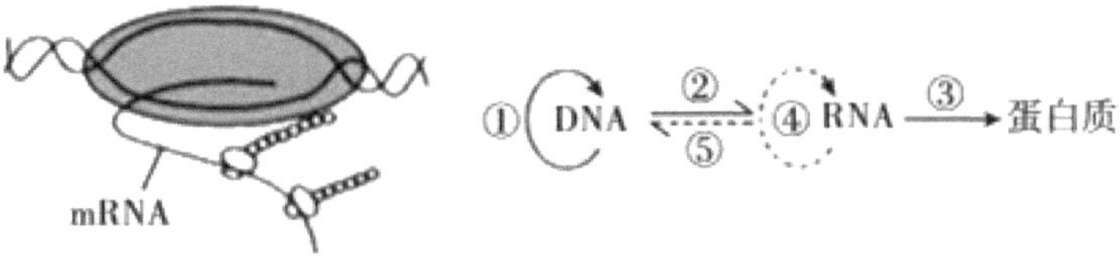

图甲　　　　图乙

A.图甲所示过程对应图乙中的②③

B.图甲过程所需的能量由细胞质基质、线粒体提供

C.图乙中③过程中存在2种碱基互补配对方式

D.图乙中①过程不会发生在人体神经元的细胞核中

二、综合题

16.艾滋病是一种免疫缺陷病，由HIV引起，死亡率极高。如图所示为HIV的增殖过程，据图分析回答：

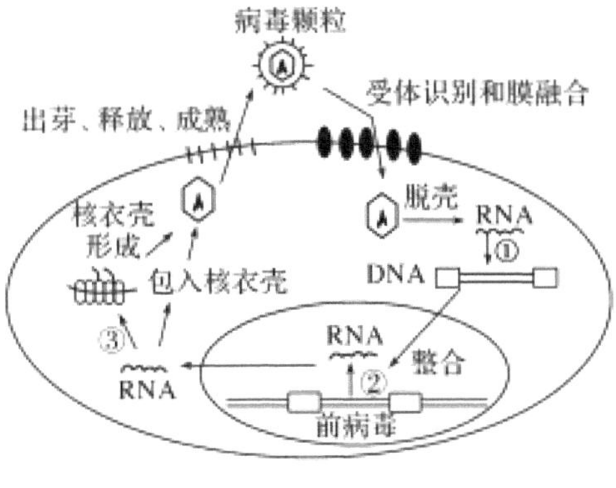

（1）图中进行②过程所需的原料是________________，进行③过程的场所是____________________。

（2）前病毒是指整合到宿主细胞染色体上的病毒DNA，它会随着宿主DNA的复制而复制，则HIV的前病毒复制时以________为模板。

（3）若HIV的蛋白质衣壳中有一段氨基酸序列为“—丝氨酸—谷氨

酸—组氨酸—”，转运丝氨酸、谷氨酸和组氨酸的tRNA上的反密码子分别为AGA、CUU、GUG，则前病毒中决定该氨基酸序列的模板链碱基序列为________。若该病毒的遗传物质中有尿嘧啶128个，占总碱基数的32%，其逆转录生成的双链DNA分子中，A占总碱基数的30%，则该DNA分子中含鸟嘌呤的个数是________。

（4）已知HIV携带的整合酶由a个氨基酸组成，指导整合酶合成的mRNA的碱基数远多于3a，主要的原因是________________________________。

17.下图为动物细胞中蛋白质的生物合成示意图，请据图回答下列问题：

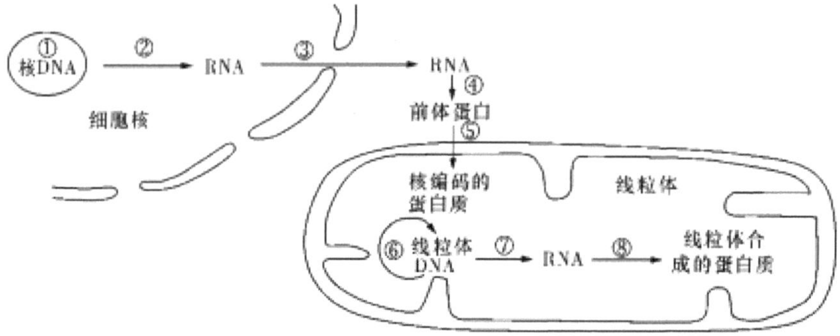

（1）完成①过程需要的酶有________________________，这些酶通过__________从细胞质进入细胞核。②过程得到的mRNA先要在细胞核中进行加工后才用于翻译，翻译时一条mRNA会与多个核糖体结合，最后得到的多肽链上氨基酸序列__________（填“相同”或“不相同”）。

（2）根据所学知识并结合本图推知：该细胞中核糖体分布的场所有细胞质基质、____________等。

（3）图中所示生理过程的完成需要遵循碱基互补配对原则的有________（填序号）。用α—鹅膏蕈碱处理细胞后发现，细胞质中的RNA含量显著减少，由此推测α—鹅膏蕈碱抑制的过程最可能是________（填序号）。

（4）由上图可知，基因控制生物体的性状是通过______________来实现的。

18.下图是人体胰岛素合成过程示意图。

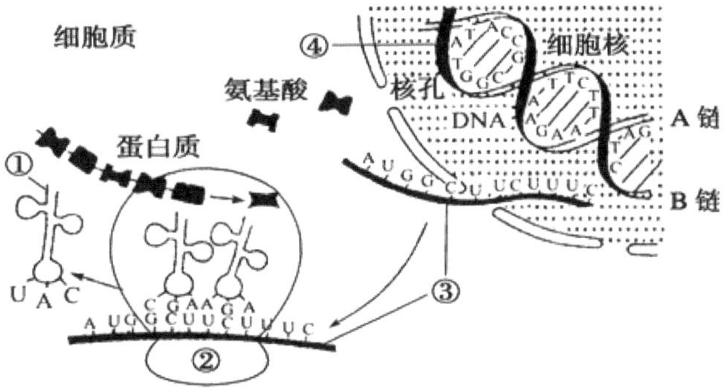

请据图回答：

（1）图中的①是__________②是__________③是__________上图表示胰岛素合成的____________和______________两个生理过程。

（2）形成③的模板是图中的__________________（A/B）链，合成③的原料是______________。

（3）图示遗传物质DNA主要分布在细胞核中，也有一部分分布在__________中（细胞器）。

（4）③从细胞核内到细胞质中穿过__________层磷脂双分子层。

（5）关于该细胞核DNA所含基因的表述不正确的是（　　）

A.含有合成血红蛋白的基因　　B.基本单位是脱氧核糖核苷酸

C.只含有合成胰岛素的基因　　D.合成血红蛋白的基因不表达

第五章　自主管理、自主学习辅助工具

第一节　总结交流添动能，《成长之路》伴成长

长期持续的动力输入，学生与班主任进行心与心的交流，把平时羞于当面表达的话通过笔尖，通过文字与老师进行沟通诉说，缓解学习生活的压力，学习为人处事，自主管理、自主学习的方法，班主任通过这种方式如涓涓细流般给学生以关心、以支持、以温暖、以力量、以方法、以策略。

班级：________

姓名：________

2020.01.01

5.1.1《成长之路》封面设计：

以中山大学录取通知书彩图作封面，中山大学是教育部直属的重点大学，双一流大学，在各种大学排名中屡屡排在全国前十名的大学，是广东莘莘学子追求的圣殿。把中山大学的录取通知书彩图放在封面上，可以持续地激发学生的学习动力，为着理想大学努力拼搏。

5.1.2《成长之路》的扉页设计：

写出了教育目标“强体魄、会学习、敢承担、善管理、能坚持”的治学目标，随时告诫学生高中三年要勤于锻炼、强健体魄，为未来面对更大挑战奠定良好的身体的基础；要会学习，知道影响学习的七大重要习惯，矫正自己的不良学习习惯，让习惯成为一种提高学习效率的力量；要善管理，善于管理自己的行为和时间，学习和提高管理能力，积极参与班级管理与建设，为良好班风建设承担自己的责任；要敢承担，在当下要承担班级建设之责，他日要承担报效国家贡献社会之任。

强体魄、会学习、敢承担、善管理、能坚持

福田中学2018级全体同学奋斗目标

强体魄：强健的体魄不仅能展现个人良好的外在形象，同时还有助自我调节不良情绪，从而保持乐观开朗、积极向上的心态；强健的体魄也能为一个个重要目标，特别是高考冲刺需要给予良好的身体基础保障，让冲刺更有力、更有持续性、更有效果，同时也为未来健康幸福的生活、更有挑战的工作保驾护航，所以我们要积极锻炼、强身健体。

会学习：会学习是一种能力，它体现在能不能明确各科的学习目标，有没有掌握各科的学习方法，会不会管理时间、会不会提前预习，会不会主动调整自己的状态，会不会及时有效地完成作业，能不能及时总结与反思。会学习还要体现在会考试上，会考试则要求我要尽可能较早地知道什么时候会进行月

考、模拟考等，每次考试内容大致包括哪些，将制定什么计划和采取什么保障措施，争取在考试前把相关内容学完，在考试过程中采取什么样的答题策略，从而在考试中得到理想的分数，来增强自己学习的动力和信心。

敢承担：要求我有责任感，因为今天的我已经逐步走向成年了，在我们家我有责任为爸爸、妈妈和我自己以后有更好的生活担起责任，爸爸、妈妈已经慢慢老去，我们家的未来就要靠我的奋斗；今天我是我们班的一员，我希望我们班团结、友好、积极向上，方方面面都表现卓越优秀，所以我要积极主动地承担班里的各项事务，为我心中永远的某班努力；明天，我将通过大学的学习走上工作岗位，我的社会角色就会是为人子，为人女，为人夫，为人妻，为人父，为人母，做员工，带团队，那时的我必须敢于担起赡养父母的责任，谢谢他们为我辛勤操劳，我要好好地承担起妻子或丈夫的责任，是他或她让我有了家的温暖；我要承担起教育子女的责任，他们将是我们国家、民族的未来；我要承担起一个普通员工积极地工作，为我的公司争取更多利益；我要承担起一个领导的责任，让我的事业不断发展，让我的员工在我这里找到幸福，为国家发展贡献力量，为社会创造财富。

善管理：是要求我要善于管理自己和团队，今天或将来我都可能是一个普普通通的一员，我都要管理好自己，管理好自己的时间，管理好自己的任务，管理好自己的言行，并积极向有经验的管理者学习；今天或明天我也可能是一个团队的管理者，我要学会如何制定、执行和检视管理制度，并与我的伙伴们有效沟通，以期达到团队和员工的多赢。

能坚持：学习是对我的一种挑战，我也曾努力过，也曾制定过计划，但很多时候我都半途而废，今天我要改变自己，我要坚持，虽然我将可能要面对再次失败，但只要我坚持按自己的计划和方式进行，我相信有志者，事竟成，破釜沉舟，百二秦关终属楚；苦心人，天不负，卧薪尝胆，三千越甲可吞吴，我要每天都给自己加油，没有什么可以阻止我前进，相信我，我一定能行的。

5.1.3 正文设计

正文以一个星期为周期，实现每周班主任与学生进行一次书面交流。正文的内容设计包括："你最想去的大学"增强目标意识；"下次月考时间"清晰时间节点，有序计划学习或复习；"我的理想专业"强化目标、憧憬未来；"离下次月考还有多少天"增强时间紧迫感，促进学习或复习计划落实；"上次考试总分排名"清楚了解自己在年级所处的学业水平，脚踏实地，避免好高骛远；"我的榜样伙伴"以同伴为榜样，学习榜样优秀品质，约束自我行为、激励进步；"我的目标"包括学科门类和成绩目标；"我的学习计划及要改变的学习习惯"清楚知道自己未来的行动方向、目标以及执行方略，努力方向更明确更突出，在有限时间内解决少数关键问题，这个内容通常是在周一班会课完成；"上周学生生活情况困惑、总结或感悟"，这个在周五的最后一节课完成本周总结。

高三（3）班万圳琦同学《成长之路》展示

我的计划：

做好每天的事情，认真做好眼下的每一个任务，不要拖拉，不要积攒问题，不要过于情绪化，不要太计较得失。我的计划是完成每位老师每天的教学计划就好。

我的困惑：

1.上课开始走神，即使边记笔记边上课也会走神，下课觉得头很晕，趴着去睡不着，下一节又继续走神；

2.在规定的时间完不成规定的任务，很多时间都在学习了，也写不完作业，或者勉勉强强写完；

3.会出现一些很搞笑的错误，再被批改以后发现错得很白痴，但是不断出现；

4.还是会很在意别人的一个眼神，一个很小的举动。

我的总结：

一个人可以有时间安排好，去完成很多事，做到很多之前做不到的事，距离梦想还很遥远的时候，或许不应该眺望远方而是看好脚下。

老师，昨天上午最后一节课，我有点晕晕的，没有听清楚你是不是叫我出去谈话，我听的第一遍有，第二遍没有，问了别人，他们说也没有听清，怕你误会，我没有别的意思，就没有动了。

老师点评：

走神是因为老师讲的内容太难还是太易，还是没办法？哪一科作业偏多？集中注意力的事，你要尝试在班级寻找一个条件反射点，你走神时容易看向哪里，在该方向找一个你认为比较醒目的对象，在这周有意训练自己一看该对象就提醒自己拿笔写字，一定要多次重复，建立起条件反射，有用的。一定要试着和其他同学去沟通交流；远方是我们前进的方向和目标，看好脚下还是为了前进的路上少走弯路，少摔跤。

通过这种与学生心与心的交流，把平时难以启齿的话与老师沟通，把自己的困惑说出来，老师不仅可以提供解决的方法，还可以进行心理按摩，进行心理暗示，给学生以鼓励、以信心，促进学生由他律向自律的转变。

5.1.4 文末设计

编写了影响学生学习生活七大重要习惯，这些习惯有涉及学习效率的，有涉及同伴相处的，有涉及思维方式的，并对每个习惯进行了一定的解析与阐述，用学生看得懂的语言说给他们听，写给他们看。

影响学习生活的七个重要习惯

1.要事第一

所有人每天都将面临很多事情，一些事对我们当下的学生生活影响巨大，一些事可能无足轻重。人的精力是有限的，时光一旦流失将不再来。所以我们必须要从中挑选出对未来、对当下、对此年此月此周此天此时有着重要影响的事情，在自己精力最充沛的时候优先而高质量完成，其他事情都靠后，此谓要事第一。

2.程序第一

事物的演化必有内在逻辑规律，学习、工作、生活和考试莫不如是。比如高质量的晚自习，程序是首先完善和复习上课笔记，其次是完成书面作业，然后是对第二天的学习进行预习，最后是利用睡觉前的闲散时间进行背诵与记忆；又比如以迎接考试的时候合理的程序是：第一调整心理，做好题目可能难或易的两套应对方案；第二是拿到试卷后进行全卷快速扫描，判断难易选择其中一套合理应对方案；第三是初步标记好不同档次试题完成所需要时间，在开始考试后按计划时间作答及检查；第四考试完成后尽快进入下一科的复习。只有这样，才会做到正常发挥或超常发挥，而不至于丢掉应拿之分，影响总成绩。

3.效率第一

效率是质量的保证，高效率必须做到心无旁骛，高度专注。一旦我们确定了要做某事的时候，这就要讲究做事的效率。做之前最好将大任务分解成两个或者三个小任务。一旦在开始完成任务了，那么你就应该心无旁骛专心致志地去完成，不能一会儿喝水，一会儿上厕所，一会儿问同学，直到这个任务完成，才可以想到喝水，上厕所，问同学等等之类的问题，只有在高专注度下，你的效率和效果才是最好的。

4.善做笔记

在课堂上做笔记，主要记知识框架，在每一个具体知识点中主要记关键词。不能把老师说的和ppt上每一句话都一字不落地记下来，这样会耽误听老师讲解的时间，高中的学习，侧重于理解和分析，如果你因记笔记而错过了老师的分析，那么你对知识的理解，就会不彻底不到位，表面上看你很认真地在学习，很认真记笔记，但实际效果并不好，所以课堂上侧重于记框架，记关键词。在课后，你可以根据上课的笔记框架，以及关键词和你的理解，把笔记完善，而且你可以用另外一种颜色的笔来进行完善，这样既做好了笔记，同时也是对这节课进行了一次复习，提高学习的效率。

5.收集错题

每个人的学习情况不一样，同一个人，在不同学科上的强弱也有差异，成绩优秀的同学和成绩不好的同学，有一个明显的差异，就是在于资料的收集与整理。从高一到高三，每一个学科，都一定会发给你很多资料和试题，要求大家每科准备一个笔记本一个文件夹，文件夹是用来收集每一学科老师所发的资料，九个笔记本，从前往后是记录某一科的上课笔记。在错题收集的时候，在老师的帮助下对错题进行分类，比如，概念公式的内涵或者外延理解不到位；题干较长，不能快速理解题干意义；反应过程或者推理过程不理解；不同学科错误的类型是不一样的，将相同类型的错题收集在一起，错题收集，每天每周都应该进行，而且收集错题一定要进行手抄，不能进行剪贴，只有这样记忆才会深刻，相同的错误不会再犯。

6.总结反思

我们经常都是在考试结束后，来总结反思这一段时间的学习，其实当阶段性的结果已出，这种总结反思意义和效果都不是太大，我们更应该关注每一周每一天的总结和反思，当我们制定好每一个月每一学期的学习和工作计划后，把自己的学习和工作计划，任务分解到每一天，每天在睡觉前花2到3分钟，反思一下这一天自己学习上的情况，是否都解决了，如果没有解决，打算什么时候解决？七大习惯的改变和养成情况做得怎样，你可以用一句话，或者几句话的方式记录下来，周末在家反思一下自己这一周计划执行的情况，如果完成得好，想爸爸妈妈，奖励一下自己，自己也犒劳一下自己；如果完成得不好并提出如何在下一周克服相应的问题，争取做到从高一开始就不要给自己积累问题。否则，后面的问题会越来越多，我们会无暇顾及，这也一定会影响我们的学习成果，最终打击我们学习的信心。

7.双赢多赢

我们生活在班集体、生活在学校、生活在社会，总是避免不了要与同学、与老师、与陌生人打交道，甚至会遇到一些损害我们利益的事，一旦遇到这样的时候，你应当立马冷静下来，思考解决问题的方法，在若干个解决问题的方法背后，必须要有一个思维习惯，就是双赢或者多赢，决不能出现双输或者多输的局面。比如，我们住在学生宿舍里，有的同学睡觉，呼噜声很大；有的同学睡觉时，空调开得很猛，很强劲；或者有个同学，可能洗澡时间很长；甚至也有可能，有些同学不太注重个人隐私；这都会产生矛盾，产生冲突。在这种时候，你解决问题的方法应该首先是和当事人进行友好的协商和交流。假如当事人，并不愿意听从你的建议，那你也没必要和他起矛盾，甚至打架，你可以把你的困惑与宿管老师或者班主任老师进行交流，让他们帮你出面解决，那么这样就可以达到化解矛盾，获得双赢的效果。

5.1.5 封底设计

封底以福田中学运动场的照片为底，配了一首《我们都是追梦人》的歌曲，一方面是培养学生对学校的认同与热爱，并把学校耕织于学生的脑海中、情感里，并以一首催人奋进的歌曲激励学生努力向前，追逐心中的梦想。

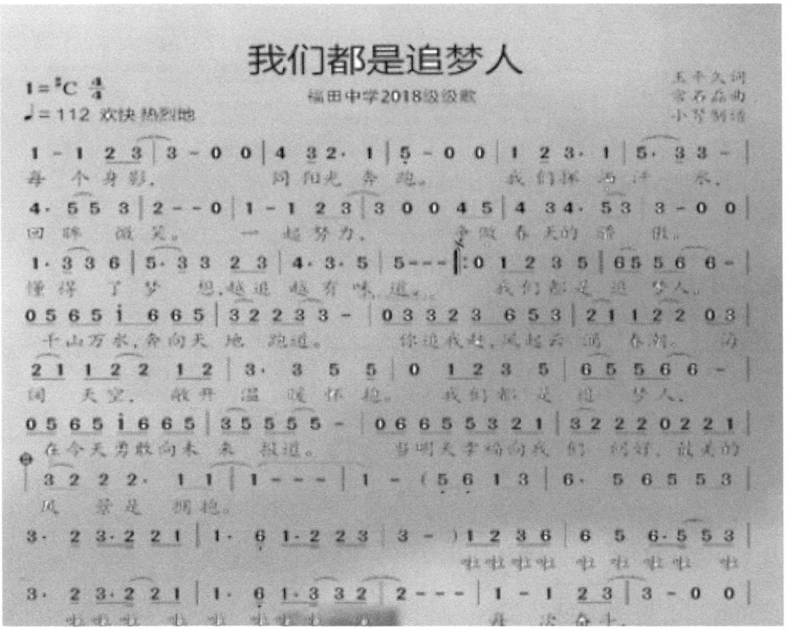

2018级级歌《我们都是追梦人》

第二节　《导师手册》赋新技，学科导师促成长

开展教师辅助下的自主学习，需要教师的倾情付出、无私奉献、百般呵护、满腹期许，在师生间通过《学生导师手册》架起一座师生沟通的桥梁，让学科导师走进学生的心，融洽师生关系，对学生开展自主管理与自主学习过程中出现的问题或困惑进行解决或引导，帮助学生快速弥补学科知识、能力与核心素养的缺陷，增强学生参与班级自主管理的效能感，增长管理技能，学会有效处理同学关系，健康成长。

导师手册封面设计

5.2.1 封面设计

在封面上配了一张精美的图片，以草绿色为背景，一只手托起一株深绿

色茁壮成长的幼苗，手的形态微弯，手掌形成掌窝，手指紧闭，掌窝里盛有深褐色的泥土，富含充足的营养物质，体现了养护人对幼苗的深情而小心的呵护，期盼幼苗健康成长。这与教师不辞辛劳、情深意切、无私培养学生何其相似，盼其成为栋梁之材。

封面上除了手册的名称外，在左侧还配有一副与导师相关的对联：方今百般呵护满腹期许，明朝千岩竞秀万里鹏程。写出了导师对学生的百般呵护，为人求学关爱有加，期盼学生在教师的帮助下，通过自己的努力，在未来成长为国家的栋梁，如千岩般稳实且秀美，在国家的现代化建设中各展其才，志向远大，展翅高飞，鹏程万里。

在《学生导师手册》的扉页以学生的口吻对教师的殷切期盼，对教师未来的付出表示诚挚的谢意。

尊敬的导师：

您好！

经过年级的深思熟虑，带着学生的殷切期盼，我们诚挚地邀请您担任高三年级学生导师。今天起您不仅是我们传道授业解惑的老师，还是我们情感的寄托、精神的导师，肩负着光荣而伟大的使命。

高三这一年是我们学生人生中具有转折意义的一年，也是我们充满着各种困惑的一年。我们多么希望在我们焦躁不安的时候有您的温柔安抚，在我们考试失利的时候有您的方法指导，在我们迷茫困惑的时候有您的指点迷津，有了您的一个赞扬、两句鼓励、几许期待、百般呵护，他日我们定将实现千岩竞秀、万里鹏程！您是我们的导师，是我们灵魂的摆渡人！拜托您了！您辛苦了！感谢有您的付出，感恩有您的陪伴，谢谢您，亲爱的导师！

福田中学高三年级学生

5.2.2《学生导师手册》的正文设计

一、学生考后反思总结参考样表

（一）从考试结果角度：

1.你这次考试排名是：上次考试排名是：

2.哪些题目你发现是对你来讲最容易的（完成时非常自信）？

3.哪些是最难的（完成时不是很自信）？

4.评估一下自己的预期成绩和实际成绩，你的实际成绩是和自己预期相符？

5.有多少是和自己预期不符？

6.通过总结这次考试的扣分点，你认为都是因为哪些原因导致的？

错题号	得分/总分	归因分析							
		未读懂题目	概念理解错误	解题方法不会	忘记公式	计算错误	做题时间不够	粗心大意	其他原因

（二）从学习方法角度：

1.描述你这次考试前是如何复习的？

2.你用到了哪些资料？

3.你用到了哪些工具？

4.你用了哪些方法？

5.复习过程中，你遇到了哪些困难？

6.你有主动寻找办法或寻求帮助去克服这些困难吗？如果有的话，你做了哪些？如果没有的话，为什么没有？

（三）诠释性问题：

1.考试之前你认为自己已经准备得非常充分了还是觉得自己没有准备好，心里没有底？

a.如果准备得非常充分了，你认为自己做了哪些让自己可以达到了充分准备的状态？

b.如果认为在考试前没有准备好的话，那是在哪些方面准备得不够充分？可能是因为什么原因导致的？

（四）决定性问题：

1.你认为目前的复习方法中哪些是比较有效的、想坚持的？

2.哪些复习方法你认为需要做出改变？为什么？

3.从现在起到下一次考试前，你认为你还需要做出哪些其他方面（除学习方法）的改变？

这份样表的设计从四个方面帮助学生进行学习考试归因，以终为始进行分析，从结果开始，分析考试过程中的答题方法与技巧、答题失误的原因归类，如信息获取与解读，答题方法的选择，考试策略安排；然后再回推到复习过程，把复习过程细化，如复习方式、复习工具与资料选择，复习方法与困难求助，复习与考试的心理准备，考试与复习相对应，总结可以坚持的方面和可以改进的方式，解决了以往学生在考试总结时反思不深入，甚至不知道如何反思与总结，对总结泛化，对问题症结不对位，导致学生在同样的错误上多次再犯。

5.2.3 导师谈话记录表设计

该表设计包含了教师的任教班级、任教学科、指导时间、学生姓名、指导时间、本月第一次谈话内容、本月第二次谈话内容，两次月考成绩排名。在正文设计时，既要考虑解决学生的实际问题，还要考虑不能记录太细，增加教师的负担，把两次考试成绩排名呈现在表格里，可以让教师根据成绩的变化，在指导过程中的不足或成熟的经验。

<table>
<tr><td>你任教的班级</td><td colspan="2"></td><td>你任教的学科</td><td></td><td colspan="2">指导月份</td><td></td></tr>
<tr><td colspan="7">你的关注生姓名</td><td rowspan="3">本次年级排名</td></tr>
<tr><td rowspan="2">班级</td><td rowspan="2">学生姓名</td><td rowspan="2">上次年级排名</td><td colspan="2">本月第一次谈话</td><td colspan="2">本月第二次该话</td></tr>
<tr><td>时间</td><td>内容</td><td>时间</td><td>内容</td></tr>
<tr><td>高三（　）班</td><td></td><td></td><td></td><td></td><td></td><td></td><td></td></tr>
</table>

页脚是“你的指导、帮助、赞许与期待——是他前行的方向、动力，让他不再彷徨不再迷惘，辛苦你了，学生灵魂的摆渡人！”这样一句话，把教师定义为学生灵魂的摆渡人，教师是太阳下最光辉的职业，最无私的职业，教师不仅授业解惑，还要传道，传授为人处事的道理，传授理想信念，得以立德树人、培养社会主义事业的建设者和接班人，这还需要教师给予学生榜样的示范、言语的鼓励，眼神的赞许，殷切的期盼，这会让学生在求学途中不孤单，带着光充满力量，踔力奋发，勇毅前行。

下面是一个教师记录的导师手册：

从这个反馈表中，既有导师对学生心理的疏导，也有复习方法的引导，对学生表现出来的某些明显缺陷进行了指正，学生努力的方向更加清楚，心态更好，更有依靠，有利于学生健康地应对高考的挑战。

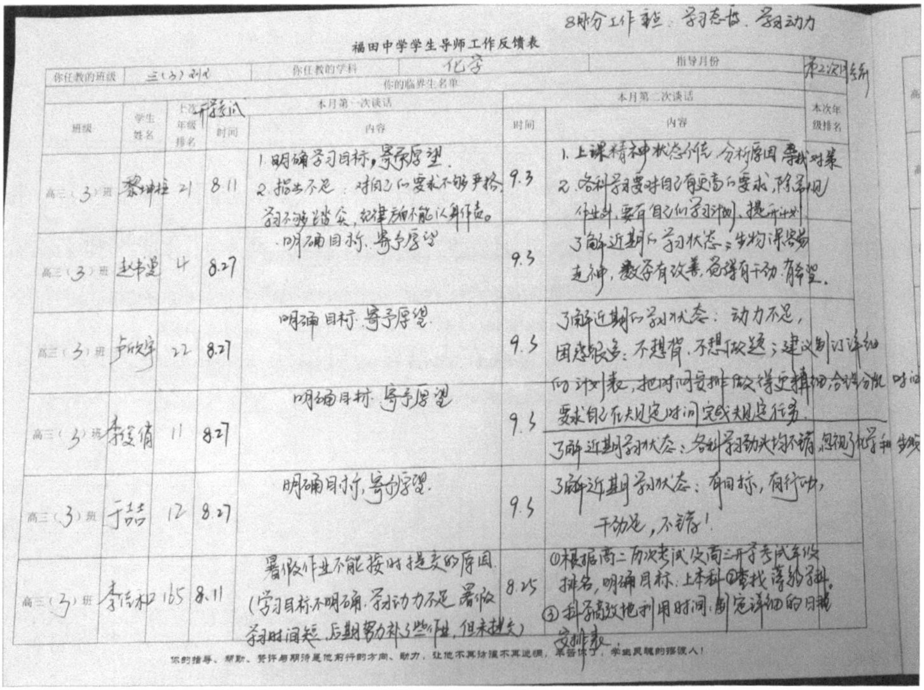

8月份工作重点：学习态度、学习动力

福田中学学生导师工作反馈表

你任教的班级	三（3）班	你任教的学科	化学	指导月份	

你的临界生名单

班级	学生姓名	上次开学考试年级排名	本月第一次谈话 时间	本月第一次谈话 内容	本月第二次谈话 时间	本月第二次谈话 内容	本次年级排名（第2次月考排名）
高三（3）班	黎坤柱	21	8.11	1.明确学习目标，寄予厚望。2.指出不足：对自己的要求不够严格，学习不够踏实，纪律方面不能以身作则。	9.3	1.上课精神状态不佳，分析原因寻找对策 2.各科学习要对自己有更高的要求，除常规作业外，要有自己的学习计划、提升计划	
高三（3）班	赵书昱	4	8.27	明确目标，寄予厚望	9.3	了解近期的学习状态：生物课容易走神，数学有改善，英语有干劲，有希望。	
高三（3）班	卢欣宇	22	8.27	明确目标，寄予厚望	9.3	了解近期的学习状态：动力不足，困惑很多：不想背、不想做题；建议制订详细的计划表，把时间安排做得更精细，合理分配时间	
高三（3）班	李俊倩	11	8.27	明确目标，寄予厚望	9.3	要求自己在规定时间完成规定任务。了解近期学习状态：各科学习劲头均不错，忽视了化学和生物	
高三（3）班	于喆	12	8.27	明确目标，寄予厚望。	9.3	了解近期学习状态：有目标，有行动，干劲足，不错！	
高三（3）班	李培和	165	8.11	暑假作业不能按时提交的原因（学习目标不明确，学习动力不足，暑假学习时间短，后期努力补了些作业，但未提交）	8.25	①根据高二历次考试及高三开学考试年级排名，明确目标：上本科 ②查找薄弱学科 ③科学高效地利用时间，制定详细的日程安排表	

你的指导、帮助、赞许与期待是他前行的方向、动力，让他不再彷徨不再迷惘，辛苦你了，学生灵魂的摆渡人！

第三节　大数据技术加持，命题质量有保证

现代网络技术、大数据技术、信息技术为精准教学提供了可能，利用各种教学专业网站的大数据功能，确定试题的难度，根据区分度的需要确定各种难度试题的比例，根据试题的热度确定试题考查点的性质为重要知识点或涉及核心素养，根据学生的测试结果，统计学生在知识项、能力项和核心素养上的表现，为后续精讲精练、准确推送起到了重要作用。

为了确保每次大型测试试题质量，课题组要求命题老师按照试题编制的统一要求，首先编制试题细目表，明确所选试题或所编制试题考查的知识项、能力项、核心素养项以及试题的难度系数，从而保证试题是一份高质量的试题，准确评估学生的学习效果。

5.3.1 在学科网的组卷网中命题难易度要求

一套优秀的试卷区分度通常在0.55-0.65之间，在学科网对试题的难度设置以“容易”“较易”“一般”“较难”“困难”五种描述，其中“容易”的题目在大数据统计中难度值为0.95，“较易”的难度值为0.85，“一般”的难度值为0.60，“较难”的难度值为0.40，“困难”的难度值为0.15。

各学科根据总分的多少和高考各学科要求试题数进行具体设置。

理想出题模型				
难度类型	难度系数	比例	100分值结果	150分值结果
较易	0.85	30	25.5	38.25
一般	0.65	40	26	39
较难	0.4	20	8	12
困难	0.15	10	1.5	2.25
总体难度情况	0.61		61	91.5

5.3.2 借助大数据选择知识点，构建命题细目表进行出题

一次大型测试，对试题必然有难度、区分度和信度等要求，对知识与能力的考查具有一定的全面性，并能通过情况设置，体现立德树人，展现核心素养的水平。所以在课题的命制过程中要兼顾知识点的全面性和典型性，又要体现对关键能力的考查，所以命题中必须有体现知识、能力和核心素养的细目表，在细目表的指导下进行选题和命题，防止出现命题过程中出现的随意性，导致试题的信度不高。

福田中学2021届高三年级第四次模拟考试生物双向细目表

试卷总分：100考查范围：分子与细胞、遗传与进化生物技术实践。

题号	题型	分值	考查的主要内容及知识点	能力要求		
				接受、整合信息的能力	分析问题和解决问题的能力	探究能力
1	选择题	2	原核细胞	√	√	
2	选择题	2	细胞的结构和功能综合	√	√	
3	选择题	2	植物光合作用等代谢	√	√	
4	选择题	2	教材实验	√	√	√
5	选择题	2	细胞分裂	√	√	

续表

题号	题型	分值	考查的主要内容及知识点	能力要求		
				接受、整合信息的能力	分析问题和解决问题的能力	探究能力
6	选择题	2	基因与 DNA、染色体关系	√	√	
7	选择题	2	DNA 复制，基因的表达	√	√	
8	选择题	2	育种	√		
9	选择题	2	染色体变异实验	√	√	√
10	选择题	2	神经调节	√		
11	选择题	2	内环境稳态	√	√	
12	选择题	2	激素调节	√		
13	选择题	4	细胞结构，功能，代谢	√	√	√
14	选择题	4	肺炎双球菌转化实验	√	√	√
15	选择题	4	遗传规律及应用	√	√	√
16	选择题	4	神经实验	√	√	√
17	解答题	12	变异，育种，进化综合应用	√	√	√
18	解答题	14	植物光合作用等代谢	√	√	√
19	解答题	12	生命活动激素调节实验	√	√	√
20	解答题	10	遗传规律及实验探究	√	√	√
21	选做题	12	微生物的培养与应用综合	√	√	√

5.3.3 根据难度要求，选择难度值、考查范围、考查知识点

现在使用频率比较大的大型试题网站，比如好分数的试题网、学科网下的组卷网或51高考中的组题功能，均有每道题的引用频次，每道题的难度系数，因学科网的组卷网本校使用较多，可以清楚地看到此网站将试题难度分成了容易、较易、一般、较难和困难这样五个级别，对应的难度系数分别是

0.95，0.85，0.60，0.40，0.15，这些系数的产生是将此题与题库中的常模进行对比得出的，也就是根据大数据计算出来的大致数据，具有一定的科学性，所以在设置好每道难度后，再根据试题细目表选择知识点，基本就可以很快地组成一套试卷。

5.3.4 试题的再编辑

通过上述方法能形成一套中规中矩的试卷，试卷中试题的材料可能较陈旧，或者问法比较直接，或者考查内容比较单一，这时需要组卷教师将试题重新选题，或者对试题进行改编，对多个知识或多重能力进行考查，经过多次筛选与编辑，就可以形成一份高质量的测试题。

5.3.5 用大数据技术命题试题示例

福田中学 2021 届高三年级第四次模拟考试生物试题

一、单项选择题：本大题共12小题，每小题2分，共24分。在每小题给出的四个选项中，只有一项是符合题目要求的。

1.沙眼衣原体是一类导致人患沙眼的病原体，通过电子显微镜观察其细胞结构，可以确定沙眼衣原体是原核生物。作为判断的主要依据是（　　）

A.有细胞壁

B.没有细胞结构

C.没有线粒体

D.没有核膜包被的细胞核

2.下列有关细胞结构与功能的叙述，错误的是（　　）

A.真核生物、原核生物都可利用氨基酸形成多肽并产生水

B.核糖体的结构与功能一定与核仁有关

C.叶绿体中产生的ATP不可用于其吸收Mg2+的过程

D.福田中学校园榕树和大肠杆菌的细胞呼吸都与细胞质基质有关

3.某同学对一些日常经验进行了演绎，其中合理的是（　　）

A.“万物生长靠太阳”，所以阴生植物要生长良好也要有一定强度的光照

B.“有收无收靠水”，所以植物栽培过程中灌溉的水越多越好

C.“收多收少靠肥”，所以植物栽培的一生各个阶段都要大量增施氮肥、磷肥和钾肥

D.“苗多欺草，草多欺苗”，所以合理密植的主要目的就是为了抑制杂草生长

4.实验员让哺乳动物成熟红细胞吸水胀破得到“血影”，对“血影”的描述正确的是（　　）

A.“血影”是包裹着细胞的细胞壁

B.“血影”主要由脂肪和蛋白质组成

C.“血影”将细胞围起来形成相对独立的系统

D. 实验员得到“血影”用的是0.9%的生理盐水

5.如图是某二倍体生物正常的细胞分裂示意图，下列有关叙述正确的是（　　）

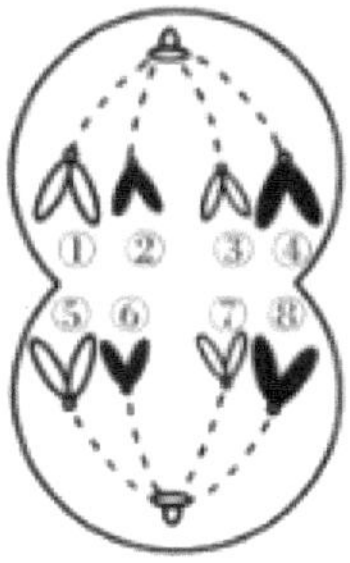

A.该细胞处于减数第二次分裂后期

B.该细胞中含有两个染色体组

C.若染色体①有基因A，则染色体④、⑤、⑧都有基因A

D.该细胞分裂产生的子细胞中有两对同源染色体

6.下列有关基因、DNA、染色体之间的关系说法正确的是（　　）

A.姐妹染色单体上一定不存在等位基因

B.一个DNA分子上有多个基因

C.一条染色体上可以含有4个DNA分子

D.细胞中的DNA分子均与蛋白质结合形成染色体

7.人的线粒体DNA能够进行自我复制，并在线粒体中通过转录和翻译控制

某些蛋白质的合成，下列说法正确的是（　　）

A.线粒体DNA复制时需要以核糖核苷酸作为原料

B.线粒体DNA进行转录时需要DNA聚合酶的参与

C.线粒体中存在能识别并转运特定氨基酸的tRNA

D.线粒体DNA发生突变后可通过父亲遗传给后代

8.下列关于生物育种的叙述，错误的是（　　）

A.与单倍体育种相比，杂交育种操作更简单，但耗时较长

B.通过单倍体育种获得纯合体植株能体现植物细胞的全能性

C.辣椒种子经太空环境定向诱导后，可筛选出人们所需要的性状

D.与杂交育种相比，基因工程育种能克服远缘杂交不亲和的障碍

9.某些蛙的蝌蚪在20℃左右发育时，雌雄比例约为1：1，在30℃左右发育时，全部发育成雄性（XY）。较高的温度是改变了发育着的蝌蚪（XX）的性染色体而使之改变性状，还是只改变了性别的表现型？为此设计实验探究，下列相关叙述正确的是（　　）

A.实验组设置为10℃、15℃、20℃三组

B.喂蝌蚪的饲料、温度是无关变量

C.在显微镜下观察性染色体组成作为结果分析依据

D.若30℃条件下蛙细胞的性染色体组成都是XY，说明较高的温度只改变表现型

10.当人的鼻黏膜受到机械、冷空气或化学刺激后，产生的兴奋传入位于延髓的呼吸中枢，进而深吸气，随即产生一个急速而有力的呼气动作，急速的气流主要从鼻腔中喷出而形成喷嚏反射。下列有关喷嚏反射的叙述，错误的是（　　）

A.喷嚏反射需完整的反射弧，其感受器位于鼻黏膜

B.刺激鼻黏膜产生兴奋的过程中有大量Na+进入细胞

C.鼻黏膜产生的兴奋以局部电流的形式传入呼吸中枢

D.直接刺激与呼吸中枢相连的传出神经也能引起喷嚏反应

11.每个人的健康都与内环境的稳态有关。以下关于人体内环境和稳态的叙述，正确的是（　　）

A.人体维持稳态的调节能力是有一定限度的，当保持稳态时，机体就不会患病

B.血浆渗透压的大小主要与蛋白质和无机盐的含量有关，且无机盐含量的影响更大

C.人体剧烈运动时产生CO_2的场所是细胞质基质和线粒体基质

D.稳态是机体进行生命活动的基础，因此内环境是细胞代谢的主要场所

12.下列有关人体内激素作用的叙述，正确的是（　　）

A.寒冷时，肾上腺素水平升高，可使心率加快，说明激素是高能化合物

B.饥饿时，胰高血糖素水平升高，促进糖原分解，说明激素具有酶的催化活性

C.进食后，胰岛素水平升高，其既可加速糖原合成，也可作为细胞的结构组分

D.炎热时，人在平静状态下甲状腺激素水平较低，体内物质氧化分解较慢

二、选择题（以下均为单项选择题，每个小题只有一个选项符合题意，多选错选均不给分。每题4分，共16分。）

13.某细菌产生的InIc蛋白可以抑制人类细胞中Tuba蛋白的活性，使细胞膜更易变形，利于细菌在人体细胞间快速转移，使人患病。下列叙述正确的是（　　）

A.InIc蛋白和Tuba蛋白的合成均需要内质网

B.InIc蛋白的作用是使人体细胞膜流动性增强

C.该细菌在人体细胞间快速转移与细胞膜的选择透过性有关

D.该细菌利用人体细胞中的核糖体、氨基酸等合成InIc蛋白

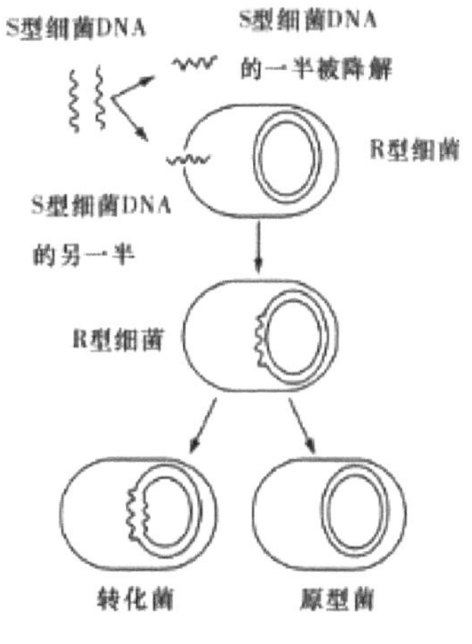

14.肺炎双球菌转化时，加热杀死的S型细菌的DNA进入R型细菌的前提是R型细菌处于感受态（细胞的通透性变大，便于外源基因进入

的状态）。感受态的R型细菌会分泌细胞壁自溶素溶解自身细胞壁，暴露出细胞膜上的DNA结合蛋白等，最终得到转化菌和原型菌（R型细菌）。转化过程如图所示。下列说法不正确的是（　　）

A.可通过肉眼观察或显微观察区分S型细菌和R型细菌

B.加热杀死的S型细菌的其中一条DNA单链是被自身的DNA酶降解

C.肺炎双球菌转化的实质是基因重组

D.转化菌的性状与S型细菌不完全相同

15.人类血型中，Rh血型是由常染色体上一对等位基因（R/r）决定，RR和Rr表现为Rh阳性，rr表现为Rh阴性。研究发现，Rh阴性的母亲所怀胎儿初次为Rh阳性时，这一胎没有影响，但是以后怀胎又为Rh阳性时会出现Rh血型不相溶的新生儿溶血症，其他情况不会出现此类症状，下图是一位Rh阴性母亲所生子女的简图，下列选项错误的是（　　）

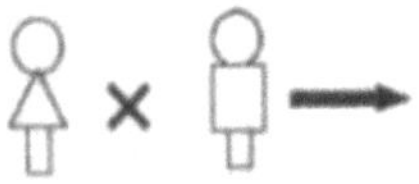

第一胎	第二胎	第三胎
正常女儿	正常女儿	新生儿溶血症 (Rh血型不相溶引起)

A.父亲的基因型为Rr，表现为Rh阳性

B.第一胎和第二胎女儿基因型均为rr，均表现为Rh阴性

C.第三胎胎儿基因型为Rr，表现为Rh阳性

D.如果他们再生一个小孩，出现新生儿溶血症概率为1／2

16.癫痫往往是脑部神经元异常兴奋导致，与多种基因异常有关。为研究KIF1A基因突变和癫痫发生的关系，某兴趣小组进行了有关调查和实验：

实验一：某癫痫家系的所有患者均存在KIF1A基因突变，这一突变导致KIF1A蛋白的第390位的氨基酸由丙氨酸变为天冬氨酸。

实验二：KIF1A蛋白在神经系统中特异性表达，敲除KIF1A基因的小鼠在出生后出现运动和感觉功能障碍，并在出生后很快死亡。

实验三：诱导斑马鱼的KIF1A基因发生上述突变，检测发现，与对照组相比，突变组斑马鱼的运动显著增加，但两组的神经元的静息电位、不同电流刺激时产生的动作电位均相同。

下列说法不正确的是（　　）

A.KIF1A蛋白的第390位氨基酸的改变是由于KIF1A基因发生了碱基对的替换

B.KIF1A基因仅在神经元中选择性表达，可能参与了神经元的发育

C.突变的KIF1A蛋白没有影响神经元本身的兴奋性，但会增加兴奋性神经递质的传递

D.突变的KIF1A基因诱发癫痫是突触小体数量的增加，从而增加了兴奋性神经递质的释放

三、非选择题：共60分。

17（12分）豌豆花紫色（A）对白色（a）为显性，高茎（B）对矮茎（b）为显性，控制两种性状的两对基因是独立遗传的。现有白色高茎豌豆和紫色矮茎豌豆两品种的纯合子，欲培育纯合的紫色高茎豌豆品种，其过程如图。请回答下列问题：

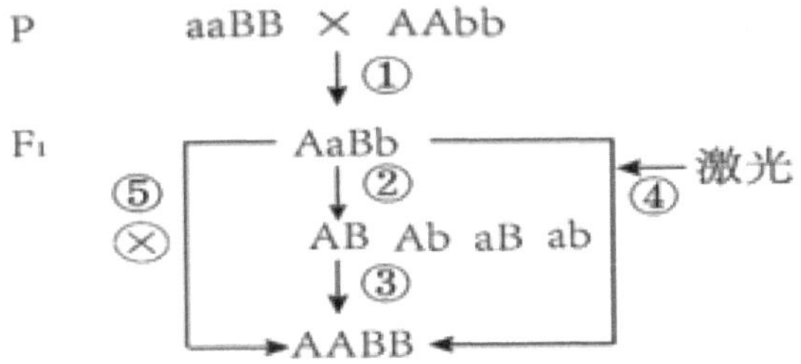

（1）孟德尔选择豌豆作为遗传规律研究材料的原因是________（填字母）。

a.严格的自花传粉、闭花受粉植物

b.在自然状态下一般都是纯合子

c.有易于区分的性状，结果可靠易分析

d.豌豆种子的性状都是由一对基因控制的

（2）要明显加快育种进程，可采用图中________（填图中序号）的育种方法。图中过程③的操作方法是________。过程④中激光的作用是________。过程①→⑤的育种原理是________。

（3）与高茎豌豆的DNA相比，矮茎豌豆的DNA中插入了一段外来的碱基序列，使其不能合成相关的酶，导致豌豆茎不能长高，从变异角度看，矮茎豌豆的形成是____________的结果。

（4）从进化的角度分析，过程①→⑤该豌豆种群____________（填“发生”或“未发生”）进化，原因是①→⑤过程中，人工会进行不断的筛选，在筛选过程中__________________________________改变。

18.（12分）甜菜是我国最重要的糖料作物之一，因其耐盐碱性较强而成为盐碱地重要的农作物。研究者研究了施加有机肥对盐碱胁迫下甜菜产量的影响，部分结果如下表：

处理	块根产量（g／株）	产糖量（g／株）
A组（盐碱地）	108	16
B组（盐碱地+1500kg/hm2有机肥）	160	27
C组（盐碱地+2250kg/hm2有机肥）	204	33
D组（盐碱地+3000kg/hm2有机肥）	278	50
E组（盐碱地+3750kg/hm2有机肥）	232	42

（1）甜菜生长过程中，对Mg的需求大，Mg参与________（填写色素名称）的形成，该色素主要吸收________光，进而进行光合作用。

（2）若研究者想从甜菜叶中提取叶绿素作为食品添加剂，应选用________（填“丙酮”或“食用酒精”）作溶剂提取，原因是________________。

（3）本试验中设置A组目的是________________________________。

（4）根据本实验的结果，可得出的结论是：盐碱地增施适量的有机肥，能提高甜菜产糖量，且加施kg/hm^{2}左右的有机肥增产效果最好；请你从细胞代谢的角度分析适量有机肥能提高盐碱地甜菜产量最可能的原因____。

19.（12分）器官切除法是研究激素生理作用的常用方法。为研究垂体对机体生长发育的作用，某同学用垂体切除法进行实验，在实验过程中，用幼龄大鼠为材料，以体重变化作为生长发育的检测指标，回答下列问题：

（1）该实验可以用于研究________，也可用于研究切除垂体对甲状腺激素分泌的影响。

（2）请完善下面的实验步骤：

①将若干只大鼠随机分为A、B两组后进行处理，A组（对照组）的不做任何处理；B组的处理是切除垂体。

②将上述两组幼龄大鼠置于相同的适宜条件下饲养。

③____。

④对所得数据进行统计处理与分析。

第①步有何不妥________，原因是________________________________。

（3）实验结果与分析：

B组大鼠生长发育的状况不如A组，出现这种差异的原因是由于B组的处理使大鼠缺失了来源于垂体的________激素和________激素。

20.（12分）番茄中茎色和叶形都只由一对等位基因控制，紫茎和绿茎是一对相对性状（基因用A/a表示），缺刻叶和马铃薯叶是一对相对性状（基因用B/b表示），有人做了以下三组杂交实验：回答如下问题（均不考虑交叉互换与基因突变）

组别	亲本（P）	子一代表现型及数目			
		紫茎缺刻叶	紫茎马铃薯叶	绿茎缺刻叶	绿茎马铃薯叶
甲	紫茎缺刻叶 × 绿茎马铃薯叶	404	0	387	0
乙	紫茎缺刻叶 × 绿茎缺刻叶	722	231	0	0
丙	紫茎马铃薯叶 × 绿茎缺刻叶	70	91	86	77

（1）根据上述数据可知，叶形中________是显性性状。

（2）请写出丙组实验中亲本的基因型：丙组：紫茎马铃薯叶________。

（3）有同学认为根据此实验数据并不能证明茎色和叶形的遗传遵守自由组合定律。请以丙组实验的F1为材料，帮他完成后续探究方案。

探究思路：____。

结果预测与结论：

若F2表现型及比例为________________，则茎色和叶形的遗传遵守自由组合定律；

若F2表现型及比例为：紫茎马铃薯叶：绿茎缺刻叶=1：1，则茎色和叶形的遗传不遵守自由组合定律。

（4）若茎色和叶形的遗传遵守自由组合定律，在丙组F1中选取紫茎缺刻叶随机交配得F2，再选紫茎随机交配得F3，则F3中缺刻叶基因频率是________________。

21.（12分）近年来，网络外卖在我国迅速发展，外卖餐食的微生物污染状况也越来越多地受到人们的关注。研究人员通过实验探究了同种外卖餐食送达时的温度与其中的大肠杆菌、金黄色葡萄球菌的数量关系。请回答下列有关问题：

（1）测量送达餐食的温度时，应测量餐食________（填“表面”或“中心”）部位的温度。

（2）通常采用固体培养基培养细菌并进行计数，在配制培养基时需加入________作为凝固剂，并用________法进行接种。

（3）检测金黄色葡萄球菌时，通常在培养基中加入一定量的NaCl，像这样允许特定种类微生物生长的培养基称为________培养基。为避免培养基中的菌落数太多影响计数，可对样品进行适度的________。为了保证结果准确，一般选择菌落数为________范围的平板进行计数。统计的菌落数往往会比活菌的实际数目低，原因是____。

（4）实验结果显示，送达温度与菌落数量呈负相关，因此送达温度较________的餐食，合格率较高。

第四节 研究学科特点、赋分新规，合理选择

5.4.1 广东省新高考方案简介

随着高考改革的继续深入，国家高层鸣号擂鼓，广东省在2018年明确该年入学的高一学生进入新的高考模式，在2019年制定了《广东省深化普通高校考试招生制度综合改革实施方案》，方案中注意到了旧方案的延续性以及教材建设的滞后性，确定了2018、2019年入学的高中一年级学生的选择性考试范围为《普通高中课程方案（实验）》和各学科课程标准确定的必修和限定性选修内容。

考试科目设置了3（语文、数学、外语3门统一高考科目不分文理科）+1（物理、历史2门科目中自主选择1门）+2（在思想政治、地理、化学、生物学4门科目中自主选择2门）

在分数设置上提高了把英语听说考试分值由15分改为20分，选择性考试科目满分值各为100分，物理、历史以卷面分直接计入考生总成绩。

思想政治、地理、化学、生物学以等级分计入考生总成绩，在《广东省教育厅关于普通高中学业水平考试思想政治等4门选择性考试科目等级赋分方法的通知》中等级赋分程序：首先是划分等级，将卷面分转换为等级，整个考生群体的卷面分被转换为从高到低A、B、C、D、E共5个等级，每个考生的等级由其在该选考科目群体的排位确定，然后再进行等级赋分，根据每个考生的卷面分数及所在等级的等级分赋分区间，运用等比例转换法则将其卷面分换算成等级分。

5.4.2 学科考试特点分析

学生进入高中后，学习的科目比初中多了4科，而且把理化分为物理、化学，各个科目学习方式方法和难易度都有差异。

表1：2019年深圳市第一次模拟考试各学科成绩统计

科目	参考人数	平均分	标准差	难度
语文	30514	102.07	12.50	0.60
文数	1162	61.76	21.93	0.41
理数	18879	75.57	23.84	0.50
英语	30232	94.44	26.86	0.63
政治	11620	51.42	15.94	0.51
历史	11617	55.52	15.82	0.56
地理	11619	46.98	13.15	0.47
物理	18864	48.44	22.01	0.44
化学	18851	48.29	19.62	0.48
生物	18864	57.26	15.39	0.64
小语种	220	95.92	26.57	0.64

表2：2018年深圳市第二次模拟考试各学科成绩统计

科目	参考人数	平均分	标准差	难度
语文	36028	96.57	14.40	0.64
文数	16574	55.97	26.93	0.37
理数	19417	78.49	23.37	0.52
英语	35613	92.62	29.29	0.62
政治	16575	44.88	14.78	0.45
历史	1657	49.62	14.77	0.50
地理	16578	47.37	14.52	0.47
物理	19419	42.22	14.87	0.30
化学	19404	59.38	20.96	0.59
生物	19401	46.47	14.55	0.52
小语种	286	89.73	29.28	0.60

表3:2019年深圳市第一次模拟考试各学科成绩统计

科目	参考人数	平均分	标准差	难度
语文	30613	96.39	13.34	0.64
理数	19675	84.28	24.92	0.56
文数	11030	71.05	26.94	0.47
英语	29979	99.30	28.10	0.66
小语种	586	87.65	25.23	0.58
历史	11020	63.95	14.99	0.64
物理	19660	51.83	21.98	0.47
政治	11021	58.17	13.86	0.58
地理	11019	44.71	13.83	0.45
化学	19652	53.45	19.78	0.53
生物	19559	58.93	12.91	0.65

表4：2019年深圳市第二次模拟考试各学科成绩统计

科目	参考人数	平均分	标准差	难度
语文	30613	93.41	14.81	0.62
理数	19575	82.61	21.81	0.55
文数	11030	72.77	25.15	0.49
英语	29979	91.69	24.97	0.68
物理	19560	57.71	23.30	0.52
化学	19652	52.66	18.26	0.53
生物	19559	56.54	14.89	0.63
政治	11020	53.74	12.96	0.54
历史	11021	62.10	13.57	0.62
地理	11019	49.50	12.63	0.49
小语种	586	84.55	21.95	0.63

总的看来，历史、地理、生物的标准差较小，说明分数比较集中，原始分一分就集中了较多的人；化学、物理的标准差小，说明分数比较分散，原始分一分集中较少的人。

语文、政治、历史、地理、生物的标准差比较小，说明这五科分数相对集中，拉开明显差距较难。

数学、外语、物理、化学标准差比较大，说明这四科分数相对分散，拉开明显差距较易。

5.4.3 学科赋分规则对学生选择的影响

+1+2三个科目：

+1物理或历史以原始分计入卷面总分；

+2科目，将思想政治、地理、化学、生物学每门选择性考试科目考生的卷面分从高到低划分为A、B、C、D、E共5个等级，各等级的人数比例分别约为17%、33%、33%、15%和2%。将A至E等级内的考生卷面成绩，依照等比例法则，分别换算到100~83、82~71、70~59、58~41和40~30五个分数区间，得到每个考生的等级分。

标准差比较大的学科，如化学：

例如化学考生有15万人，某考生化学考了92分，在全省排名为7000名，全省化学最高分是100，A等中最低分是80，那么该考生的最后得分为：83+（92–80）/（100–80）×17=93.2

例如化学考生有15万人，某考生化学考了94分，在全省排名为8000名，全省化学最高分是100，A等中最低分是80，那么该考生的最后得分为：

83+（94–80）/（100–80）×17=95

在A级区段，卷面分差1分，最后得分差0.9分

某考生化学考了74分，在全省排名为40000名，该段最高分是79，最低分是60，那么该考生的最后得分为：71+（74–60）/（79–60）×11=79

某考生化学考了79分，在全省排名为32000名，该段最高分是79，最低分是60，那么该考生的最后得分为：71+（79–60）/（79–60）×11=82

在B级区段，卷面分差1分，最后得分差0.6分

结论：对于标准差比较大的科目，在A区段赋分与卷面分差别较小，在B区段，卷面分与赋分相差较大，即在A区段提分效果明显，在B、C区段上下分数差别不大。

标准差比较小的学科，如政治：

例如政治考生有15万人，全省政治在A等中最高分是95，A等中最低分是85，若某考生考了86分，在全省排名为19500名，那么该考生的最后得分为：

83+（86–85）/（95–85）×17=84.7

若某考生考了87分，在全省排名为19500名，那么该考生的最后得分为：

83+（87–85）/（95–85）×17=86.4

在A级区段，卷面分差1分，在最后得分上差1.7分

例如政治考生有15万人，全省政治在B等中最高分是86，B等中最低分是82，若某考生考了85分，在全省排名为20000名，那么该考生的最后得分为：

71+（85–82）/（86–82）×11=79

某考生政治考了83分，在全省排名为25000名，那么该考生的最后得分为：

71+（83–82）/（86–82）×11=74

在B级区段，卷面分差1分，在最后得分上差2.5分

多考1分，最后多2.5分；多考5分，最后多得12.5分。

结论：对于标准差比较小的科目，在A区段赋分与卷面分差别与B、C区段的差别要小，在B、C区段上下分数差别较大。

5.4.4、优质学校的优势学科及学生兴趣科目

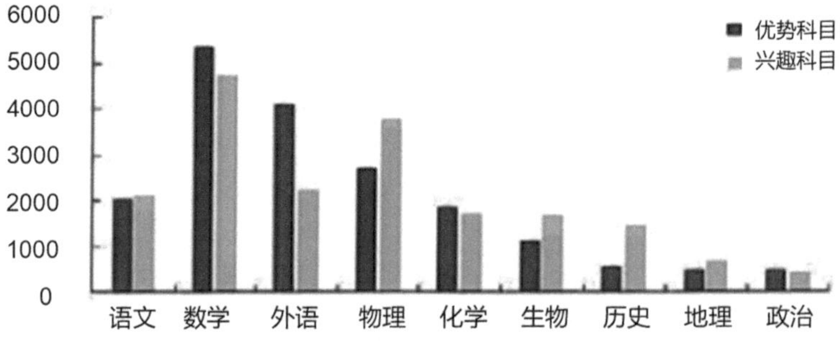

图3 具有优势科目/兴趣课目的资优高中生人数

浙江考生2018年高考情况

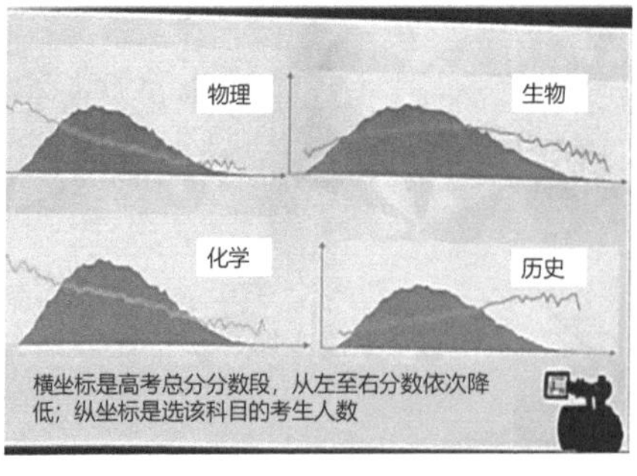

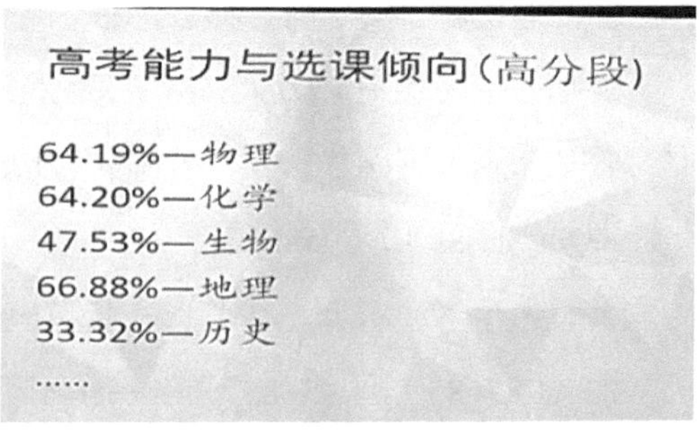

从国家高校及专业设置来看，理科招收学生远多于文科。

大学专业要求分文理，要么选择物理类，要么选择历史类。即便两类同时招生，也是分两类分开划线，分开招生，在同理或同文线下进行选科，少数学校少数专业会明确要求指定三科（985或211中的少数专业），大多数专业应该只会要求理或文的大类，不会在小类中要求太明确，这样不利于它们招生。

名校学生选择理科偏多，在理科中选择物理化学地理或物理化学生物居多，选择物理地理生物、物理地理政治较少。

化学对名校优生存在踩踏效应，考高分得不了高分，如果落在了B段，则卷面1分却只能得0.6分左右，缩水明显。不过国家已经注意到这个问题，从2024年起，绝大多数理、工、农、医的专业都需要物理、化学选考，打上了补丁。

第五节 传统评价重整体，“三率”评价有针对

5.5.1 平均分评价的优缺点

平均分在当下各种教育教学评价经常使用的一个指标，平均分很好地反映了一个集体的整体学业水平，通常平均分高的班级大多数学生表现优秀。一个年级某学科的平均分还可以反映该学科在某个范围内的水平高低，所以作为教育主管部门用均分评价各个学校是首要选择。

对于当下的学校，为了因材施教，开展了分层教学，各班的学业水平先天具有较大差异；因国家的人口政策调整，担任班级教学的老师流动性增大，部分老师评价只能以学期为时限进行评价，代课的老师与请假老师均不好评价，再用平均分去评价各学科教师，显得非常不客观不真实，不能反映出老师

的工作效率与实绩。

班级	入学平均分	排名	期中考平均分	排名
1班	79.4	4	117.52	2
2班	77.5	8	102.88	10
3班	81.2	3	117.15	3
4班	77.25	12	104.09	8
5班	78.98	6	110.06	5
6班	77.46	11	102.26	11
7班	82.52	1	129.47	1
8班	77.54	7	107.83	7
9班	79.19	5	108.34	6
10班	77.48	9	94.1	12
11班	81.5	2	112.83	4
12班	77.48	9	103.26	9

福田中学2021届高一年级期中考试英语平均成绩

上图是福田中学2021级高一年级期中考试英语平均成绩，从这个表如何去评价各班成绩呢？从传统平均分来看，考得好的班级是7班、1班、3班、11班等依次类推，能说这些班就考得好，教师和学生付出更多实效更明显，显然不能，因为在分班时这些班被人为地分成了重点班，学生的学习能力起点就高一些，基础强一些，其他班在均分在短时间内不可能达到重点班水平，如果直接定义这几个班的教师为优秀教师、班级为文明班级明显就有问题。

所以必须改变评价方法，对于绝大多数学生起点看终点，观察他们的成绩变化情况，对于优等生观察他们成绩的保持情况，对于后进生更加重视，他们对一个班级或年级的均分和高考有重要影响，必须以评价来促动教师对后进生转化的重视，所以“三率法”应运而生。

5.5.2 “三率法”的释义

三率，意即统计三个百分率，然后对三个百分率进行加权计算。三率包括每名学生的保持率、进步率和特殊贡献值，分别占30%，40%和30%的权重。

进步率是某老师所带所有学生的终点排名与起点排名之间形成的比值，根据进步的难易度，分别设计6个等级，每个等级名次段不同，相应的系数也会有差异。

等级	排名	进步分
一	1-25	2
二	26-75	2
三	76-150	2
四	151-250	2
五	251-400	2
六	401-600	2

等级	排名	保持分	允许退步名次
一	1-25	2.75	10
二	26-75	2.6	15
三	76-150	2.45	20
四	151-250	2.30	25
五	251-400	2.05	30
六	401-600	1.9	35

进步率、保持率区间及分值

进步率权重占40%，在六个等级中进步一名所得到的分值不同，按权重进行增加或减少进步分，进步率每等级均分对应分数（如一等级每进步n名加2n/25分）

如：从485进步到225名所得分数为：

（485-400）x（2/200）+2+（250-225）x（2/100）=3.35

保持率。权重占30%，同样划分六档，每个档位排名保持后获得的分数不同，每个档位都有可允许退步名次，当退步在范围内就可得到保持分，如果退下的名次超过了要求，这个保持分也不会马上到0，而是逐渐减少，直到超过了要求的2倍，保持分会减到0。不同范围允许退步的范围不同，比如在第一段，允许退步10名，在第二段允许退步20名，依次类推。

特殊贡献值：权重占30%，针对班级的初始成绩后十名学困生设定，这些学生本身有进步率、保持率，为了简化程序，对初始设定的十名学困生的进步率直接作为特殊贡献值，因每个班均有后十名学生，所以对所有老师是公平的。

5.5.3“三率法”在教学业绩评价中的应用

有了三率法的设计，可以较好地了解各班在某次考试中的进退步情况，保持情况和个别需要特别关注的后进生成绩表现情况。

下面仍然用2021届高一年级期中考试英语成绩为例进行分析，具体数据如下表。从表中可以轻而易举地发现各班的进退步情况，其中6班在进步值最大，达到0.54，9班的进步值为–0.77，说明6班在这两个月以来多数人取得了进步，9班则多数人没有进步，甚至退步；从保持率来看，3班和6班的保持率最高，9班保持最低，从这两项数据来看，基本可以反映出一段时间来9班的英语成绩整体后退。从特殊贡献值来看，7班和10班为最高，则反映出这两个班的英语教师对后进生的帮助很大，成绩有了明显提高，而且10班的整体进步也很好。

班级	进步	保持	进步保持	特殊贡献	总评
1	-0.49	1.20	0.71	1.41	0.56
2	-0.14	1.17	1.03	2.45	0.90
3	0.07	1.56	1.63	2.60	1.17
4	0.10	1.48	1.58	1.98	1.03
5	0.13	1.41	1.54	1.86	0.99
6	0.54	1.55	2.09	2.46	1.33
7	-0.05	1.48	1.43	3.12	1.20
8	-0.11	1.28	1.17	2.86	1.04
9	-0.77	1.01	0.24	1.94	0.48
10	0.48	1.22	1.70	3.04	1.29
11	-0.58	1.16	0.58	2.29	0.69
12	0.65	1.43	2.08	2.79	1.39

福田中学2021级高一年级期中考试英语“三率法”评价教学业绩表

调整方案后，通过计算发现12班的总评最好，因为12班总体进步最大，后进生也控制得很好，所以整个班级是向上的，其次是6班表现较好，而是不均分最高的7班表现最好，但7班的总评值也较高，通过评价方式的调整，让进步明显的班级表现出来，让一直保持优秀的班级也发掘出来，进行公平的评价，让教师从心理上感觉到更合理，付出了有进步就一定能体现出来，对后进生的自主学习指导也更加投入。

“三率法”既能对单次考查进行评价，又能对多次考核评价，把以往单一的完结性评价转化为过程性评价，既能对教师整个班级的进步情况进行评估，又能够评估教师对个别学生的辅导和指导的效果，大大提高了教师对学生自主学习指导的积极性。

第六节　辅导自主促反思，总结提升添新技

教育信息化的发展，带来了教育形式和学习方式的重大变革，有效贯彻“以人为本”的教学理念已经成为教学过程当中非常重要的教学内容，如何根据学生实际情况进行因材施教，实现精准教学，已经成为各学科迫切需要探讨的问题，尤其对于高三复习备考，利用好分数平台的大数据可以精准掌握学生学情，备考方向更加清晰、具体，比如在每周限时训练后，通过针对相关错题进行分层整合，可以帮助学生真正实现错题重做，通过对错题的不断反思以及熟练练习，能够及时弥补自己的学习弱点，更好地建立系统的知识结构，培养学生真正解决问题的能力。

但经过这一段时间的复习，自主性学习强的学生通过错题重做强化后，知识体系确实得到有效完善，解题思维能力也得到有效提升，而自主性学习差

的学生，收效甚微。这些学生可能认为错题重做只是简单的一份试题，随意应付，未能正视自己的薄弱知识。就像陈特说的“我们每周进行一次限时训练，并对错题进行重做，按理说，稳打稳扎，学生应该很有收获才是啊，为什么基础还如此薄弱呢”。也就是说，学生的自主性学习起着至关重要的作用。

如何激发学生的学习兴趣，引导学生自主学习，学会深度学习，每次科组活动，都会探讨这一问题，互相交流经验。

以福田中学2021届为例，姚传军老师善用类比方法，将抽象问题具体化，复杂问题简单化，充分引导学生参与课堂，同时，采用奖励机制，激发他们的竞争意识，潜移默化中越来越多的学生的学习兴趣也越来越浓厚，在一次次考试中，13班也是稳步提升，进步非常明显。人们常说，教学有法，教无定法，优秀的老师各有所长，比如陈秀老师，她幽默、风趣、简练的讲课方式，深深吸引着她的学生，学生学习积极性非常高，整体成绩进步很大。再比如陈特，他深厚的学识，严谨、求真的教学态度，深深影响着学生，引导着学生，无论多复杂的问题，他总是能巧妙地化解为一个个简单的问题，让参与其中的人不自觉感到“物理确实是讲道理的”。纵观笔者自己的课堂，不够灵活，缺乏一定的启发性，因而，通过观摩陈特的课，学习他在课堂上如何启发学生，如何培养学生严密的逻辑思维，以及规范解题能力等等，使得自己的教学更系统化。

除了学习其他教师好的教学方法，平时也要会利用好分数平台的分析数据充分了解自己班级学生学习情况，更有针对性地进行备课、教学，将典型问题、重要问题尽可能在教学中去解决。课后作业布置尽量明确、具体，可操作性强，既能练习、巩固当天知识，使学生获得一定成就感，也会进行必要的综合训练，真正做到学以致用。为了更好地了解学生课下学习情况，笔者会利用晚自习前时间去教室转转，及时解决学生当天存在的一些问题，也更好地了解他们对知识的掌握层次，同时，也能拉近彼此之间的距离，缓解他们焦虑的情绪。

对于学困生，鼓励他们两人一组每天讲一道错题，通过说错题，能有效提升他们的思维分析能力，解题能力。

总之，路漫漫其修远兮，吾将上下而求索，未来，需更坚定不移的进行精准教学，激发学生自身的学习主动性，让学生积极主动去学习，学有所获。

下面是另一个导师的经验分享：

精准把脉，有效练习

一、导师工作的开展

首先下功夫摸清学生真实的学习状况，找到每个学生的症结。其次跟踪每次月考，找出最突出的一两个问题，给出针对性的解决方案，徐徐图之，相信水滴石会穿。

叶家瀚主要问题和整改建议

第一次月考：接受新知识速度较慢，看似最基本的方程式和知识点也不过关，错漏较多。

具体建议：鉴于该生的领悟能力略迟钝建议提前一课时预习难度较大的知识块，从现在开始下功夫熟记每节课新学的方程式，在知识点方面的学习建议是选择“自己的难点”做笔记，不要平均用力。

第二次月考：学习态度尚可，善于死记硬背，但粗心大意经常记错知识点，出现一些难以置信的错误还照背不误。

具体建议：要特别特别有意识地养成在理解的基础上学习，改正死记硬背的学习习惯。

第三次月考：平时记得的知识点在考试时不该错的点又忘记了。

具体建议：应该是知识点不够熟不扎实，需要及时复练。具体建议是后续学习时发现相关联知识又忘记了，就再翻开前面的笔记反复地记一次。

第四次月考：答题速度慢，两道大题没时间做。

具体建议：平时写作业的时候一定要限时，题量也可适当加大。

黎权锋主要问题和整改建议

第一次月考：暑期学习状态比较松懈，觉得自己是班级可有可无的人物，在老师面前也比较腼腆。

具体建议：通过我的了解，他是一个做事比较踏实的孩子，我的措施是将他提升为第二课代表以加强他的自信和自我约束能力，并要求他的成绩要起到引领同学的作用。

第二次月考：不重视错题的订正，不懂的知识得过且过，少问，少想，少练。

具体建议：理解订正错题的意义，找到错题就是找到提升成绩的阶梯，要开心地欢迎错题的到来，解决了错题成绩就从走平路变成向上攀登。给自己制定一个纪律，从每周至少问老师1次问题，和同学讨论2次问题做起。

第三次月考：不重视总结归纳，做一题只会一题而不是会一类题。

具体建议：不要为了作业而做题，不要为了速度而做题。如果时间允许养成一节内容一归纳的学习习惯，若时间紧张，则只归纳你学习时感觉繁杂混乱的小节。但是有个规定，每节内容只准归纳出两种题型不能超量，题型越少就越精炼，能极好的锻炼综合知识的能力。

第四次月考：错题订正后还会反复错。

具体建议：错题订正的正确姿势是将错题从头写到结果，不是意会就结束了。建议培养错题重刷的习惯，首先要特别重视老师给你的错题重刷机会，仔仔细细地完成。另外做新题时养成错题画圈的习惯，当第3次遇到相似的错题时说明这是考试的热点，认真去做一次归纳，找到一个解决该类题型的通用方法，并且找到该类题型的特征。

时广生：主要问题和整改建议

第一次月考：感觉自己的学习方法有问题，基础题丢分严重。

具体建议：化学学科的特点是文理兼备，需要结合文科和理科的学习方法，大量需要识记和了解的知识点要真的真的下功夫去落实，以扩展知识的广度有利于基础题的提升。

第二次月考：知识千疮百孔感觉无从下手。

具体建议：从现在开始下决心学一点弄懂一点，不再添新的问题，随着时间的推移在不知不觉间就会补齐漏洞。

第三次月考：最苦恼的是经常同一个最基础的记忆性的知识总是记不住。比如硅的用途连续考了几次就是记不住怎么办。

具体建议：对于顽固识记性障碍的3种建议：查找其原理，理解记忆法；欣赏该知识的图片，直观记忆法；观看该用途的视频，动态记忆法。

第四次月考：

4分的选择题全对因为刷了很多难题，2分的选择题错7道，感觉都会但是很容易马虎，很困惑。

具体建议：写作业时必须坚持真正将每道基础选择题的每个选项琢磨清楚，不要因为赶时间而草草完成，改变选对了其他选项就不看的学习习惯。

邵驿涵：主要问题和整改建议

第一次月考：一直都是埋头写作业，希望找到适合自己的学习方法

具体建议：该生基础扎实，能力突出，所以建议从一轮复习阶段就开始尝试有意识地将细碎庞杂的知识点进行总结归纳，将相互关联的知识点串联起来，建立知识网，开始有目的的积累每个单元的热点题型，尝试寻找其解题的规律和技巧。

第二次月考：最近睡眠不足存在上课思维游走的情况，导致有时并没有将上课的内容很好地消化并掌握，每节课都有一些一知半解。

具体建议：如果当天作业较多可以利用课间碎片时间完成零散或比较容易的作业，将晚自习大块的时间留给当天作业难度较大的科目，作业要一气呵成不要随做随问，随做随比对答案。另外，作业的顺序也很重要，要将特别爱的作业和特别闷的作业穿插书写，让头脑松弛有度。还有一个招就是吃块巧克力打会儿羽毛球，心情美美的，能量足足的，身体棒棒的，效率高高的。

第三次月考：错题订正了但是效果还不理想。

具体建议：那就对自己狠一点，做一次错题的发散归纳，既是将与错题

相关联的考法和问法全面联系并吃透，尝试知识越学越少的学习方法。

第四次月考：没有坚持不懂就问，课余时间分给化学的时间比较少，考前没怎么复习所以做题慢。

具体建议：学生自己总结的改进措施是：有不懂的地方及时问老师，及时解决，考前认真复习认真备考。教师回复：问题准，措施实，去做就OK，你需要老师的督促吗？请记住大家都在跑，歇一歇就可能掉队。

二、错题重刷的思考

针对性训练的重要性毋庸置疑，十几年来每届高三我都坚持这种训练方式，深知它的威力。今年整个高三都开始使用好分数平台的错题重刷功能，这是一件实事，是一件事半功倍的好事，很感谢有这样有卓见、有魄力的领导坚持推广这件事。我们学科使用好分数平台进行针对性训练起步稍晚，但之前不管多忙我都坚持手动出题重练错题，很辛苦，每次出这样的题要耗费两天的时间去改题，去找相近的题目。好分数平台在出题速度和错题选材方面优势非常明显，错题库很丰富，经过学生的试练证明错题知识点找得非常精准。我发现在针对性训练的过程中有些同学存在错题一错再错，稍稍变形还错的情况，这也让给我们的教学敲响了警钟。这说明这部分知识我们没有让学生理解透彻，需要换个整合方式，换个沟通方法，换个授课逻辑抑或换成学生的语言（或换个人）可能效果更理想。这种反思教师要经常去做，身为教师的挑战就是遇到问题解决它，这就是教学的魅力。

学困生的转变往往会一波三折，有毅力不足的原因，也有偏科的原因。改变一个人的喜好和习惯是非常难的，需要足够的耐心去等待，去等着他们理解上来。所以实施的步子要小，措施要真，以保证学生主动实施为准则，要时时给予他们关爱，额外的加练要准，量一定要少而且要切中要害，最忌讳随便发一张卷子增加学生的负担。

坚持让学困生每次月考后必须总结成功和失利的原因，进步了找出自己做了哪些改变，退步了更要找到问题的症结和改进措施。然后我将这些反思分享给每一个学困生，对他们的触动很大，特别有说服力，且增强了相互借鉴的效果。

第六章　高中生物课外活动自主学习

第一节　高中生物课外活动自主学习教材——开发的理论基础

1. 课外活动自主学习教材开发的理论基础

自主学习培养的目标之一就是培养学生终身学习的意识与能力，学习的内容可以是教材内的相关知识与技能，也可以是教材之外来自社会生产生活实际，来自具体生活情境，对未知的生命现象或生命过程鼓励进行探究性活动。以探究为特点的学习不仅会直接影响核心素养中“科学思维”“科学探究”①的落实，也会间接影响另外两个核心素养的达成。应该提供更多的机会让学生亲自参与和实践，重视信息化环境下的学习。这种有目的、有步骤的学生自主学习活动主要包括对生物及其相关事物进行观察、描述、提出问题、查找信息、提出假设、验证假设、思维判断、做出解释，并能与他人合作和交流等。从生活情境中进行探究进行学习，既可以巩固生物学的生命观念，发展科学思维，更重要的是能学习和培养科学探究能力，并用以解释现实生活中的生命现象，运用工程学思维解决现实生活中的存在的问题，承担起相应的社会责任。

在生物学教学探究活动与自主学习相结合，最大的困难是学生的探究知

① 中华人民共和国教育部：《普通高中生物学课程标准(2017年版》，人民教育出版社2020年版，第58页。

识和能力贮备不足，导致探究过程无从下手，探究问题比较随意，不能探究真问题，得出结论不科学。因此，根据学生实际，编制探究性活动教材，对于学生自主学习，并自主开展探究活动具有十分重要意义。

美国实用主义教育家杜威指出："学校中的求知识的目的，不在于知识本身，而在于使学生自己获得知识的方法。"如何掌握获得知识的方法呢？英国的斯宾塞认为："应该引导儿童进行探讨，自己去推论，给他们讲的应该尽量少些，而引导他们去发现的应该尽量多些。"他强调了学生对知识的主动获取，认知发现学习理论认为主动地获取知识则是指学生主动学习、搜集有关资料，通过积极思考，自己体会、"发现"概念和原理。从而培养学生独立思考的习惯，发展探究性思维的能力。在获取知识过程中，建构主义（constructivism）理论认为：儿童是在与周围环境相互作用的过程中，逐步建构起关于外部世界的知识，从而使自身认知结构得到发展。强调了在教育过程要创设一些有利于知识获得的环境。

由此而产生的教学过程一般包括这样几个步骤：第一，提出和明确使学生感兴趣的问题。第二，使学生对问题体验到某种程度的不确定性，以激发探究的欲望。第三，提供解决问题的各种假设。第四，协助学生搜集和组织可用于做结论的资料。第五，组织学生审查有关资料，得出应有结论。第六，引导学生运用分析思维去验证结论，最终使问题得到解决。

上述理论均体现一个共同点——学习是一个主动构建和完善知识体系的过程，强调学生的主体性，强调从探索中从实践中获取"经验"，发展能力，提高学生科学素养。这符合《标准》对现行中学教育的要求，有利于培养学生的创新精神，主动探究精神，合作精神，掌握科学探究的一般方法；有利于提高生物科学素养从而提高学生的科学素养，为学生的发展和终身学习奠定良好的基础，因此具有较大的实际价值。

2. 教材开发的课标要求

在《普通高中生物学课程标准2017年版（2020年修订）》课标中明确提出

以核心素养为宗旨。着眼于学生适应未来社会发展和个人生活的需要，从生命观念、科学思维、科学探究和社会责任等方面发展学生的学科核心素养。内容聚焦大概念，课程的设计和实施追求“少而精”的原则，必修和选择性必修课程的模块内容聚焦大概念，精简容量、突出重点、切合年龄特点。

教学过程重实践

高度关注学生学习过程中的实践经历，强调学生学习的过程是主动参与的过程，让学生积极参与动手和动脑的活动，通过探究性学习活动或完成工程学任务，加深对生物学概念的理解，提升应用知识的能力，培养创新精神，进而能用科学的观点、知识、思路和方法，探讨或解决现实生活中的某些问题。

倡导探究性学习

探究也是学生认识生命世界、学习生物课程的有效方法之一。《标准》倡导探究性学习，力图促进学生学习方式的变革，引导学生主动参与探究过程、勤于动手和动脑，逐步培养学生搜集和处理科学信息的能力、获取新知识的能力、批判性思维的能力、分析和解决问题的能力，以及交流与合作的能力等，重在培养创新精神和实践能力。

注重与现实生活的联系

在《标准》中重点强调了两方面的内容，一是提高学生的生物科学素养，这是学生全面发展的基础，另一是倡导探究性学习，这对学生创新思维的培养、基本生物科学素养的形成都有非常重要作用。而校本课程作为国家课程的补充，在课程内容设置、编排和培养目标也应体现出与《标准》相同的理念。

3. 教材的培养目标

能够正确使用一般的实验器具，掌握采集和处理实验材料、进行生物学实验的、生物绘图等技能；

能够利用多种媒体搜集生物学的信息，学会鉴别、选择、运用和分离信息；

发展科学探究能力，初步学会：

☆客观地观察和描述生物现象；

☆通过观察或从现实生活中提出与生物学相关的、可以探究的问题；

☆分析问题，研究该问题相关的知识；

☆确认变量；

☆做出假设和预期；

☆设计可行的实验方案；

☆实施实验方案，收集证据；

☆根据证据做出合理判断；

☆用准确的术语、图表介绍研究方法和结果，阐明观点；

☆听取他人的意见，利用证据和逻辑对自己的结论进行辩护以及做必要的反思和修改。

在能力方面，特别是探究能力方面，国家课程虽然也开设了更多的实验，但验证性实验偏多，探究性实验偏少，对学生探究能力的养成是不利的，作为国家课程补充的探究性活动就可以在这方面有所作为，所以探究性活动在培养目标上应侧重于学生能力的发展，特别是探究性学习能力的养成。

4. 教材的内容选择要求

体现科学性和思想性

科学性和思想性是任何一本教材的根本和核心。科学性是指遵循事物发生发展的客观规律，对各种现象的本质原理进行客观地描述；而思想性是指通过对现象、事物的分析所表达出来对人的态度、情感和价值观产生影响的特性。

强调内容的基础性

在加强基础知识和基本技能的，注意贴近社会生活，并适当渗透先进的科学思想，为学生今后学习新知识奠定基础。因此在内容的选择与编写上尽量选用了一些进行科学探究的基本方法和原理。

在保证科学性的前提下，教材还要考虑到学校的教育现状，注意到教材对大多数学生和适用性。不同年级、同一年级不同学生能力水平总不相同，所以要保证教材对绝大多数同学适用，并不能将大学内容简单地下放。

强调与部编教材的整合

学生在校学习的主要资料就是教育部编制的各学科教材，教材是课程标准中各种教育理念的直接呈现，并创设了较多实践活动便于学生亲自体验，活动内容有对理论的继续深化研究，有对生活实践中产生的问题进行拓展思考。在探究性学习的教材编制中与课堂内教学相结合，将有利于学生对教材知识的掌握、核心素养的培养。

强调与生产生活实践相结合

学生的探究活动开展选题尤其重要，题目必须是与学生生产生活实际联系紧密的内容，在深圳的学习不可能选题去研究北方的骆驼刺、沙棘，同样北方的学生的也不可能研究菠萝的生命活动；选题还要考虑到学生的兴趣爱好，比如学生午餐对某些品牌的外卖感兴趣，这当然可以作为研究对象，但对外卖不感兴趣，如果让学生研究，效果自然打折扣。

第二节　高中生物课外活动自主学习教材
——科学探究的基本步骤

经过对以前的生物学的学习，不知好奇的你是否对生命科学更好奇了呢，每天我们都见到各种各样的生命现象，你是熟视无睹，还是总想探个究竟呢？在探究过程中你是否总觉得自己漏洞百出呢？还总把握不住生命科学探究规律呢？本书会逐渐为你解开心中之谜，让你也像一位科学家。

要进行科学探究，先让我们来了解一下科学探究的一般过程吧。

6.2.1 科学探究的一般步骤

科学探究的一般步骤：

发现问题→提出假设→设计方案→收集资料→验证假设→分析结果→得出结论等基本环节。

1.发现问题

每天我们都能见到各种各样的生命现象，你是熟视无睹，还是总能从中发现可供研究的问题呢？

☆为什么福田河总是臭气熏天？

☆我们每天生活学习的教室空气质量到底怎样？

☆学校饭堂卫生情况如何？

☆一到中午，我们总是看到垃圾桶就会堆满一次性饭盒和木筷子，提倡环保的今天，为什么大家对使用一次性餐具还是乐此不疲呢？

☆深南大道两侧的绿化植物除了可以美化环境，对净化空气质量起作用吗？

☆大人们为什么总是让我们少喝碳酸饮料，它对身体到底有什么不好呢？

☆纯净水是否“纯净”？

☆果子狸真的是“非典”的元凶吗？

☆温室效应会给人类带来什么样的灾难？

……

我们需要有一双发现的眼睛，有一颗敏感的心灵，身边可供研究的课题太多太多，只等着我们去发现。

只因有了问题，研究才有目标和方向。

说一说

你对身边的衣食住行有什么发现，说说你能想到的问题。

2.提出假设：

假设是待解决问题的暂时答案。在现实生活中有很多奇妙的生物学事例，植物的根总是向地生长、植物的茎总背地生长，很多植物在秋天总是落叶，而松树却在秋冬不落叶，小狗能听懂主人的话，煮青菜时不盖锅盖煮出来的菜总是绿的，林林总总，你能根据这些现象提出一个假设吗？

你知道吗

材料一：荔枝是著名的岭南佳果。其果皮中存在多酚氧比酶，多酚氧比酶能够氧化果皮中的一些无色物质，形成褐色物质。这是引起采后荔枝果皮褐变的原因之一。褐变的发生严重影响了荔枝的深鲜效果，果皮褐变面积百分率常作为荔枝保鲜效果的指标。

材料二：科学研究已证实某类有机污染物对水生软体动物雌性个体有致畸作用，畸变雌性体内出现雄性生殖器官。近期某水域被该类有机物X污染，为了解此有机物对水生软体动物是否有致畸作用，生物兴趣小组同学提出开展探究活动。

说一说

请针对上述两则材料提出一些假设。

注意：提出的假设必须是可以加以验证的，不能加以验证的假设，就无法进行科学的研究。提出的假设怎样才是可以验证的呢？

☆假设的范围不能太大，便于验证；

☆假设应是建立在已有的科学知识基础之上的；

☆假设的验证步骤或程序相对简便的；

☆假设应有可探究性，已有明确的结论或定理、定律的不用假设；

☆假设的结果是可以清晰反映的；

动动脑

应用所学知识分析下列假设是否可以验证：

1）在一定范围内，随着光照强度增加，光合作用效率增大；

2）无机盐中的K+能促进植物的生长发育；

3）记忆移植可促进人智力增强；

4）假如我们学校的师资来自深圳中学，我也会像深中的学生一样优秀。

3.设计方案

有了假设之后，就要着手设计检验假设的方法，即进行研究设计。我们的课题，属于实验探究、调查研究还是文献研究？不同的研究类型有不同的设计方法。可以根据不同的研究类型设计不同的方案。

不同的研究类型如何设计方案，这将在后面的内容详细学到。

4.收集资料

依照研究假设逐步收集资料，资料的收集必须贴近假设或问题，否则，收集到的资料将失去意义和价值。同时，资料必须注意客观性，避免各种误差介入影响。

收集的资料包括：实验设计各步骤中的各种数据、实验过程中的现象、实验结果以及预测之外的实验现象等，形式上可以是数据表，还可以是模型图和照片。其中照片真实地反映了实验过程和实验结果，所以收集资料时尤其要注意对照片的收集。

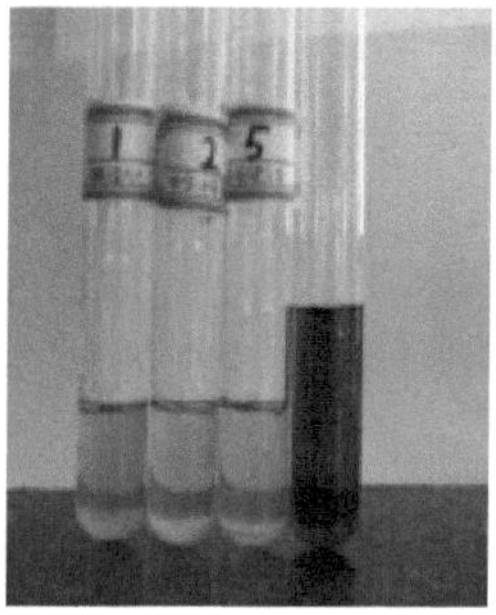

某污水净化装置

细菌培养基

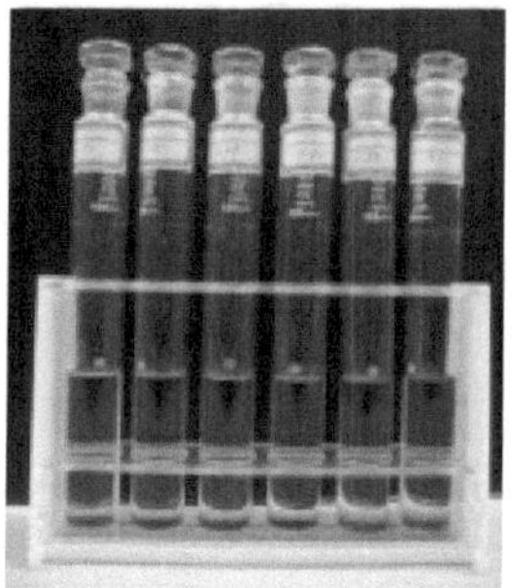

废旧电池液对绿豆种子萌发的影响

检验牙膏中的氟离子

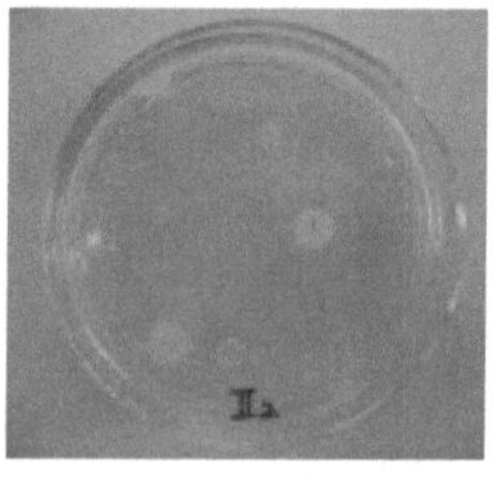

豌豆苗的向光性

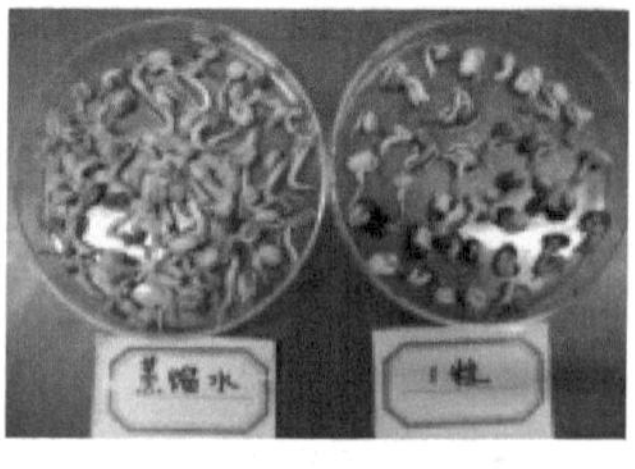

咸菜中亚硝酸盐的检测

5.验证假设

根据设计方案，进行实验或调查来验证假设。

6.分析资料

收集到的资料为原始资料，为了方便说明如资料或数据反映出的变化规律，通常将数据制成表格或曲线图，或用统计学的方法进行方差、差异度等的分析，然后得出科学的合理的结论。

7.做出结论

将收集到的资料，经整理分析得出结论。所得的结轮可能支持假设，也可能推翻假设。在科学研究中，结论的建立，必须以研究所获得的结果为依据。

自主探究：

孟德尔通过豌豆杂交实验，他发现紫花豌豆与白花豌豆杂交，子一代全为紫花，再把子一代的种子全部种下，得到子二代，既有紫花也有白花，并且紫花与白花的比例接近3：1。这是偶然的？还是其中有什么必然规律呢？

孟德尔把豌豆的其中相对性状一一做了杂交实验，子一代再自交，发现子二代中每种相对性状的比例都接近3：1。孟德尔认为这其中一定有某种内在的规律。

孟德尔假设，子一代出现的性状为显性性状，没出现的性状为隐性形状。实验中，子二代既出现了显性性状，也出现了隐性性状，这种现象称为性状分离。并且显性性状比隐性性状总是稳定地接近3：1。

他认为：

第一：在卵细胞和花粉细胞中存在着控制性状的遗传因子。

第二：遗传因子都是成对存在的。

第三：成对存在的遗传因子要分离。

遗传因子互相独立，互不混杂，子一代Aa可以产生两种卵细胞和两种花粉，即A型和a型卵细胞、A型和a型花粉。子一代自交时，它们之间结合的机会是相等的。可以产生4种组合的子二代，即AA、Aa、aA和aa。如果子二代植株数量足够大，那么，4者的比值为1：1：1：1。其中AA为纯种紫花，Aa和aA为杂种紫花，aa为纯种白花，在子二代中，开紫花的与开白花的数目之比为3：1。

孟德尔为了证实自己对性状分离的假设是正确的，首创了测交实验方法。把杂种F1（Aa）和隐性亲本（aa）杂交，F1可产生2种配子（A和a），而和隐性亲本只能产生1种配子（a），雌雄配子结合后应产生两种后代，分别表现为紫花（Aa）和白花（aa），而且两种后代的数目之比为1：1。

统计侧交后代，紫花与白花的比例。紫花有30株，白花有34株。

比值接近1：1。

测交实验的结果完全证实了孟德尔的假设。当细胞进行减数分裂时，成对的基因会随着同源染色体的分开而分离，分别进入到两个配子中，独立地随配子遗传给后代。这就是基因的分离定律。

继续探究

把牛肉、羊肉、鹿肉、蛇肉等各种不同的肉放在敞开口的瓶子里，让其腐败，几天后腐肉长出了蛆。雷迪观察得非常细致，他看到蛆变成了蛹，蛹变成苍蝇。他还注意到苍蝇盘旋时，有时要撒下一些小东西在肉上，苍蝇在肉上爬过后也会留下一些小东西，他提出蛆很可能就是苍蝇留在肉上的这些小东西变成的。

为了证实这个想法，1668年他设计了一个非常简单的实验。他把一块块新鲜的肉分别放到一个个容器中，有的容器盖上纱布，有的不盖。这样，苍蝇就无法在盖了布的瓶子上下卵了。过了几天，那些敞口的、苍蝇能自由出入的瓶中的肉都长出了蛆，而盖了纱布的瓶子里，尽管肉也腐烂、变臭，但却没有生出蛆来。他由此得出结论，蛆是苍蝇排在肉上的卵变来的。

雷迪的实验大大动摇了自然发生论。既然连小小的蛆都不可能自生，那么高级复杂的生物更不可能自生了。生命必有母体，生命来自生命，这就叫作生物论。

请分析在雷迪的实验中选择了什么问题，提出了什么假设，设计了什么方法，收集分析资料，得出了什么结论？

继续探究

为了证明微生物不能自然发生，法国著名微生物学家巴斯德巧妙的曲颈瓶实验使生源论取得了决定性的胜利。巴斯德坚信微生物是不可能自然产生出来的，他与自然发生论进行了长达20多年的论战。为了证明肉汤变质是来自空气中微生物的污染，灰尘越多、空气越不好的地方微生物越多，他带着密封好的曲颈瓶到地下室、教堂顶，甚至冒着生命危险爬到冰雪覆盖的高山上，然后打开密封，让空气进到瓶中，观察各种不同空气对肉汤的不同影响……

如何才能既让空气自由进出，又不让其中的微生物进到烧瓶中呢？在朋友的启发下，1862年，巴斯德终于设计出一个巧妙的曲颈瓶试验。他给烧瓶安装了一像横着放的S形状的长颈，当把烧瓶中的肉汤煮沸时，不仅瓶中的微生物被杀死了，水蒸气把瓶颈中的微生物也杀死了。等到汤放凉时，新鲜的空气就可以通过瓶颈自由进到瓶子中，而带菌的灰尘由于比空气重，在长颈向下弯曲处就被拦截住了。经过这样处理的培养液放许多天也不会变质。而如果把培养液倾斜，让它通过长颈的弯曲部，或者把长颈打断，培养液中很快就会充满了微生物。这样就令人信服地证明了，是空气中的微生物使汤腐败的，而不是汤腐败产生微生物。

请分析在巴斯德的实验中选择了什么问题，提出了什么假设，设计了什么方法，收集分析资料，得出了什么结论？

第三节 高中生物课外活动自主学习教材
——科学探究的课题选择

前面我们讲过，科学探究的一般步骤可分为发现问题→提出假设→设计方案→收集资料→验证假设→分析结果→得出结论等基本环节。

要开始进行研究，首先我们得搞清楚研究从何开始?有人认为从观察开始。也就是说，先观察到若干个别的事实，然后归纳出一般的原理来。然而这只是科学发现过程的现象，而没有掌握它的本质。从根本上说，科学发现往往是从问题或矛盾开始的。发现矛盾、捕捉问题是科学研究的起点。

数学家希尔伯特说得好，“历史教导我们，科学的发展具有连续性。我们知道，每个时代都有它自己的问题，后者或者得以解决，或者因为无所裨益而被抛到一边，代之以新的问题”。他认为：“只要一门科学分支能提出大量问题，它就充满着生命力，而问题缺乏则预示着独立发展的衰亡或中止。”

既然科学研究是从问题开始，这就要求学生在研究性学习中，先要学会如何提出问题，提出高质量的问题。

一、问题从哪里来

所谓问题，就是客观事物之间的矛盾在人们头脑中的反映。在我们认识客观世界的过程中，问题是联系已知与未知的桥梁和纽带。只有不断地产生新问题，解决新问题，人们的认识才能不断向前发展。科学研究就是一个不断提出问题、认识客观规律的过程。

在我们日常生活和学习中经常会碰到各种各样的问题，经常会对各种各样的现象提出很多为什么？譬如，当我们站在福田河边时就会产生“福田河为什么会污染”“如何治理福田河污染”的问题；当我们坐在汽车上时，就会提出：“深圳的交通为什么这样拥挤”“如何有效地解决交通拥挤”的问题；当我们坐在教室里听老师讲课时，在我们的脑海里会产生各种各样有关学科中一些一时搞不清的问题。例如“这道题有几种解法”“为什么会产生这种实验现象”。当我们在公园里散步时，会产生“花为什么会散发出香味”“植物为什么会有光合作用而动物没有光合作用”，等等。总之，在我们的学习生活、社会生活中，问题是时刻伴随在我们的身边，这些问题中既有我们疑惑不解的，又有我们感兴趣的；这些问题有的会在我们的头脑中停留很长时间，有的则是在我们脑子中一晃而过。

虽然在我们的头脑中存在着各种需要解决的问题，但当我们要真正确定一个课题进行探究时，我们又会发现自己的头脑中的问题太一般化了，这些问题好像很难成为一个课题，不值得研究。这就是学生参加研究性学习时感觉到无课题可以研究的原因。正如爱因斯坦曾经说过的：提出一个问题往往比解决一个问题更重要。当然，爱因斯坦说“问题”不是一个一般化的问题，而是可以进行研究的问题即课题。那么，学生如何发现问题，尤其是发现高质量的问题呢?

1.要认真对待日常学习生活、社会生活和自然界中的现象

什么是现象?现象是指事物在发生、发展和变化中的外部形式和表面特征。事物的现象中往往包含着事物发展的规律，这就要求学生认真对待日常学习生活、社会生活和自然界中的现象，在人们熟视无睹的、习以为常的、杂乱而纷纭的自然现象、社会现象中，透析发现它们所显示的趋势、规律和本质。

世界每天都是新的。这是因为世界上的任何事物或现象每时每刻无不处于不断运动、变化和发展之中。在错综复杂现象中，我们应从哪些现象入手去进行考察从而发现问题，这对大部分学生来讲是一个较难的问题，很多学生会感到无从着手。

作为一名中学生在观察日常学习生活、社会生活和自然界中的现象时，要特别关注那些新奇的现象、重复的现象和密集的现象这三种有价值的现象。从这三种现象入手进行思考，就可以产生一些有价值的问题。这是因为从新奇的现象中能考察发现未来趋势（包括发现有重大价值和发展前途的新事物）；从重复的现象中能考察发现客观规律；从密集的现象中能考察发现事物本质。

新奇的现象是指在客观世界中刚出现的新鲜、奇特的现象。新奇的现象大致可分为两种，即新鲜的现象和奇特的现象。新奇的现象在刚出现的时候，无疑是属于偶然的现象、个别的现象，但这些偶然的现象或个别的现象在平时最容易被同学们忽视，这就要求同学们平时要有目的地对这些偶然的现象、个别的现象多提几个为什么，多提几个问题，这些问题往往会成为同学们进行研究性学习的最好课题。

重复的现象是指同一事物在一定的时空里或以一定的形式多次出现的现象。重复的现象大体可以分为两种，一种是时间、空间中出现的重复现象，另一种是间断性、连续性显示的重复现象。例如，花开花落、候鸟徙迁、雄鸡啼晓、四季轮回、潮汐涨落，等等，这都是人们习以为常的一些周期重演、过程重演或内容重演性的现象。但是如果对这些重复的现象深入研究一下，就会有重大发现。

只要大家在平时能认真地考察，用心思索这些在学习生活、社会生活和自然界的重复现象，一定会产生有价值的问题，一定会在研究性学习中有所突破，取得较大的成果。科学上的一些重大发现和创造都是从观察重复现象开始，微生物的发现就是一个很好的例子。

列文虎克是荷兰显微镜专家和生物学家。1675年的一天，同往常一样，列文虎克又在显微镜下观察着什么，时间长了，他感到眼睛疲乏，便出门到屋檐下休息。这时，天正巧下着雨。望着屋檐上流下来的雨水，列文克虎突发奇想："这清洁透明的雨水里会不会有什么东西?"随即拿来两支试管接了一些雨水放在显微镜下观察。出乎意料，显微镜下竟有成百上千只"小动物"在活动。他兴奋极了。可是，过了不久，当他又接了雨水观察时，却连一"小动物"也没有，而且一连几次都这样。雨水中有"小动物"的现象间断了，但他毫不灰心，认为雨水中有"小动物"可能是必然规律而不是偶然现象。于是，他决定继续观察。果然，几天后，又下雨了，列文克虎取雨水再次观察时，显微镜下又出现了"小动物"，只不过地方不同，"小动物"的形状和活动方式也不同罢了，最后确定"小动物"为一种新的物质即微生物。

密集的现象是数量很多的相同或相似的事物集聚在一定的时间、空间里，同时存在或短时间内先后相继出现。密集的现象后面往往包含着事物的规律，因此，我们对密集的现象要经常问："这些现象的出现意味着什么"，通过对问题的思索就会有新的发现。例如，1878年，盛产葡萄的法国梅杜克地区由于葡露菌病的流行，绝大多数的葡萄在快要成熟时都裂开口子，慢慢地腐烂了，可是波尔多城市郊靠近马路的一片葡萄却枝繁叶茂硕果累累，唯一难看之处是葡萄上沾满了蓝不蓝、白不白的东西，并且散发出难闻的怪味。这一成群密集现象引起了波尔多大学教授米勒德特的注意。通过实地考察，他发现，原来这片葡萄园的主人怕过路人偷吃葡萄，就把白色的石灰水和蓝色的硫酸铜溶液混合在一起，喷到葡萄上，结果，不但无人偷摘他的葡萄，还意外地获得了前所未有的大丰收。米勒德特抓住葡萄园主的“丰收秘诀”不放，经过进一步研究，终于找到了这种混合液的最佳配方，即后来人们用来防止瓜果和豆类植物病害的“波尔多”液。

2.要学会观察与思考，养成不断提问的习惯

有的学生当看到别人成果时，会感叹说：“这种现象我也看到过，当初我怎么没想到呢。”出现这种情况的一个重要原因是该学生的观察与思考的能力不强，说得严重一点是不会观察。有的学生认为观察不就是“看”嘛，人人都会，有什么难处，没有什么了不起，其实要做到正确、全面、深刻的观察是很不容易的。黑格尔说：“假如一个人能看出当前显而易见的差别，譬如，能区别一支笔和一头骆驼，我们不会说这人有了不起的聪明。同样，一个人能比较两个近似的东西，如橡树与槐树，寺院与教堂，而知其相似，我们也不能说他有很高的比较能力。我们所要求的，是要能看出异中之同和同中之异。”

从表面上的差异极大的事物之间看到本质上的共同点或从表面上极为相似的事物之间看到本质上的不同，这才是观察的真正难点。

那么，学生如何培养自己的观察能力，并从观察的现象中提出高质量的问题呢?

首先，观察现象应在明确的目标指引下有目的、有计划地进行。这就是说，一个人要有问题意识，要有怀疑一切的精神，形成强烈的创新意识和创新欲望，对事物或现象有特殊的敏感，用创新的眼光和视角看人们司空见惯、熟视无睹或新奇陌生，甚至不起眼的东西，想人所不想，见人所不见，发掘其潜在的意义和价值。

其次，进行观察时思想应当不受任何约束，以免用先入之见去搜寻预期的结果。要尊重客观，时刻保持一颗好奇心，密切注意任何意外现象的出现，

因为，意外情况往往可能导致意想不到的重要事实的发现。再次，观察必须与思考相结合。培根说“我们不应该像蚂蚁，单是收集；也不可像蜘蛛，只从自己肚中抽丝；而应像蜜蜂，既采集又整理，这样才能酿出香甜的蜂蜜来。”所以，观察不应该是消极地注视，而应是一种调动已有知识储备与眼前观察对象相比较、判别，并积极猜测、联想、推理和整理的过程。

3.要建立一个自己的问题库

我们对现象的观察和思考时，问题的产生有时是很短暂的，在大脑中一晃而过，如果不把这些问题及时记录下来，这些问题就会不复存在，而有时这些问题往往是有很大的价值。因此，学生们要养成记问题的习惯，不要过多地去顾及问题的质量档次，不顾自己以现在的知识和能力水平能不能回答这些问题，随时记下你所想到的问题，以建立自己的问题库。

4.学会从一个主题出发，多角度、全方位地提出各种问题

要敢于与同学和老师讨论，甚至争论，敢于把自己的观点和思想亮出来，在讨论中开拓自己的思路，修正自己的观点，产生更多更深刻的问题。比如，以“酸雨”为主题，我们可以发散性地产生一些有关酸雨问题，“酸雨是什么?”“为什么会形成酸雨，形成酸雨的条件是什么?”“世界上最早出现酸雨是什么时候?在哪个地方?”“为什么酸雨越来越严重?”“酸雨对环境有何影响?”“如何减少酸雨的产生?”等等。也可以通过对一些热点问题的讨论，引出很多有价值的问题。例如，通过对我国近十年来冬季平均气温的调查，可以引出很多值得同学们思考的问题：“为何冬天越来越暖和？”“暖冬给我们的生活带来了什么影响？”“温室效应与全球经济”等不同主题，在各个主题下还可以派生更多的问题。

尝试从环保方面提出你感兴趣的问题。

二、使问题变为课题

问题的提出有不同的角度。可以从自己兴趣出发，提出一些自己感兴趣的问题；可以从自己学习的学科出发，提出一些学习中自己较困难的问题；可以从自己感兴趣的现象出发，提出自己观察到的一些难以解释的现象问题。然

而，并不是所有的问题都可以成为一个值得我们开展深入研究的课题，在众多的问题中选出一个能转化为研究课题是一件不容易的事。

例如，“某一类型的数学题有几种解法?”这虽然是我们在学习过程中经常遇到的问题，但它仅能作为一个最基本的数学问题，而不是一个研究课题。

“环境污染和环境保护”这是带有普遍性的问题，但问题涉及的范围很大，人们可以从许多不同的角度、不同的方面对它进行探讨、研究，它是一个值得探索的领域，但不是一个合适的课题。

“氧化铜处理汽车尾气中的一氧化碳的研究”这是带有普遍性的问题，是人们关心的汽车尾气处理的问题，同时，这个问题的范围（尾气中的一氧化碳）和解决这个问题的任务（氧化铜）比较明确和集中，这样的问题，可以成为一个研究课题。

从上面的例子我们可以看到，研究课题就是针对某一领域中具有普遍意义的特定问题，有明确而集中的研究范围、目的和任务的问题。

要使问题转化为课题，我们先要对课题的选题原则要有所了解。一般说，选题要遵循以下的原则：

（1）科学性原则

所选的课题必须有一定的理论依据和事实基础，要符合人类认识和事物发展的基本规律。如果所选的课题在方向上发生差错，那么，不论你有多大的聪明才智，仍会遭到失败。

（2）创新性原则

课题研究的目的是认识前人还没有认识或没有充分认识的规律，这就要求研究的课题要有一定程度的独创性和新颖性。创新包括：①理论、观点上的创新；②方法上的创新；③应用上的创新，在低层次上重复别人已经进行过的研究，就会缺乏新意，研究的价值也就不高。但是，我们还应当看到，科学研究又是在前人研究和实践的基础上进行的，总要有所继承，有所借鉴。创新也并不是要求一切都是独创的，更不能要求同学们去开辟一个全新的研究领域。

提出一个别人还没有研究过的课题，这是创新；用与别人不同的研究方法去进行研究一个已经研究过的课题，这也是创新将一种理论、一个观点首次应用到实际中去，这是创新；将已经在某一领域得到应用的理论、观点、方法和手段，应用到新的领域中去，也是创新。

（3）可行性原则

这条原则要求学生在选题时一定要充分考虑课题研究的主观条件和客观条件，要从自己已有的所学知识水平、自身积累的经验、兴趣爱好、时间和精力及与其他人的配合等实际情况出发，选择自己通过努力可以获得成功的课题。

贯彻这条原则需要处理好以下几个关系：

大和小的关系。一般说大课题的研究价值高，成果的社会影响大，但它比较复杂，开展的条件要求高，不易出成果；小课题涉及范围小，任务单纯，目标集中，容易开展，容易出成果。但作为学生不能一味求大，小看小课题，忽视小课题的研究，有的小课题的研究往往也会有很重要的理论和实践意义，它的价值并不比有些大课题低。

难和易的关系。难的课题往往比较有价值，但难度大的课题对研究者主观和客观条件的要求高，需要花更长的时间，更多的精力，而且容易因久攻不克，失去信心，导致半途而废。

对于中学生来说，选择较小的课题，选择与自己能力相适应的课题进行研究应该说是比较合适的。

三、选择研究性题目的程序

确定研究问题的领域

生命科学发展迅速，至今形成的领域相当广泛，在整体大致可以分为植物学、动物学、微生物学、生态学、环境科学、分子生物学、遗传学等方面。

查阅有关资料

假如研究题目的领域为微生物方面，且是研究地铁站中空气微生物状况，那么常见的地铁站空气中微生物有些什么种类，如何鉴定是否超标，超标后可能会引起什么样的后果等，要回答这些问题则应查阅相关资料。

界定研究问题的范围

对研究内容有了大致了解，为了研究具有可行性和科学性，则应界定研究题目的范围，如以地铁站空气质量问题为例：是全球所有的地铁站吗？还是全中国的，还是仅深圳市的？如果是深圳市的，地铁站是全测，还是抽样测定，是全天测，还是选择几个特定时间进行？这就是界定研究题目的范围的过程，也是一个十分重要的过程。

陈述研究问题

对研究题目界定完毕后，则拟定研究题目，并对研究问题进行相关陈述，以上述问题为例，若以“深圳市部分地铁站上班高峰期空气质量调查研究”为题，则陈述的内容则应包括：选择了深圳市的哪些地铁站，如何体现其一般性，如果界定上班高峰期，国家关于空气质量的标准体系，以及研究的大致思路。

试一试　　根据下列信息提出研究性题目并简要论证

1、在任何一个城市都具有亮丽的绿化带，这些绿化带除了美化城市外，还具有重的生态功能，请你提出一个研究问题并进行论证。

2、绿色食品在目前已越来越受到人们亲睐，而一些假冒伪劣产品却在时时影响着人们的健康，请你提出一个调查研究题目并进行论证。

四、选择研究性题目的途径

研究性题目的选择，与研究能否成功有重要关系，可以通过哪些途径选择研究性题目呢？

1.从有关理论中演绎研究问题

理论不但可用以解释目前的现象，而且又可用以预测未来的现象。从一个良好的理论中，研究者可以推导出很多种的预测，这些新的预测，就成为可研究问题的重要来源。

2.从学习实际中发现问题

这是最重要的选题途径。在生物学的教学实践中有许多知识与生活实际联系相当紧密，如遗传和变异、生殖、生物与环境等，涉及许多相关领域，可以从中寻找出一些可研究的问题，进行研究。

你知道吗

孟德尔以豌豆为材料研究出基因的分离定律和自由组合定律，他的实验都是建立在每对基因位于不同的同源染色体上，如果两对或两对以上等位基因位于一对同源染色体上，情况会是怎样呢？摩尔根于是以果蝇为研究材料进行了研究，得出基因的连锁互换定律，为生命科学的发展作出巨大的贡献，为此他获得了诺贝尔奖。

你知道吗

表 2-1：从教材经典实验演绎形成的研究性学习题目

经典实验	常见的研究性题目
生长素发现过程的达尔文燕麦实验	单侧光对根向地生长的影响探究
孟德尔两对相对性状的豌豆实验	两对相对性状自交 n 次后新性状所占比例的规律探究
普里斯特利的小鼠实验	探究该实验每天必须光照时间的长度
恩吉尔曼的水绵与好氧菌实验	几种好氧型细菌对氧气敏感度的探究
酵母菌的培养实验	探究面团发酵时的最佳温度
肺炎双球菌的转化实验	探究 RNA 是遗传物质的实验设计

试一试

请你根据下表内容，从中找出相应的研究题目

教材中的分组实验	可选择的研究性题目
生物组织中还原糖、脂肪、蛋白质的鉴定	
温度对酶活性的影响	
比较过氧化氢酶和 Fe^{3+} 的催化效率	
设计实验，观察生长素类似物对植物生长发育的影响	
调查人群中的遗传病	
观察 SO_2 对植物的影响	
调查环境污染对生物的影响	

3.从过去研究中发现问题

有的研究不仅探求其所要研究问题的答案，而且，也从其研究问题中导出不少值得研究的问题，有时往往是在回答旧问题的同时，提出了新的问题。新发现的问题，有待人们进一步的探讨。

如第十八届全国青少年科技创新大赛中，《植物提取液及结合农药增效剂综合防治线虫的研究》得出的结论中有这么一段话：AO—318单独使用比藿香蓟提取液效果明显好。AO—318　100倍稀释液、AO—318　200倍稀释液这两个处理没有显著差异，而浓度相差一倍，说明的使用浓度还有很大的下降空间。

此外，例如，AO—318与藿香蓟提取液混配后所产生的杀线虫活性明显比藿香蓟单独使用效果好，但这究竟是混配的作用还是AO—318的单独作用还需要进一步研究……我的初步研究表明藿香蓟提取液在室内试验有很好的松材线虫的效果，在土壤中能否产生同样好的杀虫效果呢？AO—318本是一种针对昆虫、杀菌设计的可独立使用的增效剂，之前没有人研究过其杀线虫的效果。那么，AO—318在防治线虫时的最适浓度是多少？在土壤中AO—318能否产生同样好的杀虫效果？另外，藿香蓟对线虫有防治作用的具体器官以及有效成分的化学结构空间是什么？这些问题的深入研究将对生产中推广藿香蓟和AO—318奠定基础。

试一试

请你看下面材料，选择一个可研究的研究性题目

下面是《利用大红叶草修复因 Cu^{2+} 造成的土壤污染的实验探究》的讨论部分

讨论：

➢ 由于条件限制，制定的 Cu^{2+} 溶液浓度梯度略显大一些，以致于在测蚯蚓对 Cu^{2+} 的敏感性时不是太精确，可能影响实验结果。

➢ 实验过程中蚯蚓的数量不是太多，也可能造成实验的偶然误差，如果可能蚯蚓的数量增加到 20 或 30 条，结论更具说服力。

➢ 蚯蚓习惯土壤中生活，如何在水环境中保证它能吸收到氧呢？因此在实验结果中有的蚯蚓可能是因为被水淹没导致缺氧而死亡，并不是由于 Cu^{2+} 对其的毒害所造成的，这也会影响实验结果。

➢ 在实验过程如果大红叶草能释放一种物质恰好与 Cu^{2+} 发生反应，导致毒性降低，也可能影响实验结果，如果能再进行一次测定经大红叶草处理后 Cu^{2+} 的浓度变化，如果溶液中 Cu^{2+} 浓度降低了，而大红叶草中 Cu 含量增多了，就能充分证明 Cu^{2+} 是被大红叶草吸收了。

4.与专业人员接触中发现问题

与有关的专业人员接触来往，是获得研究问题的另一个途径。经常向有关课程的老师、教授或研究机构的专家请教，讨论自己兴趣领域中的问题，可以发现一些值得研究的问题。

5.参加有关的学术研究会、学术交流活动

这也是一种和专业人员接触的机会。对中学生而言，有关的学术交流活动，如每年一次的福田区青少年科技创新大赛，深圳市青少年科技创新大赛均是很好的学习机会。如果条件允许还可以参加全省、全国的相关大赛，从参赛作品中获得灵感，激起智慧的火花，找出研究性题目。

继续探究

《包埋光合细菌净化观赏鱼养殖污水的研究》中写道：包埋光合细菌，解决了光合细菌因个体小而无法自然下沉的问题。光合细菌自然沉在水体底层，鱼的排泄物和食物的残渣在包埋光合细菌颗粒的表面，光合细菌能分解水体中的有机物质，保持养殖观赏鱼水质的清澈，同时降低了家庭养殖观赏鱼的成本。

将光合细菌与其他细菌组合使用，净化效果可能会更好。进一步探讨用不同浓度钙盐溶液包埋光合细菌，其对净化养殖污水的影响。

根据上述内容，提出一个研究性题目，注意研究性题目的准确陈述，并查阅相关资料，进行研究题目的初步论证。

附表 2-2：普通高中生物课程标准实验教材中与 STS 教育相关内容

章节	相关知识点	STS 教育相关内容
必修 I		
第一章		
生物科学和我们		癌症的病因和预防措施；镰刀型细胞贫血症；基因诊断、基因治疗；生物科学的发展热点；自然发生论；巴斯德实验；罐头工业；科学实验的步骤
第二章 细胞的化学组成	无机盐的生理功能	人缺钙易出现抽搐现象；猪缺钙时喜啃墙土；长跑运动员过量排汗而导致肌肉痉挛；加了锌的钙；富硒康；骨软化病和佝偻病；酷暑野外工作者多和盐汽水；科学饮食
第二章 细胞的化学组成	糖类、脂质、蛋白质的生理功能	不吃早餐回头晕；早餐单独只喝牛奶不科学；胰岛素只能注射，不能口服；肥胖问题；科学减肥；科学饮食；营养师
第三章 细胞的结构和功能	原核生物	炭疽热；蓝藻与黑藻；固氮微生物；生物武器
第三章 细胞的结构和功能	生物膜	海水的淡化处理；降低有毒重金属离子对水的污染；改良农作物的品质（抗旱性、抗寒性）；透析型人工肾
第四章 光合作用和细胞呼吸	ATP 和酶	缺少酶会引起某些疾病，如肝炎（转氨酶）；利用酶抑制剂作杀虫剂；多酶片助消化；加酶洗衣粉的正确使用方法；发高烧时为何没有胃口；边吃饭边喝水会影响胃的消化；给肌无力患者可以注射 ATP 针剂
第四章 光合作用和细胞呼吸	光合作用	太阳未出来之前，不宜在树林中晨练；新疆是我国粮食和棉花的高产区；合理密集；植物午休现象；水果上的“福”字；如何提高粮食产量；夜晚城市绿化带要用绿光射灯；正行通风
第四章 光合作用和细胞呼吸	细胞呼吸	剧烈运动后会肌肉酸痛；水果蔬菜的保鲜技术；马铃薯块茎腐烂有酸味、苹果腐烂有酒味；种子不宜长期密封在袋子里；龋齿的发病机理；制作酸奶、泡菜的原理；酿酒的工艺；育苗长途运输前进行拉网训练；农田放水搁田；进地窖的安全问题；发酵技术在医药上的应用；水培植物要勤换水；大棚培育花卉的条件；减肥健身要做最好做有氧运动

续表

章节	相关知识点	STS 教育相关内容
第五章 细胞增殖、分化、衰老和凋亡	细胞的全能性	白血病患者需要移植骨髓的原理；干细胞的应用；组织培养技术；克隆技术
	细胞的衰老和凋亡	美容护肤品——大宝 SOD 蜜、羊胎素；风湿性关节炎、系统性红斑狼疮发病原因；健康长寿的奥秘
	癌症	癌细胞形成的原因；致癌因子；肿瘤的预防和治疗
必修Ⅱ		
第一章生物科学和我们		某些动物灭绝的原因；生物多样性的丧失；科学合理的保护野生动植物；物种入侵；面对非典；科学探究的步骤
第二章减数分裂和有性生殖	人体的稳态	糖尿病患者的“三多”；高血糖高血脂的危害；过敏时会出现组织水肿
	免疫	器官移植出现的“排斥”现象；艾滋病——威胁人类的免疫系统缺陷病
	神经调节	条件反射和非条件反射；脊髓灰质炎（小儿麻痹症）；高位截瘫者会出现尿失禁；损害左脑会出现右侧肢体不受控制；手触及炙热铁块时，是先感到疼痛还是先缩手；脑科学的现状和发展；怎样提高学习效率
	动物激素	侏儒症、呆小症、巨人症、糖尿病；甲亢；动物的发情期；阉割育肥；月经周期；利用雌蛾发出的气味吸引雄蛾，达到消灭害虫的目的；蚂蚁的“语言”；催情激素可提高鱼类受孕率；人工合成昆虫激素防治害虫；人工合成昆虫内激素提高产量；小型青蛙
	植物激素	果树修剪、棉花摘心、番茄打尖；根的向地性、茎的背地性、葵花的向阳性；一个烂苹果和一堆青涩苹果放在一起起到催熟作用；除草剂的作用原理；松土时部分根被破坏后根生长更旺；盆景艺术和水仙雕刻；评价应用激素类药物的利与弊；拒绝毒品慎用心理药物；探究生长素类似物促进插条生根的最适浓度
第三章生物群落的演替	种群	计划生育；人口调查结果分析；插秧控制种群密度；探究培养液中酵母菌种群数量的变化；调查土壤中小动物类群的丰富度；初探立体农业

续表

章节	相关知识点	STS 教育相关内容
第四章生态系统的稳态	生态因素	植物的分布会受水分分布的影响；光照会影响某些动物的繁殖期；农田为何要除杂草；怎样使菊花提前或推迟开花期；冬虫夏草；渡渡鸟的灭绝导致了一种叫卡利瓦的植物也随后灭绝，原来其种子要渡渡鸟肠道中的酶去皮才能发芽；何为生态农业；探究土壤微生物的分解作用；生态缸的制作
	食物链食物网	大鱼吃小鱼、小鱼吃虾米；螳螂捕蝉、黄雀在后；人工林容易爆发虫害；放养鲢鱼和鳙鱼之利
	能量流动	桑基鱼塘；农田除草灭虫；肉食比素食贵
	物质循环	温室效应；水循环；控制二氧化碳排放的国际公约；使用无氟冰箱、无磷洗衣粉
	环境保护	外来物种入侵；水葫芦疯长成灾；楼兰国的消失；“生物圈二号”实验；禁用或少用一次性卫生碗筷；生态高效农业；动植物检疫；生物多样性的消失；每年都有一种或几种野生动植物灭绝；建立野生动植物基因库；保护森林资源、保护水资源；恢复生态学及其应用初探；人口增长过快给当地的生态环境带来那些影响；关注生态伦理道德
	环境污染	酸雨；水华和赤潮；生物富集作用；光污染、水污染、大气污染；绿色食品；有机食品

第四节　高中生物课外活动自主学习教材
——科学探究的开题报告

如果你已经确立了研究课题，并查阅了大量相关资料，同时又有了具体的研究方案，那么，接下来就可以写开题报告了。有的学生会问，既然有了研究方案就应该马上动手去做嘛，为什么还要写开题报告呢？

一、为什么要写开题报告

因为，你们现在的研究性学习与科学家的专门研究是有区别的，科学家的研究强调的是对未知世界的探询，注重的是结果；而你们的研究性学习强调的仍然是一种学习，只不过是一种带有研究性质的综合性的学习。这种研究性学习更多的是强调过程，而不仅仅是结果，当然，这也是你学习如何获得文化知识，以及如何用所学到的知识去解决面临的各种各样问题的锻炼途径。

既然研究性学习强调每一过程中的经验的获得，强调在学习的过程中留下你的每一个脚印，你就应该把每一阶段的成果都记录下来，因为它是你参加研究性学习所获得的辛勤劳动果实，当然也可以作为教师对你的研究性学习考察的依据。

二、开题报告的内容

开题报告的内容主要包括：①问题的由来；②问题向课题的转化，即课题的陈述；③课题的可行性；④研究的内容和难点；⑥计划进度及人员安排，等等。下面我们来分别叙述。

1.问题的由来

在形成你的研究性课题时，你肯定观察过你周围的不少事物，提出过不少为什么，但你为什么最终选择了某个研究课题，肯定有一定的过程和原因，那么，就把问题的由来写下来吧。如，某中学探讨自然与人的课题组是这样写他们开题报告的。

问题的由来?如今人民的生活水平提高了，使用手机、数码相机、MP3等电子器材已经非常普遍，但是必定会涉及电池丢弃的问题，电池随意丢弃必定会造成环境污染，尤其是对土壤的污染。如何正确对电池进行回收，使环境得到保护，我们就从电池回收入手……实际上，问题的由来也表示了课题的背景说明。

2.课题的陈述

有了问题不等于有了课题，在众多问题中选出一个转化为研究性课题并不是太容易的事。如何陈述好一个课题的题目也要下一番功夫。因为题目是文章的眼睛。一篇好的文章、好的报告，必须有一个好的题目，才能使读者一眼看去就会被吸引住。

请看下列研究课题的题目：

高中女生物理学习能力调查

这个题目比较明确。它反映了研究的范畴是物理学习能力；研究的对象是高中女生，题目简洁明了。

再看另一个题目：“中学阅读课程”

这个题目的作者想研究中学阅读课对作文成绩的影响，但他陈述得不够明确。该题目研究范畴太宽泛，研究对象也不知是谁。如果改为“××中学一年级阅读课程对学生作文成绩的影响”就明确多了。

以上例子说明，一个课题的确定和陈述应该掌握两点：一是必须能为研究指明足够明确的研究范畴和研究对象，人们可以从题目中看出你要研究的重点是什么?方向是什么?二是研究课题的陈述应该简洁明了，不能啰啰唆唆写一大堆文字。

对于课题的陈述可以采用叙述或描述的形式，也可以采用问题的形式。

如果想研究水果中维生素C含量的问题，可以写成：“常见水果中维生素C含量的测定”，这属于叙述式。也可以写成“常见水果维生素C含量是如何测定的”，这种陈述就是采用问题的形式了。

3.研究课题的可行性

你的开题报告写上了问题的由来和问题向课题的转化后，接下来就应该写一写研究课题的可行性了。

我们都知道，要想做好一个研究课题，必须从人力、物力、财力、时间等各个方面综合考虑课题能否成行，尤其作为我们中学生来说，这些条件往往会不同程度地制约着我们，因此，你确定研究性课题时一定要事先考虑到研究课题的可行性。

如果研究小组已经全面地考虑过这些综合因素，并认为可行的话，那么，就应该把研究课题尽量缩小到能应付的范围之内，并尽量利用自己的智慧创造研究条件。要知道，这也是一个很好的研究机会呀。如果一切都有了思想准备的话，就应该把研究课题的可行性写清楚，包括课题研究的理论意义或实践意义；合作伙伴、指导教师、实验经费、文献资料、研究地点、实验条件；还要估计一下研究时间等。

4.研究的内容和难点

在高中阶段，你或你的研究小组所研究的类型大约是：①科学实验类型；②读书报告类型；③社会调查研究类型；④设计类型。无论是何种类型都要有具体的研究内容，繁多的科学门类，广阔的研究领域，要研究探讨的问题纷繁复杂。要选的问题要有一定的专业领域，这样才能学习专业的知识，解决专门的问题。当然，某些问题可能属于边缘学科或带有综合性，那就需要研究多方面的知识以解决综合性的问题了。

5.研究的创新性

科学的本质是创造，科学研究是对未知的探求。在你的设计中有什么创新之处，可以在开题报告表述出来。

在研究性学习中，重要的不是研究成果，而是研究过程。在研究过程中，也许会遇到这样或那样的研究难点，那也把它写下来，一来在具体操作时可以有针对性地查阅资料，进行实验或研究；二来在实践过程中很有可能会有不同的发现或见解，这对获得真知，求得真理是一种极好的锻炼。

6.写上计划的进度和人员安排

开题报告上应该写上研究计划及进度、人员安排等，在研究计划中，可以把任务分工的情况、研究步骤的实施、计划访问的专家及研究所需要的条件，如，图书资料、实验设备、交通工具等都写清楚，另外别忘了把时间的安排计划好。

以上几个方面的内容都写好了，开题报告就算完成。

如果能制定一个计划表格是最好不过了，这样可以一目了然地了解研究计划。当然计划表格应包含：课题题目、研究目的、研究方法、人员安排、研究进展、成果形式、资金使用等方面情况。表3–1可以作为研究计划表格的参考。

7.根据实际需要随时修正研究计划

现在已经有了一个研究课题的详细完整的蓝图了，下面就应该着手去行动了。在执行计划期间，有时会有一些突然的变化影响计划的正常执行。比如，要访问的专家临时有事不能如期进行采访，那么，就应该随时调整计划时间或改换另外的有关专家进行采访。同时，要随时修正你的研究计划，以保证研究性课题的正常进行。

课题开题报告表

<table>
<tr><td colspan="4">课题开题报告</td></tr>
<tr><td>课题题目：</td><td colspan="2"></td><td>导师：</td></tr>
<tr><td colspan="2">课题组成员：</td><td>组长：</td><td>班级：</td></tr>
<tr><td colspan="4">简要背景说明（课题是如何提出来的）：</td></tr>
<tr><td colspan="4">课题的目的与意义：</td></tr>
<tr><td colspan="2">主导课程：</td><td colspan="2">相关课程：</td></tr>
<tr><td colspan="4">活动计划：
1）任务分工：

2）活动步骤：分 ________ 阶段实施
阶段时间（周）主要任务阶段目标
一、

二、

3）计划访问的专家：校内 ______ 位，如 _______，________，_______ 等。
校外 ______ 位，如 _______，________，_______ 等。

4）活动所需的条件：
图书资料如：____。
实验室（设备）如：____。
交通工具如：____。
网络资源如：____。
其他：____。</td></tr>
<tr><td colspan="4">预期的成果（论文、调查报告、制作模型、实验报告、网页等）：

表达形式（文字、图片、实物、演示文稿等）：</td></tr>
</table>

第五节 高中生物课外活动自主学习教材
——科学探究的实验探究

当你的研究性题目已准备好，或许你在为如何进行研究该题目而发愁呢，用什么方法进行呢？研究过程中要注意哪些细节呢？如何控制影响实验结果的无关因素呢？这些都是在研究中要考虑的，而且是必须要做的。下面就实验探究过程中一些相关问题进行说明。

一、实验探究的概述

实验探究就是为了解决某一生物学问题，根据一定的生物学原理或假设，组织有计划的实践操作，经过一定时间，对实践效果进行比较分析，从而得出与实验因素有关的科学结论的研究方法。

1.实验探究中的常用术语：

在适当控制可能影响实验结果的无关变量的情况下，探求自变量和因变量间的关系。

你知道吗

例如：对植物光合作用效率影响因素的研究

影响光合作用效率的因素有许多，如 CO_2 浓度、光照强度、水分、温度等。

如果研究 CO_2 浓度对光合作用效率的影响，随着 CO_2 浓度的变化，光合作用效率发生改变。“CO_2 浓度”则是自变量，“光合作用效率”是因变量，光合作用效率随 CO_2 浓度的变化而变化。

另外，光照强度、水分、温度等也影响着光合作用效率，但这些变量不是实验研究的对象，因此是无关变量。

你知道吗

自变量：即实验变量，是研究者要操纵的变量。

因变量：亦即实验结果，因操纵实验变量而发生改变的变量。

无关变量：另外还有一些自变量可能影响因变量而干扰实验结果，这些非实验研究的干扰实验结果的自变量，称为无关变量。

试一试　根据资料描述，回答相关问题

在“对影响酶活性的因素研究”中，若以“温度对酶活性的影响探究”为题，请指该研究中的自变量、因变量和无关变量。

提示：酶活性受温度、PH值、酶浓度和底物浓度影响

2.实验探究的特点是生物科学研究中建立因果关系的最好方法

就建立因果关系而论，实验探究法是优于其他方法的，因为实验研究法一般是纵向的，尽管时间可能很短，但自变量与因变量之间也有个时间的先后问题，它为研究实验因子在整个时期的变化提供机会。此外，在控制无关因素对因变量影响方面，实验法也是最优的。

可以扩大研究范围

实验研究能够得到自然条件下遇不到的或不易遇到的情况，这样可以扩大研究的范围。

你知道吗

如：研究CO_2浓度对光合作用效率的影响的实验。

实验中要设置一系列不同浓度梯度的CO_2浓度，分别检测不同浓度的CO_2对光合作用效率，在自然界中CO_2的浓度是相对稳定的，高浓度和低浓度的的CO_2在实际生产生活中是极少出现的，这样就扩大了研究范围。

可以重复验证

在实验中，通过人为地改变或控制实验条件，可多次获得同一状态下的某些现象，避免因偶然现象得出有偏差实验结论。因此，它比用观察、调查等方法更加确切地研究这一现象。

结果更精确

实验可以准确地、精细地、分别地研究事物的各个组成部分，比较容易地观察某种特定因素的效果，还可以有计划地控制现象和环境，便于精确测量和运用机械方法记录的条件，使研究更为精密。

缺点

实验研究需较多的时间，有时往往受到实验设备，以及其他实验条件的限制，有时对现象和环境控制比较困难，且有的实验还需要有关单位、学校的配合和协助方能进行。

例如，要设置不同的CO_2浓度，需要有精密的CO_2浓度检测仪。设置不同的PH值，需要有精密的电子PH计等。

二、影响实验结果的因素

影响实验结果的因素包括两方面，即内在因素和外在因素。

内在因素就是指实验者所操纵的自变量对因变量所造成的影响的真正程度。实验内在结果高低，取决于对无关变量控制的程度。影响内在结果的无关变量有下列几种情况：

仪器的精密程度

PH传感器与PH试纸的精密度也是天壤之别。

统计的方法运用

（样品量的大小对实验结果有明显影响）用抽样调查法，计算种群中某个基因的基因频率，统计数量为10个和1000个的计算结果差异肯定是很大的。

不同实验组差异大小的选择

如温度梯度的设定，温度梯度之间相隔0.1℃还是1.0℃其实验结果是不同的。

受试者的流失

如检测某种减肥药对小白鼠的减肥效果，原本是两组各5只小白鼠，其中一组因非实验原因死亡，或逃逸引起实验结果的不确定。

选择与成熟的实验对象的交互作用

如研究植物对矿质元素的吸收情况，选择幼嫩的植物还是选择成熟的植物对实验结果的影响是不同的。

外在因素指实验结果的概括性和代表性。换言之，就是指实验结果是否可推论到实验对象以外的其他受试者，或实验情境以外的其他情境。即是否有共性、相通性。如某品牌减肥药对肥胖小白鼠的确有减肥效果，是否对人也有同样的减肥效果呢？

实验安排的反作用效果

如：探究淀粉酶是否能水解淀粉的实验中需要用碘液来鉴定淀粉的存在，那碘液是在加淀粉酶之前加入，还是在之后加入？不同的加入顺序，对实验结果有何影响？

说一说

用双缩尿试剂鉴定蛋白质时，先加硫酸铜再加氢氧化钠，对实验结果有何影响？

多重实验处理的干扰

多种因素都可以影响实验结果，到底哪个变量是直接影响因素呢，多重的实验处理，会使实验结果不明确。

三、实验控制的原则和常用方法

1.实验控制的基本原则

实验控制有一个基本原则，这就是最大最小原则（Maximincon principle）。即自变量产生最大变化，其他干扰变量与误差产生最小的影响，包括三层意思：

控制实验变量：

要使实验变量有序地发生变化，且尽量使前后的变化显出明显的差异，如设置的浓度梯度或温度梯度尽可能地合理，通常有按等差数列或等比数列设置梯度，这样可使实验数据前后有明显差异。

控制无关变量：

要控制自变量之外一切无关变量，使其保持不变或达到最小变化甚至排除在实验之外，务必不至于影响自变量与因变量之间的因果关系。

控制测量工具：

控制测量工具的选择与使用，务必使误差减低到最低限度，如尽量选择同样的、精密度高的设备或仪器，以减少不必要的实验误差。

2.实验控制的常用方法

随机控制法

就是将参与实验的人或物以随机分派的方式，形成实验组与控制组或各个不同的实验组。

从理论上讲，随机法是控制无关变量的最佳方法。在概率的原则下，各组受试者所具备的各种条件机会均等。在实际使用时，随机分派法可分为两个步骤：第一步是用随机的方法将参加实验的人或物进行分组；第二步是再以随机的方法决定哪一组为实验组，哪一组为控制组。

你知道吗

如：探究缺乏钾离子这种矿质元素对植物幼苗的影响。

先选取20株生长情况基本相同的玉米幼苗，随机的分为两组，每组10株。再随机的确定其中一组为实验组，则另一组为对照组。在对照组中加入完全培养液，实验组中加入缺钾离子的培养液。培养一段时间后，观察两组玉米幼苗的生长情况。

试一试　用随机控制法，对下列实验探究进行实验控制。

随着人民生活水平的日益提高，城市里的汽车越来越多，汽车产生的尾气也越来越多，导致空气质量急剧恶化，某实验小组为此以汽车尾气对小白鼠呼吸系统健康的影响为题进行探究，现有小白鼠100只，请用随机控制法对实验进行控制，简要说出控制过程。

排除控制法

排除法是在设计实验时将可能影响结果的变量，预先排除于实验条件之外，使自变量简化、单一化，免受其他变量的影响，最常用措施便是：将各实验组中除实验变量以外的各无关变量控制为相同，如加相同体积的溶液、相同质量的物质、相同的处理时间等，或置于相同环境中培养，或各组在相同环境进行实验。

你知道吗

一项研究发现，某植物根系对某营养物质的吸收，与该物质溶液浓度的关系如图所示。从图中曲线可以看出，在一定浓度范围内，该植物根系对该物质的吸收速率随浓度增加而增加，当达到P点后吸收速率不再增加。有人认为这种现象可表明该植物根系对该物质的吸收方式为主动吸收，也有人认为是被动吸收。请设计一个实验加以确定。

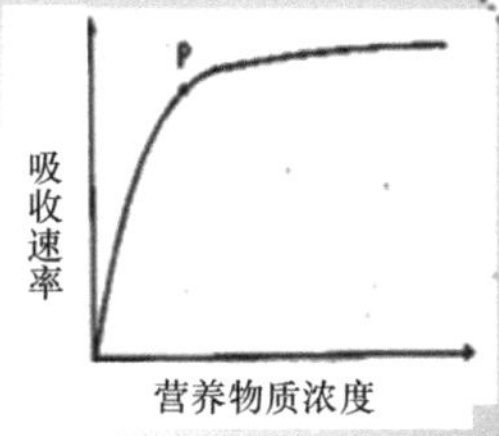

1、取甲、乙2组**生长发育相同的植株**，放入适宜浓度的含有该营养物质的溶液中；2、甲组的根系给正常的呼吸条件，乙组的根系完全抑制呼吸，**其它重要条件相同**；3、一段时间后测定两组植物根系对该物质的吸收速率。

纳入控制法

纳入法是弥补排除法缺点的一种方法。这种方法是把影响将来实验结果的某种（或某些）因素也当作自变量来处理，将其纳入实验设计中，成为“多因子实验”。

你知道吗

褐虾的最适耐受范围受温度、水体中溶氧量和含盐量的影响，在自然条件下的研究是不可以将三者分开进行的，否则失去了研究的应用性，为此将三种自变量全部纳入进行研究，结果如下图描述。（曲线旁的百分比为褐虾死亡率）。

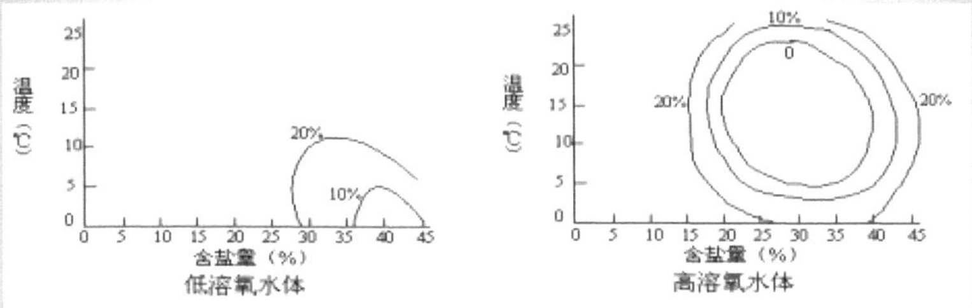

继续探究　请用所学方法对实验进行控制。

某研究性学习小组的同学们准备用右图所示的装置，探究反应物的浓度与酶的催化反应速率有何关系。注射器、密封橡胶帽、大小相同的新鲜马铃薯小圆片（新鲜马铃薯含有过氧化氢酶）、体积分数为5%的过氧化氢溶液、蒸馏水、量筒、烧杯、秒表等（以上材料的数量均足够使用）。

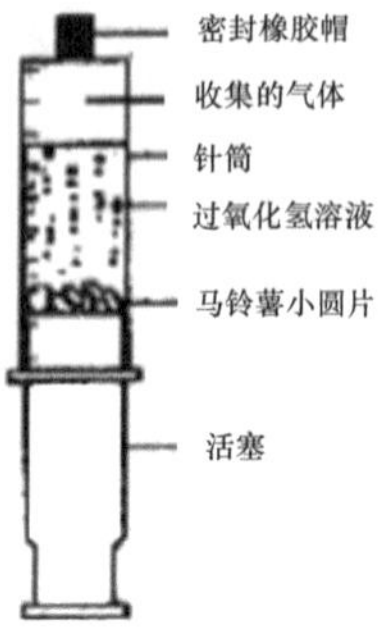

第六节　高中生物课外活动自主学习教材
——科学探究的步骤设计

实验研究能否顺利完成，实验结果是否科学，决定于实验步骤设计是否合理、科学，你知道实验步骤设计要注意哪些问题吗？如何进行实验步骤设计呢？如何评价实验设计的科学与合理呢？本节内容中一一告诉你。

一、实验原理分析与设计

实验原理是实验设计的基础和依据，指导实验设计过程，影响着实验结果能否准确地得出。所以要实验设计时首先要明确本实验研究的原理是什么。

某些化学试剂能够使生物组织中的有关有机化合物，产生特定的颜色反应。糖中的还原糖（如葡萄糖、果糖），与斐林（Fehling）试剂发生作用，可以生成砖红色沉淀。脂肪可以被苏丹Ⅲ染液染成橘黄色（或被苏丹Ⅳ染液染成红色）。蛋白质与双缩脲试剂发生作用，可以产生紫色反应。因此，可以根据与某些化学试剂所产生的颜色反应，鉴定生物组织中糖、脂肪或蛋白质的存在。

图 1、还原糖、蛋白质和脂肪鉴定原理

高等绿色植物的叶绿体存在于细胞质基质中。叶绿体一般是绿色的、扁平的椭球形或球形，可以用高倍显微镜观察它的形态和分布。

活细胞中的细胞质处于不断流动的状态。观察细胞质的流动，可用细胞质基质中的叶绿体的运动作为标志。

图 2、观察细胞质流动实验原理

图1是鉴定还原糖、蛋白质和脂肪的实验原理，表明还原糖可以用斐林试剂检测之，而蛋白质可以用双缩脲试剂检测，一旦某物质能与双缩脲试剂反应呈现紫色，那么该物质就应含有特定的结构。

图2是观察细胞质流动实验原理，细胞质本是无色透明的液态物质，在显微镜下是不可能观察到它的流动，而叶绿体存在于细胞质中的一种有色结构，在细胞质流动过程中会细胞质的作用而运动，所以可以以叶绿体的运动情况来反应细胞质流动情况。

根据资料描述，阐述实验原理

现有蔗糖溶液、淀粉溶液、蔗糖酶、斐林试剂等物质，拟探究蔗糖酶的特异性，请写出该探究实验的实验原理。

提示：斐林试剂可与还原性糖反应产生砖红色沉淀，蔗糖和淀粉均无还原性，蔗糖是二糖，由一分子葡萄糖和一分子果糖化合产生，淀粉是可以分解为麦芽糖，也具有还原性。

二、准确认定实验变量，严格控制无关变量

实验设计中，实验变量的确定非常重要，实验变量应该说是实验研究过程中的要素，所有操作过程都围绕实验变量进行，所以要准确认定实验变量。

如“探究不同色光对植物叶绿素形成的影响”中，实验的自变量是不同色光，因变量是叶绿素形成与否，以及叶绿素形成的多少，无关变量则应有温度、水、矿质营养等。

不同形态氮素供应对水稻幼苗生长的影响

氮　源	$(NH_4)_2SO_4$	$NaNO_3$
干重增加量（g）	0.31	0.13
土壤溶液原始 pH	5.2	5.2
土壤溶液最终 pH	3.0	6.0

有时实验探究过程中的自变量或因变量不是一种，此时一定要分析出是什么随什么变化而变化，因为变化而变化的变量叫因变量。

如上图中“探究不同形态氮素供应对水稻幼苗生长的影响”实验中，实验的自变量为“不同形态氮素”，因变量则有两个，一个是水稻幼苗的生长情况，以干重的改变为衡定指标，另一个是土壤的酸碱变化，以PH的改变为衡定指标。

确定了实验的自变量与因变量，然后就应对无关变量或非研究变量应进行控制。对变量的控制所要遵循的原则是对照原则，即控制所有无关变量不变，而只改变自变量，观察其对因变量的影响。控制无关变量常用方法是：将对照组和实验组均采用同种生物、生长情况相同或相似，置于相同的时间和环境中，或施用相同药品或试剂等，这是决定实验结果是否真实可靠的重要而关键的一步，是生物实验设计的灵魂。

根据资料描述，阐述实验原理

生物兴趣小组为探究雄激素与动物性行为的关系，用尚未发育成熟的仔公鸡一批、雄激素试剂、解剖器械为材料，进行实验，公鸡的性行为可以用啼鸣、鸡不发育和求偶行为进行表述，请根据上述内容所述，说出本实验的自变量、因变量和无关变量分量是什么？并说出控制无关变量的方法。

三、实验设计步骤

实验设计是一种科学方法与原理综合应用，在设计过程中要有科学而合理的实验步骤，以确保实验的成功。

第一步：前测与分组，首先是前测，以确保实验开始时实验组和对照组各种生理状态均相同，以控制无关变量，然后随机地均等分出实验组和对照组，并标明各组类型。

第二步：实验实施，即在实验组中改变自变量，而对照组往往不做任何改变，或加入等量地已研究表明对实验结果无任何影响的试剂，通常加入蒸馏水。

第三步：控制无关变量，这是形成单因子变量过程中尤其重要的一步，一般是将对照组和实验组进行相同的处理，以控制无关变量。

第四步：实验后测和记录实验结果，这是研究过程中最后一步，也是重要的一步，后测结果准确与否和结果的真实情况，完全影响实验结论的形成。所以要准确地测定，并真实地记录实验结果。

你知道吗

下列是新鲜艾叶对细菌繁衍的影响实验探究设计

（1）将新鲜艾叶用75%的酒精进行消毒。用天平分别称取来50g、100g、150g艾叶备用；

（2）取腐烂荔枝的汁一滴，加蒸馏水配置成100ml细菌液，取四只培养皿，标号为A、B、C、D，加上培养基并分别接种2ml的细菌液；

（4）在A、B、C箱内分别加入50g、100g、150g的新鲜艾叶，D箱不做任何处理；

（5）将四个箱放置于相同的环境中培养；

（6）每天定时观察菌落的数量情况，并记录结果。

你知道吗

根据资料描述，阐述实验原理

生物兴趣小组为探究雄激素与动物性行为的关系，用尚未发育成熟的仔公鸡一批、雄激素试剂、解剖器械为材料，进行实验，公鸡的性行为可以用啼鸣、鸡不发育和求偶行为进行表述，请根据上述内容所述，设计出本实验的实验步骤，并清楚阐述每一步的作用。

四、对照实验的设计类型

空白对照：

即在对照组中不加实验因子，例如研究不同色光对植物叶绿素形成的影响。

对A、B、C、D、E、F、G组分别施以红、橙、黄、绿、蓝、靛、紫七种色光，H组进行黑暗处理。

H组的作用即为空白对照。

条件对照

即为实验条件或自变量自身变化产生的对照。

例如验证不同色质的光对光合作用的影响：对条件完全相同的植株用红光、绿光、白光进行照射；又如验证温度对酶活性的影响：在其他条件完全相同的情况下，把A、B、C三试管分别置于0℃、37℃、100℃进行实验。

剂量对照

如验证二氧化碳浓度对光合作用的影响，在其他条件不变的情况下，可以通过改变二氧化碳浓度的方法进行对照。

顺序对照

又可以称为前后对照或位置对照。

如验证生长素对植物生长的影响：生长素的极性运输，由生理学的植物胚芽鞘的上端运输到下端，那么对照实验就应该是把植物体的上下端倒置过来。

又如研究植物细胞质壁分离及其复原实验。

先镜检洋葱鳞片细胞质壁情况，加入30%蔗糖液一段时间后再镜检洋葱鳞片细胞质壁情况，加入清水处理后，又镜检洋葱鳞片细胞质壁情况。

五、几组典型实验设计方案

单组实验设计：

如：阿苯达唑溶液对蛔虫的杀灭实验

（1）把一片含阿苯达唑200mg的蛔虫药加蒸馏水配置成500ml的阿苯达唑溶液，（假设此时溶液浓度为A）；

（2）将上述所配置的溶液进行稀释，分别配置成0.2A、0.4A、0.6A、0.8A、1A的五种浓度的溶液各100ml备用；

（3）取六烧杯，分别标号为A、B、C、D、E和F，在每支烧杯中分别加入20ml培养液和10条生长情况相似的蛔虫；

（4）在A、B、C、D、E五只烧杯中分别加入20ml的浓度分别为0.2A、0.4A、0.6A、0.8A和1A，在F烧杯中加入20ml蒸馏水；

（5）将六烧杯放置于相同的环境中培养一段时间；

（6）每隔一段时间观察蛔虫死亡数量，并记录结果。

循环实验或轮组实验设计

如“低压直流电与温度对银杏种子萌发的实验探究”

1.同一电压不同作用时间对银杏种子萌发率的影响

（1）如上述实验步骤一和步骤二进行实验操作和接线；

（2）选择上述实验中萌发率最高的直流电源通电，并控制通电时间，1、2、3、4号杯的通电时间分别控制为0、1、2、3小时。

（3）将四烧杯放置于相同的环境中对银杏种子进行培养；

（4）定时观察种子的萌发情况，并记录结果。

2.不同温度对银杏种子萌发的影响

（1）另选取四个烧杯，分别标号为甲、乙、丙、丁，并分别加入20ml完全培养液；

（2）在四个烧杯中分别加入10粒健康的银杏种下；

（3）设置四个恒温箱，保持每个恒温箱的温度分别为15℃、20℃、25℃、30℃。

（4）控制银杏种子的其他环境因子相同；

（5）每两天定时观察种子萌发情况，并记录结果。

3.某一电压下不同作用时间与温度对种子萌发的影响

（1）从上述实验中选出银杏种下萌发率最好的电压；

（2）取5只烧杯，并标号为a、b、c、d、e，每个烧杯中种子的数量与放置与上述实验相同，温度和作用时间的设定按下表进行。

	a	b	c	d	e
作用时间（h）	5	4	3	2	1
温　度（℃）	30	25	20	15	10

（3）控制其他环境因子保持相同；

（4）定时观察银杏种子萌发情况，计算萌发率。

六、实验评价

在研究性学习过程中不仅要学会如何设计实验，还要学会如何评价实验设计是否合理，是否科学，通常评价的内容包括这样几方面：

看有无对照实验，如果有看对照设计是否合理。

看实验是否遵循了单一变量原则。

看实验步骤的顺序是否合理，步骤是否完整。

看实验仪器、药剂的使用的是否合理，药剂的配备、使用及用量的大小。

实验结果的验证是否合理。

继续探究

1.某课题小组的研究性学习课题是“探究影响细菌生长繁殖的因素”，他们在培养细菌的过程中，发现了某种细菌（R）的周围其他细菌的生长繁殖受到抑制。他们把R细菌接种到专门的培养基上进行培养，一段时间后，他们除去R细菌，用该培养基再培养其他细菌，结果其他细菌仍然不能在这个培养基上生长和繁殖。于是该同学就假设了“造成R细菌的周围其他细菌不能生长和繁殖的最可能的原因是：R细菌产生了不利于其他细菌生存的物质”。

问题：参照上述题目中所给出的有关材料，请设计一个实验对该同学的假设进行验证。

2.某同学进行了温度对酶活性影响的研究，设计了如下实验：

（1）取三支试管，分别加入质量分数为3%的可溶性淀粉溶液。

（2）将试管分别放入25℃、60℃的水中和冰块中，在三支试管中分别中入质量分数为2%的淀粉酶溶液，两支试管中的pH＝6.8，第三支试管中的pH＝4，摇匀后维持各自温度5分钟。

（3）在三支试管中各滴一滴碘液，并摇匀。

（4）观察并记录：（略）

结论：温度过高或过低都影响酶的活性。

请回答：

（1）该实验能否得出上述实验结论?

（2）指出步骤中不正确之处，并在此基础上加以纠正或补充相应的内容。

第七节　高中生物课外活动自主学习教材
——科学探究的结果分析

结果是整个论文的关键，是研究者和广大读者关心的焦点，它是结论的依据，能导出推理，引出讨论和建议。也是评价该课题的价值和水平极为重要的根据。

一、结果的内容

结果的内容应包括可靠的观察和分析的结果；测得的、经统计学处理的数据，导出的公式，取得图像和效果差异的显示比较。结果部分的写作，要处理好：①（原始）数据；②统计图表；③插图；④照片；⑤文字写作。

1.数据

要如实地、具体准确地写明经审核后用统计学处理过的实验观察数据资料，而不要把原始数据全部端出来。

未经统计学处理的实验观察记录数字，叫做原始数据。统计学处理主要就是使原始数据从难以理解变成易于理解，并从原始数据的偶然性中揭示出隐藏在其中的某种必然规律。处理时，首先要通过分组将原始数据重新排列，制作频数表，然后算出均数或百分率以获得包含在原始数据中的信息；其次是用文字或统计图表将它们表示出来（其中均数或百分率间差异的意义要用显著性测验所得的数值来判定，各变量间的相互关系用相关的回归系数来表示）。

2.统计表

统计表是简明的、规范化的科学语言，比文字表达更简洁明了、易于比较、便于记忆。表可使大量的数据系统化具有明显揭示结果的作用。表是为了帮助表达研究结果的内容，但很占篇幅，故凡能用少量文字说明问题的，最好不用或少用表。

统计表的制作要注意简明扼要（内容太多时不要堆在一个表中，应分几个表来表示），应附有标题。表的标目排列要合理，表内各小格中不应附有单位名称（如%、例、只、毫克等等），如需要附单位名称，则应集中写在标目的小格中，表的左上角不用斜线，左右两边的纵线可省去。表内数字必须与正文中相符。表的内容以数字为主，文字从简。可用非标准的缩略词，但须在表下注明。备注项可用符号“*、△”等表示；P值用“***”标示。说明性资料应置于表注而不放在标目里。

设计统计表时要特别注意以下各点：

（1）内容简明：不要企图在一个表内包罗万象。内容众多的表可分成若干个小表。

（2）标题明确：应包括何事、何时、何地。

（3）统计指标的单位一律附于标目之后，在表体方格内不要再写上单位，只写阿拉伯数字。较复杂的单位也可在脚注中加以说明。

（4）表内尽量少用线条以资醒目，并方便打字排版。最基本的线条是三条横线，第一条将标题目与纵标目隔开，第二条将纵标目与横标目和表体隔开，第三条封闭（结束）表格，并与脚注隔开。为了方便排版并使表格简洁美观，表头左侧（表的左上角）有时可留空而不再使用旧时常用的斜线。

（5）表内尽量少用文字说明，非说明不可时可在该处右上角加星号，然后在表格底下加脚注。

（6）统计表不太适合表示相互关系，相互关系最好用曲线图来表示。

（7）统计图表一律要编号并安插在文字叙述的附近。千万不要离得太远，否则易使表与文字说明脱节，影响论文的完整性。

（8）统计表必须严格精选，以节省篇幅。

3.插图或图

插图是一种形象而直观地表达研究结果的一种有效方式，能显示变化的特殊性、规律性，易于对比分析。一些变化趋势明显的数据，可用曲线图表达，能收到图文并茂的效果。常用的图有线图、柱图（条图）、点图、坐标图、描记图及照片等。绘图要求主题明确、突出重点、线条美观、黑白分明、影像清晰。纵、横坐标宜画细线，图中线条应稍粗些。坐标刻度宜稀不宜密，其刻度要朝内。纵、横坐标内不要留过多的空白，图例尽量排在图内。插图说明应书写或打字在图下面开始文字叙述处或在另页纸上，插图说明前应注明相同的图序号。

4.图片

照片也是一种插图。它有比图更形象、客观地表达研究结果的作用。照片是读者最感兴趣、最能直观地理解研究结果的方式，因此，必须认真处理好。照片是实验效果的客观记录，照片要求清晰、层次分明。人体的照片，要得到患者的同意或隐去其面部。不易看懂的照片，可画上箭头标志或附简单线条图说明。标本照片应在图内放置标尺度。显微镜照片需注明放大倍数和染色方法。记录图片，保持线条清晰，因而清洁。照片背面注明图序号、上下左右位置、染色方法、放大比例。

5.文字写作

写作这部分常见的弊病是，用庞杂的原始数据代替整理加工过的数据；或过于简单；与“材料与方法”的内容对不上号，没有互相呼应，或呼应不具体客观；用“多见”“少见”等不确切的措辞代替具体科学数字。

对论文“结果”部分提出如下要求：要以文字、表和插图以逻辑顺序表达所得的结果。在文中不要在表或插图中重复全部数据，着重总结重要的观察内容。

表：每一统计表以两档空格打在单独的纸上。文内统计表要以在文中出现先后连续编上序号，每一表有简明的标题和简短的标目。说明词不要放在标目中，而应放在脚注中。在脚注中对标目中的非标准的缩略词应加以说明。要有统计学的变异分析，如均数的标准差和标准误。采用文献已出版或未出版的数据应取得允许并给予致谢。

计量单位的规定均用国际计量单位系统的十进位系统术语。关于缩写和符号，要采用标准缩写。在论文标题和文摘中不得用缩写。如果不是标准计量单位，在文中首先使用时，应将缩写的全称术语列出。

第八节 高中生物课外活动自主学习教材
——科学探究的调查方法

6.8.1 调查研究法的特点：

调查研究法是研究者为了深入了解实际情况，借助已经存在问题，探索事物发生规律而采取的有计划的、有系统的研究方法。

它的基本特征是：

首先，它的研究对象一般是事物或事实现状，目的主要是了解现实问题，描述“现实事件”；

其次，它可以在自然状态中收集资料，而不必像实验研究那样控制实验对象以及其他变量；

第三，一般来说，它是一种间接的研究方法，它不像观察法那样直接用感官去估计现象。

6.8.1.1调查研究法的优点：

调查研究法具有如下优点：

第一，它为研究者解决研究课题提供第一手材料和数据；

第二，它是从实际出发，立足于解决现实问题的，它为制定计划和规划提供事实根据；

第三，通过调查研究，不但可以了解现实问题，验证假设，解决既定问题，而且可以发现新情况、新问题，从而提出新见解、新理论；

第四，调查的方法特别适用于描述一个大概、总体的性质。

6.8.1.2调查研究法的缺点：

调查研究法的缺点也明显，它的缺点主要有：

第一，需要花费较多的人力物力和时间；

第二，调查的结果对于证明某种因果关系也有较大的局限性；

第三，调查像实验一样具有某种程度的人为性质，因而准确性较低。

6.8.2 调查研究的类型

6.8.2.1根据调查目的分类

根据调查的目的，可将调查研究分为现状调查、区别调查和发展调查。

（1）现状调查

就是研究某类个体或某种现象目前的基本特征，其目的是了解该事物的一般情况，或寻找一般数据。

例如，目前中小学生早餐营养情况的调查；高中生身高的调查；一次性餐具使用情况的调查等。

（2）区别调查

就是比较研究两种现象之间有无联系和联系是否密切，它又可以分一般比较调查、因果关系比较调查和相关调查。一般比较调查旨在比较两个群体、地区或两个时期的发展情况。

例如：甲地区与乙地区生态环境质量的调查；80年代与90年代深圳市生态

保护的调查等。

因果关系比较调查，是指通过对两类不同个体或现象的调查，了解他们之间存在的不同特点，从而寻找造成他们之间不同特点的可能原因。

（3）相关调查

这是研究两种特征之间的关系是否密切的调查，例如：个人的洗手频率与患感冒病频率的关系是否密切；节食与健康的调查等。

（4）发展调查

是探讨由时间的经过而发生变化的调查，例如：深圳市红树林破坏的调查。

6.8.2.2根据调查对象分类

根据调查对象，可以将调查分为全面调查和非全面调查。因全面调查在实施过程中有一定难度，下面主要介绍非全面调查。

（1）抽样调查：它是从总体的全部单位（个体）中，用科学的取样法制取一部分单位进行调查，并根据调查结果来推断或说明总体。它有两个基本特征：第一，以样本代表总体。调查实施的手段是抽查，是从调查对象总体的全部中抽选一部分有代表性的对象作为样本进行调查，并以部分调查结果推论全体的情形；第二，研究所需资料直接由样本取得，在抽样前，对总体的各种特征应有全面的了解，而且控制其中无关要紧的特征或因素，然后实施抽样。

（2）重点调查：它是从调查对象总体中选出一部分重点单位进行调查，借以了解总体的基本情况。这里所说的“重点”是指在总体中占很大比重，或者对总体的发展起着重大作用的单位。重点调查是抽样调查的补充，二者可以结合使用。在抽样调查之前，为了大致了解被调查单位的一般情况，可以进行重点调查；在抽样之后，为了深入了解某一单位的情况也可以进行重点调查。

（3）典型调查：它是从总体中选择一部分具有代表性的单位进行深入细致的调查。选典型的方法，可先将被调查总体分类，然后就每一类中选取具有代表性的足够数量的典型单位，也可根据研究目的任务选取几个不同典型进行研究。

（4）个别调查：它是对个别人或个别事件的调查。

6.8.2.3根据调查范围分类

根据研究的范畴，可分为综合调查和专题调查。

（1）综合调查：是指从多个方面研究的问题，研究变量相对较多的调查。如：深圳市环境污染综合调查等。

（2）专题调查：是指研究某个方面的问题，研究变量较少的调查。例如，中学生身高状况的调查；转基因食品的调查等。

6.8.3调查研究的方法

有各种各样的调查方法，较常用的是：查阅有关资料、访问、发问卷、填调查表和开调查会。

（1）查阅有关资料

它的特点是通过已有的方案记载材料去间接了解研究对象既已发生过的事件或固定的基本情况。查阅的材料一般包括：档案、文件、经验总结、汇报资料、统计数字等。

查阅资料可以了解到很多情况，查阅书面资料是某些问题研究的主要手段。但在大多数情况下，它是作为综合方法的一个组成部分，或作为一个补充方法被应用。例如，它可以用来补充实地观察不足，可以给访问提供参考和对照材料。几乎所有的调查研究中，查阅书面资料都占有一定的地位。

第一，有目的有计划地进行。应事先根据调查目的和任务，认真考虑应当搜集哪些材料，如何去搜集、如何去利用等，而且要做出搜集资料的具体计划和步骤。

第二，注意第一手和第二手材料的收集。第一手材料未经过加工整理的材料，原始材料比较真实地反映事实的原貌；加工整理过的材料是第二手材料。

第三，注意基本资料的查阅和数据的收集。例如，档案材料一般都有比较齐全的基本情况的记载，要认真查阅，特别是一些重要数据应全面地收集。

第四，注意选取典型材料。

第五，分析材料的真伪。

（2）发问卷和调查表：

发问卷和调查表是调查者用书面或通信工具收集资料的一种手段。

①发问卷：在调查研究中，发问卷是最常用的一种收集资料的方法。比起实地观察、访问、开调查会，这种方法简便易行，节省时间，所收集的材料也比较容易整理和统计。有时，用无记名形式问卷可以获得访问或开调查会所不容易获得的某种有价值的资料。最显著的缺点，是发出的问卷常常无法全部收回。

要提高调查问卷的信度和效度，关键的环节是问卷的编制。

②调查表：调查表是调查研究中用以对调查对象进行调查登记，并设计调查项目的表格。

（3）编制调查表要注意如下几个问题：

第一：表的标题内容要明确，使人一目了然；

第二：表的项目须包括所有调查项目，不要多设，也不要少设；

第三：表中的项目应尽可能按一定的逻辑顺序，有系统地排列，并使每一项目都有足够填写答案的空白；

第四：表尾应注明调查单位，并留有书写调查员及填表者姓名和填表日期的空档；

第五：调查表应附有“填表说明”，说明调查目的和填表要求。

案例示例：

后“新冠”时期对新冠病毒的再认识情况调查

尊敬的先生/女士：

你好，经历了三年的“新冠”肆虐，让人们谈新冠色变，但它终于要过去了，为了了解“新冠”留给我们的启示或教训进行此次调查，以资为卫生部门做决策时提供参考。此次调查不需填写真实名，你只需要在“□”中画“√”，如要填写其他内容请写在调查表下边的横线上，谢谢你诚实地回答我们的问题。

1.据你目前所知，“新冠”的病原体是：

□细菌　□病毒　□衣原体　□支原体

2.目前还未有特效药，你认为原因是：

□科研水平差　□病原体还不清楚　□病原体变种快

3.在你印象中“新冠”的传播途径是：

□食物　□空气　□接触　□输血

4.你洗手的习惯是：

□记得就洗　□用水冲洗

□用肥皂　□用消毒液洗手并洗出小泡沫为止

5.有研究认为“新冠”与环境有关，因此深圳市制定了乱扔垃圾的处罚条例，据你观察条例公布后乱扔垃圾的行为得到了改善吗？

□与公布前没什么改变　□有些改变　□好多了　□没留意

6.你对有关“新冠”的了解主要来自：

□电视　□网络　□报刊　□其他

7.如果再次面对大规模传染病流行时来，在心态上你将：

□仍然很怕　□虽有些怕，但还能承受

□能平静对待　□如果更猛就很怕，如较弱就无所谓了

8.请问你从事职业是：

□老师　□学生　□医生　□职员　□服务员

你对这次“新冠”爆发还有什么意见要反映？

____

____

最后再次真诚地感谢你接受我们的调查。

调查人：福田中学

调查时间：______________________

调查地点：______________________

6.8.4 问卷设计

6.8.4.1问卷设计的原则

①如何保证问卷能够获得研究问题和假设真正需要的资料，即问卷的效度问题。

②怎样才能使问卷比较顺利地获得所必需的资料并使资料真实可靠，即问卷的信度问题。

③如何使获得的资料易于整理和统计。

基于上述思考，问卷设计必须遵循下列原则：

1.问卷中的所有问题都应和研究的目的相符合。

一项研究课题，有一个总的研究目的，问卷的设计过程就是将研究的总目的逐步具体化的过程。研究者在设计问卷时，脑子里必须建立一个“目标体系”，使问卷中的所有大小问题，都纳入“目标体系”结构中，令研究课题所需要探讨的每一具体问题，在问卷中都有所反映。

如果问卷遗漏某一个研究需要测量的问题，结果就会缺乏研究需要的某方面资料，影响研究的进行。但是，如果是“目标体系”结构之外的问题（即与研究课题无关的问题），就不应在问卷中提出，不要贪多而乱出题目。不然，不但浪费时间，而且也会影响资料的整理和统计。要做到这一点，设计者必须明确与研究目的和假设有关的变量，以及用来测量每个变量的具体指标。

例如，假定我们提出“后新冠时期对新冠病毒的再认识情况调查”，这一假设，就必须有关新冠病毒传播的方方面面和人们的认识结合起来，包括病因、一般传染源、传播途径、易感人群、新冠后人们的卫生习惯变化、对传染病的再认识等指标，这些指标中哪些指标更好一些，以及用几个指标测量为宜等等。然后围绕着这些问题进行问卷的题目设计。

2.整份问卷能显示一个重要的主题，使填答者认为重要而愿意合作。因此，在问卷中要清楚地说明问卷的重要性。

3.整份答卷要尽可能简短，其长度只要足以获得重要的资料即可。如果问卷太长，花时间太多，回答者有可能不愿意或不认真回答。

4.问卷中的问题表述要清楚，简明扼要，易于回答；要客观，没有引导所期望反应的暗示。

5.问卷中的问题不要涉及社会禁忌和个人隐私或恩怨，一般情况下不要提问敏感性问题。

6.问卷中的问题不要超出回答者的知识和能力范围。

7.问卷中的问题所收集的资料要易于列表说明和解释。

8.问卷中的问题排列要恰当。

6.8.4.2问卷设计的程序

设计一份良好的问卷，不但要懂得问卷设计的原则，而且要懂得设计的过程。问卷设计一般要经过下列程序。

1.确定所要收集的资料

在编制问卷之前，必须根据研究目的，详细地列举问卷所要收集的资料。问卷的编制就要以所列举的项目为根据，分别给每一项目拟定几个题目，加以测量。根据问卷设计的原则，问卷题目必须与研究目的相符合，所获得的资料不多也不少为最好。把一个题目放进问卷表之前，应先确定将来如何使用（或如何统计）这些资料。如果不能预先确定，就不要出现那个题目。

2.确定问卷的形式

不同形式的问卷，有其各自不同的特点和功能。要确定采用什么样的问卷形式，一般应从下面几个方面去综合考虑：

①问卷实施的方式。如果采用个别访问的实施方式，则以开放式的问卷

为佳；若采取邮寄或直接分派问卷的方式，则以封闭式问卷为宜。

②研究问题的性质。问卷的形式也取决于研究目的需要和研究问题的特点。有的研究问题只需要做一般性的了解，不需要或不可能做深入了解的，则用封闭式。有的问题需要进一步深入了解并有可能深入了解，就用开放式。

③问卷回答者的特点。回答的对象不同，问卷的形式也要有所区别。

例如，对于教育程度较低的回答者，用封闭式中的是否式、类别式题目为宜，对于幼儿则应以图画式的问卷为宜，对于文化水平较高的回答者，则可以用开放式问卷。

④将来资料分析和解释的方式。研究者在确定问卷形式时，必须同时考虑将来资料的分析方法。如果要进行量化统计，应采用封闭式问卷。特别是线段式、表格式的问卷，更容易统计。如果要对资料做比较深入的定性分析，则以开放式问卷为佳。

3.撰拟问卷的标题和指导语

标题是回答者首先看到的部分，其设计的一般要求是：标题要与研究目的相符，不要引起回答者不良的心理刺激。

指导语是问卷中的第二部分，指导语一般包括几个方面：称谓、研究目的、该项研究与被研究者自身利益关系、回答问题的要求、对有关问题的解释等等。

最后说明联系人、联系地址、电话号码等。

设计指导语的一般原则是：

①说明这项研究的意义。

②语言要诚挚、恳切、热情，使被问者读来亲切，消除戒备和抵制心。

6.8.4.3撰拟问卷的题目

在问卷的标题和指导语写好后，接着就是根据所要测量的变量，撰拟实际上要测量的每一个变量的题目。有些变量可能用几个题目去测量，而有些可能只用一两个题目就够了。一般说来，问卷的题目大致有以下三方面内容：

①有关行动方面的题目。

这类内容的题目，目的是了解过去或现在的实际行为。如：做了哪些事，去过什么地方，现在正在做什么等等。下面是这方面题目的例子：

1）上周班里的学习经验交流会，你有没有参加？

□有　　　　□没有

2）上高中以来，你每天早上起床后，经常锻炼身体吗？

□很经常　　□经常　　□不经常　　□很不经常

②有关态度方面的题目。

这类内容的题目包括两个方面：一是有关意见方面的，如：意见、信仰、情感、动机等；一是有关价值或人格方面的，如：道德观念、上进心、自尊心等。意见与态度有时很难区别，一般说来，“意见”属于表面和暂时性的看法；“态度”属于比较深刻而持久的认识。设计意见方面的题目的目的是了解回答者对某些事物或行为的评判，而不是行为或事件本身。

例如：

（1）本校的教学设备，你满意不满意？

□　很满意　　□　满意　　□　不满意　　□　很不满意

（2）你感到社会对你的工作是否重视？

□　很重视　　□　尚重视　□　不重视

有关意见方面的题目，基本上是可以逐题单独分析以观察结果的。另一类的态度问题，是所谓态度量表。任何一种态度，很难用一两个题目就可以覆盖，须用四五题，甚至七八题才能确定。测量某一种态度（如某一道德观念），可用一组题目去施测。

③有关个人静态资料方面的题目。

这方面内容的题目，目的是了解各个回答者的个人基本情况。这些情况均属“静态”存在的事实。如：性别、年龄、住址、文化程度、家庭人数、家庭设备等。这部分题目很容易编制，也容易回答。这部分题目可放在问卷前面，也可放在问卷的后面。这部分题目所获得的资料，有利于使研究者弄清楚男女不同性别在行为或态度上的差异，以及被研究者的某方面的行为和态度在职业上有没有显著的差异，在教育程度上有没有显著的差异，等等。

上述三个方面内容的题目，有时可同时在一个问卷中出现，有时也可能出现其中的一两个方面，这要根据研究目的的需要而确定。但无论如何，在撰拟题目时，某方面内容的题目，其目的要测量什么变量，这一点，研究者必须心中有数。

题目安排的顺序遵循下列原则：

（1）时间顺序。遵循时间上的先后顺序，由近及远，并坚持连贯性原则。

（2）内容顺序。容易回答的，人们感兴趣的问题放在前面，不容易回答的或生疏的问题放在后面，坚持由浅到深，由易到难的原则。

（3）类别顺序。这里的类别是指问题的类别（静态资料、行为、态度）。一般的顺序为：静态资料项目，行为项目，态度项目。此外，开放性问题最好安排在问卷的后面。因为回答开放性问题要花较多时间。

6.8.4.4修改和预试

问卷的题目撰拟完毕后，还不能立即正式使用，因为这些问题是凭研究者个人主观的判断所撰写的，是否适合调查对象还值得怀疑。

因此，在正式使用之前，必须做好两方面的工作：

一方面是认真修改，最好是请编制问卷有经验的专家或对这一研究问题有充分认识的人员提供批评意见，作为修改问卷的参考。

另一方面是预试。目的是了解问卷需要如何修改以及问卷的可行性。通过预试，发现新问题，从而进行补充和修改。预试对象的特征要和正式使用问卷的对象的特征接近。可采用个别访问的方式，或集中一起当面实施的方式。预试之后，要及时对问卷的题目逐条加以检查，好的保留，不好的淘汰。需要修改的及时修改，需要补充的及时补充。

6.8.4.5编辑和考验

上述几个步骤完成后，最后是问卷的编辑和问卷性能的考验问题。一份完整的问卷常常包括：研究目的、指导语、实施说明、个人基本资料、问卷题目等部分。研究目的和指导语可合起来作为一个部分，放在问卷的开头。实施说明可放在指导语之后，要具体明确。至于个人基本资料和问卷题目的编排，前面已谈到，不赘述。问卷性能的考验，主要是检验问卷的信度和效度。信度和效度的检验方法。

6.8.5调查研究的一般步骤

1.调查前的准备工作

①确定调查课题

确定调查课题要遵循的原则：目的性原则、价值性原则和量力性原则。目的性原则要求每次调查要达到什么目的，回答什么问题，探求什么变量，事前都要有明确的规定，所要研究的变量，最好采用操作性定义，以便于设计测量的问卷。价值性原则主要考虑调查课题的科学价值和实际意义；量力性原则是指调查课题和调查范围的大小，要视参加调查的人力物力条件而定。

②选取调查对象

不同的调查课题和目的，要用不同的方法去选取调查对象。有的调查课题有很多调查对象，这时就需要用抽样的方法选取调查对象。

③起草调查提纲

调查提纲就是要调查的项目内容，是调查报告的梗概。草拟调查提纲以后，还要根据调查提纲的要求，设计必要的调查表、问卷、测验题目等。

④制订调查计划

调查计划包括下列内容：调查课题，调查的目的和任务，调查对象及范围；调查地点及时间；调查的方式方法；调查步骤及日程安排；调查的组织领导及人员分工；调查报告完成的日期。

⑤开展调查并搜集资料

一类是书面资料，一类是来自调查对象的口述资料以及由调查者观察所得的现象的等。搜集资料要力求全面、系统，注意资料的典型性、客观性性和真实性。

⑥整理资料

叙述性的材料：应用明白流畅的方案加以整理；数量的材料：则要用统计法、图表法等加以整理。

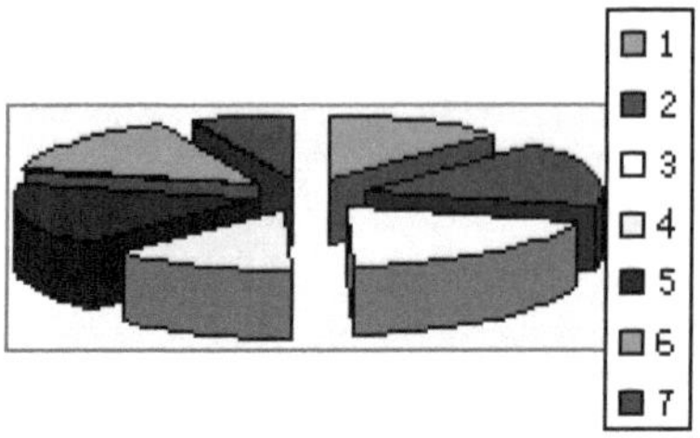

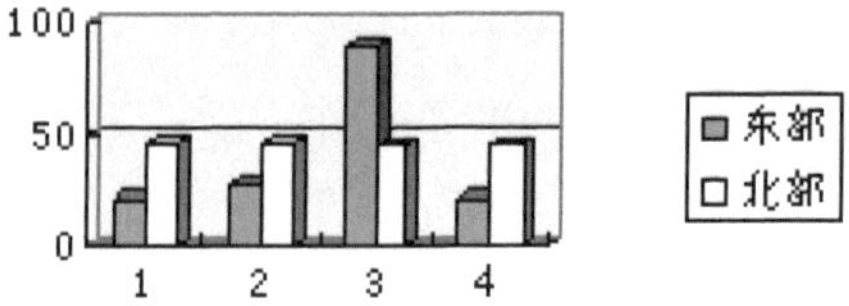

⑦撰写调查报告

对于所调查的事实，应当加以分析和讨论，在此基础上，做出结论，然后提出建议。结论要准确，建议要有可行性。

第九节　高中生物课外活动自主学习教材
——科学探究的结题报告

经过了这一次生物学研究性学习，我们都经历了选择研究题目，制定研究计划、实施研究过程、研究过程的调整、研究结果的观察和处理等，在这一系列过程中，有了对研究性学习开展的更多体会，更多思考，现在就让我们一起来分享大家在研究性学习开展的成果吧。

6.9.1 结题报告的内容要求

结题报告，是研究性学习过程中最后一环，也是重要的一步，结题报告的质量直接影响研究成果的推广，那么在结题报告中要向听众或评委讲述那些内容呢？

研究题目

研究小组和辅导老师简介

研究内容背景资料介绍（包括研究对象简介，该研究内容目前专家们研究的程度怎样等）

本小组采用的研究方法，与已有的研究方法有何区别和创新性

实验材料

研究步骤简介（重点讲述其中一个研究实验，是否体现了研究的科学性、对照原则、可重复性等）

重点介绍研究结果（以表格、曲线或直方图表述）

研究结论

研究中的不足之处等

6.9.2 结题报告中数据显现的几种常见方法

无论是探究性实验，还是调查研究，要反映客观事物的变化规律和现象描述，一般要对所观察或所测量的数量进行处理，以便直观地反映变化规律，下面介绍几种常见的数据处理方法。

1.表格处理法

统计表是简明的、规范化的科学语言，比文字表达更简洁明了、易于比较、便于记忆。表格的构成应用包括这样几部分：标题、表格内容和表后说明部分。如下列的表格：

表 6–1：2016 年上学期福田中学高一、高二和高三学生平均身高

	高一	高二	高三
身高（cm）	157	164	167

从上述表格示例中，我们要注意这样几点：

内容简明：不要企图在一个表内包罗万象。内容众多的表可分成若干个小表。

标题明确：应包括何事、何时、何地。

统计指标的单位一律附于标目之后，在表体方格内不要再写上单位，只写阿拉伯数字。

表内尽量少用线条以资醒目，并方便打字排版。最基本的线条是三条横线，第一条将标题目与纵标目隔开，第二条将纵标目与横标目和表体隔开，第三条封闭（结束）表格，并与脚注隔开。

表内尽量少用文字说明，非说明不可时可在该处右上角加星号，然后在表格底下加脚注。

2.插图处理法：

插图是一种形象而直观的方式表达研究结果的一种有效方式，能显示变化的特殊性、规律性，易于对比分析。一些变化趋势明显的数据，可用曲线图表达，能收到图文并茂的效果。

不同浓度 2，4—D 涂抹子房所得无籽番茄果实平均重量表

2，4—D 浓度（mg / L）	0	5	10	15	20	25	30	35
无籽番茄平均重量（g / 个）	0	13.5	26.2	46.5	53.6	53.7	43.0	30.2

如转换为曲线表示为：

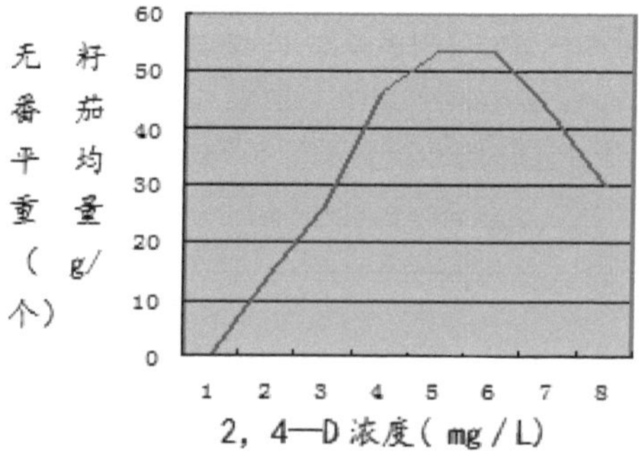

图 1：无籽番茄均重与 2，,4D 浓度关系图

除曲线图外，常用的图有线图、柱图（条图）、点图、坐标图、描记图及照片等。如：

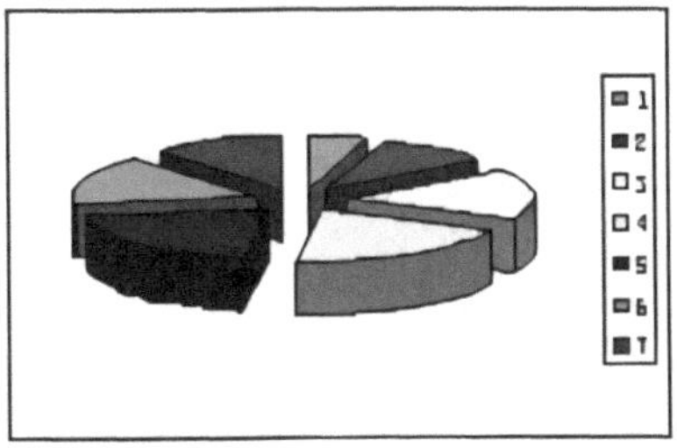

图2：关于×××的饼状图

图3：×××法污水处理装置示意图

图题要简明，写于图下。插图说明应书写或打字在图下面开始文字叙述处或在另页纸上，插图说明前应注明相同的图序号。

6.9.3 学会提问技巧

听成果报告也是一次学习的过程，如何听取报告呢，什么样的报告才是有质量的报告呢？在听取报告中如何就自己不明白的内容提问呢？这就有需要较高技巧了。

1.在听取报告中如何才是有质量的提问呢？

2.可以在哪些方面进行发问呢？

在听取报告中，并在报告中学到真正的知识，必须首先做到应虚心听报告人做完报告，并在报告过程中认真的记笔记，特别是在自己不太清楚的地方，或自己特别想了解的方面应记载清楚；其次在提问过程中，要尊敬汇报人，在征得汇报人许可下再提问，一般来讲是在汇报人汇报完毕后，有一定的专门时间用于提问，所以尽可以在这段时间进行。

关于提问内容，主要体现在这样几方面：

为什么选用该生物进行研究而不选其他生物，选用的生物具有何特点？

为什么选择的是这样一些样本，这些样本具有何特点，能代表各种类吗？

你所研究的内容有何现实意义呢？

你所研究的内容在目前科学家们已研究达到了什么程度？

主要存在的问题是什么？

在研究过程中你是如何控制无关变量对实验结果的影响呢？（如研究不同色光对色素的形成实验中，研究的自变量是不同色光，影响色素的形成还包括温度、光照强度、矿物质等，这些就称为无关变量）

你用什么作为实验的指示物（如研究水竹对污水的净化效果实验探究中，用了小鱼生活时间长短来反映污水的污染程度，为什么用小鱼，有何特点，还有没有其他更好的指示物，所用的小鱼种类都是相同的吗，你是如何保证其种类相同的呢？）

在实验过程中如何保证了实验的可重复性？

实验过程的科学性又体现在哪里呢？

相对于其他人的研究，本研究的优点又体现在哪里呢？创新性在哪里？

实验结论是什么？结论的得出是否合理？

如何认定微生物超标的？

通过你的研究，可以提出什么样的可操作性的意见呢？

在培养微生物过程中，如何保证微生物均是采集而来，而不是原本培养基中未完全杀灭的呢？

总之，可质疑的内容很多，凡是你想知道的，或你不清楚的都是可以问，也是汇报者应该回答的。通过上述的学习，你是否能完成一份完整的结题报告呢？对报告中的数据处理也有一定的了解呢？

继续探究

1.请以溶液浓度为横坐标，蚯蚓存活数量为纵坐标，将下列表格内容用曲线图进行描述。

表 1：不同 Cu^{2+} 溶液浓度对蚯蚓存活的影响

	蒸馏水	0.02（mol/L）	0.04（mol/L）	0.06（mol/L）	0.08（mol/L）
1d	10*	10	10	8	6
2d	10	10	8	5	2

*表示蚯蚓的存活数量

第十节　高中生物课外活动自主学习教材
——科学探究的论文写作

6.10.1 科学小论文的定义

科学小论文的定义：它是著者以书面形式发表的对某一研究对象进行科学实验观察分析所得出的新见解、新发现和新结论；它是最原始的研究成果。

如果作者事先已订好周详的科研设计方案，并经过充分的科研论证，那么撰写论文时就很方便，关于题目、作者、前言、材料与方法及参考文献各项只需扼要重述，再加上经过整理的结果以及讨论和结论即可。

6.10.2 撰写科学小论文的主要环节

科学小论文的构成必须具备对某个专题有较深的研究，并取得一定的研究成果，具有阐述研究成果的文字能力三个要素。因此，论文质量的高低不仅取决于对某一课题研究的深度，也取决于论文的撰写水平。撰写论文应抓好四个关键环节。

1.收集分析资料

在选题过程中已查阅了大量的资料，确定课题后就应以课题为中心，运用顺查法、侧查法、追踪法认真踏实地收集材料，对资料进行分析、比较、鉴别和筛选。

（1）有启发性的论点、主张和见解的资料，要完整的摘录，作为自己立论的参考。

（2）摘录支持自己论点的典型、新颖的材料，作为阐述自己论点的参考。

（3）有争论的问题、观点相反的材料也要摘录下来，作为立论时的参考。

（4）在阅读过程中形成的心得、体会、观察实验中有新的发现，要随时记录，对形成自己的论点有重要意义。

（5）在实验进程中，将自己实验逐步形成的结论与文献资料进行对比，及时发现实验的不足，加以改进补充。

（6）应着重收集第一手资料，这是撰写好论文的根本。实验的观察及数据结果要一丝不苟地记录，保证实验资料的完整性和可靠性。

2.精心推敲，确立论文论点

提炼和确立论点，是学位论文写作的关键。衡量一篇论文质量的高低、价值的大小，主要就是看其中心论点正确与否，深刻与否。中心论点的形成应是作者对课题进行深入研究之后，在搜集的第一手资料和第二手资料中进行分析研究、归纳综合、精心推敲提炼而确立的论点，不能本末倒置，先定论点，然后再去找合适论点的材料。

3.完善提纲，写出初稿

在起草论文前，一定要列出比较详细的提纲，然后提交导师认真修改后再着手撰稿。拟写提纲可以帮助建立整体观念，理顺思路，搭好架子，使观点与材料相契合、内容与形式相统一，不至于离题太远。提纲拟好后就要抓紧时间，集中精力，专心写稿，争取一鼓作气完成，尽量避免写写停停，影响总体写作思路和写作效率。

4.反复修改、精练

完成初稿后要多次反复修改是论文写作的必经过程，至少应该在论文答辩前1个月能够完稿，有推敲斟酌的时间与机会。修改时注意准确性、生动性和逻辑性。

6.10.3 论文的内容

一般论文需有：题目、作者姓名、作者的单位、地址和邮编；摘要；关键词；引言（导言或序言）；材料与方法；结果；讨论；结论和参考文献。

一般篇幅较小的论文，可将讨论与结论两项合并，并免去摘要。

论文题目

（1）要求简明、扼要、醒目，能正确反映论文的核心，使读者一目了然论文的特点、范围和解决的问题。例如：机械性压力与股骨头骨铺坏死关系的动物实验研究。

（2）如果一个标题难以完整表达论文的特点，可以在主标题外加一副标题。例如：弹力纤维在人主动脉早期粥样硬化脂质沉积过程中的作用——超微结构及形态定量的研究。

（3）论文题目可以在实验设计时选定，也可以先拟一个暂名，待论文定稿后再定名。

摘要

通常科学小论文都附有内容摘要。放在正文前面称为摘要（有人把它放在正文后面则称为综合）。一篇好的论文摘要，要求简短扼要且引人入胜，使读者看了摘要就想读全文。在内容上要概括性强且充实，使那些对所论问题有所了解的读者，即使得不到正文也能得出明确的概念，甚至能凭借它进行某些工艺技术的推广。

摘要一般要概括如下内容：

（1）为什么从事这项研究（即研究工作的目的、问题、重要性）。

（2）完成了哪些工作（研究内容和过程，具体包括：研究对象，研究途径和方法步骤，实验范围和分析方法，以便他人尽可能通过阅读摘要就可重复出实验内容）。

（3）突出的研究成果（重要数据及其统计学分析结果）。

（4）成果的意义（关键性的结论，着重说明创新或新发现的学术及应用价值）。

由于研究内容的差别，摘要有一般陈述性摘要和资料性摘要两种。资料性摘要不仅要概述主要论据和结论，而且要列举关键性的数据材料。原始科学小论文、专著、综述论文等都应写出摘要，而简报、短篇报道则可省略。有的论文有摘要，在文末则不写小结。摘要虽然通常摆在正文前面，但往往是在最后写作。摘要要求精炼，不宜列举例证，在精炼的同时，摘要的每个论点都要具体鲜明。

关键词

发表文献应列出关键词、主题词和缩略词，是世界文献学发展的一种新的而又是必然的趋势。因为全世界文献数量急剧增加，各种电子计算机文献数据库及机检情报检索系统也随之迅猛发展。因此，要求收入文献数据库的高质量的书刊和论文，应列出关键词和缩略词。

引言（导言或前言）

（1）主要简述本课题研究的理论依据，对过去的文献作扼要的综合评述，简要介绍此研究工作的历史及现状，点出现有的知识空白，要能够反映作者对论文课题研究方案的充分论证。

（2）开门见山地说明本文的目的、意义及解决问题的范围，使人一看就能够了解作者根据什么理由、通过什么途径、解决什么问题，说明本课题研究在本学科领域内的学术地位。

（3）引言虽写在前面，也可以在论文写完后再写。

（4）应避免一切俗套废话，力戒行政工作总结用语。

一篇好的引言，应遵守下列规则：

（1）问题是怎样提出的，有什么依据（理论或实践根据），即应对至关重要的有关文献进行评述。只需简要地提出与本课题有直接联系的成果，要解决、已解决和尚待解决的问题。

（2）问题的性质。着重要讲该问题的解决在学术上的重要性。

（3）研究的目的（包括思路）、范围、历史、意义和方法。

（4）本文的重要研究结果和结论。

应该记住，引言的目的是为了引出文章。规则的第一条和第二条是最基本的，很显然，如果问题没有明确和阐述清楚，读者就会对所要解决问题的办法毫无兴趣。如果提出研究的问题没有意义，读者即使读完了你的文章（一般说，这种情况读者不可能去读完你的文章），也不会对你解决问题的才华留下深刻的印象。第二条和第三条规则与第一条规则有关。不论是文献的评论，还是方法的选择，都应使读者能了解问题是什么，打算如何解决。这三条规则自然会引出第四条规则，即阐述重要的结果和主要的结论。因此，可以说，如果摘要是全篇论文的缩影，那么引言则是科学小论文的帽子，它向读者解释论文的主题、目的和总纲。

对研究的历史回顾应避免烦琐。注意科学小论文与文献综述不同，在科学小论文的导言中只需扼要介绍与本文关系密切的史料。

材料和方法

以说明实验的严密性、科学性和可靠性，以及为理解和解释结果所必须说明的实验条件为主，不宜过多陈述技术细节。

（1）材料（或对象）：指实验动物（年龄、体重、性别、营养状况、动物的品系）、试剂或药品、仪器（纯度、规格、牌号、型号）。

（2）方法：常规方法可不介绍，采用的新方法及修改的方法、实验条件如季节、温度、仪器精确度等都应说明。

在写作技巧上，为说明实验过程和方法时要注意：

（1）如果设备和实验方法是作者创造的新方法或不是通常标准，也不是过去验证过的，就需要尽量详细和具体，以便别人能重复试验，并判断其准确性和精确度。

（2）如果所用仪器或设备、方法和过程相当复杂，而且文献已有过报道，则简单提一下并用角码注明文末参考文献出处即可，不要再占篇幅。

（3）对常规方法，作者有所改进的，则详细具体描述改进的部分，其余从略（但要列出原法所在文献的出处）。

（4）介绍不常见的主要设备时，在文中附一张简单流程表或仪器草图是很有用的，常常可以把说明文字大大缩短，使说明清楚扼要，但要略去与论文无关的操作方法。

（5）在叙述试验过程中，一般不谈试验结果，以显得眉目清晰。但如果某些成果是在实验进行的过程中产生的，且如果实验的最后成果是在一系列初步成果的基础上产生的，那么就可以在叙述实验过程时谈及。如果实验过程包括很多细节，那么就要抓住主要矛盾，突出主要线索，把那些对总的说明是不必要的而对重复试验是必要的细节列入附录。

（6）叙述实验过程，通常采用研究工作的逻辑顺序而不采用自己实验的时间先后顺序。多数情况下，实验时间顺序不是最合乎逻辑的。在很偶然的情况下，时间先后和逻辑顺序一致，操作过程和研究过程都是按时间先后为序，那么也可按时间顺序进行说明。

（7）如果整个实验由一系列小实验组成，那么每项小实验都得编顺序号，逐项用“材料说明”“实验过程的说明”等小标题，按要求一一说明。

实验结果

实验结果是论文的核心。叙述结果要注意逻辑、层次，由浅入深。结果可采用文字、图表方式表达，什么内容适用于什么形式，应选择最佳表达方式。相互间要尽量避免重复，所得数据需要经统计学的处理。这部分的要求可参照第七节：实验结果的分析处理。

结论和建议

结论（论文的总的观点）是实验结果的逻辑发展，是整篇论文的归宿。结论比研究结果和分析还要推进一步，要反映研究工作者如何以实验成果为基础再经过概念、判断、推理的过程而形成总的观点。要反映事物内在、有机的联系，要突出新发现、新认识和新创造。用扼要的文句把论文的主要内容概括起来，切忌重复文章内容。文字结构应该准确、完整、精练，高度概括文章的主要目的和结果，结论和绪论应相呼应。

讨论

论文的“论”字主要体现在讨论部分，是论文写作的最主要的表达形式，它反映了作者学术思想的深度和广度。要紧紧围绕实验结果，以及可能有争议的主要问题进行讨论。讨论是由论点、论据、论证方式三部分组成。论点的真实性需要用论据来证实，而论证是将论点和论据有机地结合起来，分析事物之间的内部联系。讨论时应注意以下几点：

（1）把实验的结果上升到理论，去粗取精，去伪存真，由表及里，揭示内在联系。

（2）要有自己的看法和见解，论点明确。前后一致。提出的论点要有足够的数据、可靠的材料及充分的事实做依据。

（3）遵循逻辑规律，做到概念一致，判断准确，推理合乎规律。

（4）注意论证顺序，既要考虑逻辑关系，也要考虑结构安排，论证的步骤要清晰，有条理。

小结（结语或总结）

小结、结语、总结也可称摘要，相当于论文内容的梗概。其内容和写作要点与摘要近似。有的论文放在前面，有的放在后面，要看具体情况而定。总结放在论文后面，可以帮助读者回顾论文内容，加深印象，便于消化。总结放在论文前面，就是摘要。

总结内容包括：引言的中心思想；研究问题的提出及其重要性；研究内容和研究方法；突出的成果及其意义。根据论文内容的多寡，小结可长可短，一般不超过200字为宜。但不论字数多少，一定要把论文本身新的、最具特点的东西（独到之处）反映出来。

参考文献

科技论文列举参考文献是传统惯例，反映作者严肃的科学态度和研究工作的广泛依据。只列出主要理论依据和方法，以及有争议的论据，可引可不引的一律不提。有人认为文献引用越多越好，这样会把参考文献变成文献小综述。

参考文献

余文森：《略谈主体性与自主学习》，《教育探索》，2001，（12）：32–33。

程晓堂：《论自主学习》，《学科教育》，1999，（9）：32–39。

Zimmerma B J.Sebast ian Bonner Rober t Kovach：《自我调节学习》，姚梅林、徐守森译：北京：中国轻工业出版社，2002年。

周炎根：《桑青松.国内个自主学习理论研究综述》，《安徽教育学院学报》，2007，（1）：100–101.

庞维国：《论学生的自主学习》，《华东师范大学学报》（教育科学版），2001，（6）：80.

单志艳：《自主学习教学问卷的编制》，《内蒙古师范大学学报》（自然科学汉文版）2010.（6），595—596。

庄惠玲：《走向学生自主管理——“弱化”班主任在班级管理中作用的研究》，［EB/OL］，2005–05–01。

杨玉芳：《巧建学生成长档案实现学生自主管理》，《教育实践与研究》，2005.08：22。

杨淑敏.《高中生自主管理的实践研究——三项自主管理活动透视》，［EB/OL］，2006–03–01。

王波：《东莞实验中学学生自主管理模式的实践探索》［EB/OL］.2007–05–01。

王立华：《谈自主型班级管理结构形式的构建》，《教育探索》2020.

（2）：52–54。

中华人民共和国教育部：《普通高中生物学课程标准》（2017年版2020年修订），北京：人民教育出版社，2020：5。

庞维国：《自主学习学与教的原理和策略》，上海：华东师范大学出版社，2003：28–29［15］。［美］格兰特·威金斯和杰伊·麦克泰格：《追求理解的教学设计》，上海：华东师范大学出版社，2017：18—25。

约翰B.彼格斯，凯文F.科利斯：《学习质量评价solo分类理论可观察的学习成果结构》，高凌飚、张洪岩译，北京：人民教育出版社，2010：27–28。

张丽三、王飞、张帅：《指向学科核心素养的“DNA是主要的遗传物质”一节教学设计》，《生物学通报》，2022，54（8）：18–20。

吴宝山、施望敏：《基于自主学习的高效课堂构建》，《中学生物教学》.2016，09（5）：36–39。

陈佳兴：《浅谈运用“逆向教学设计”训练学生科学思维——以“DNA复制的实验证据”为例》，《中学生物教学》，2018，23（16）：21–23。

闫白洋：《利用SOLO分类理论进行生物学科学思维的表现性评价》，《生物学教学》.2018，43（04）：16–18。

闫向泽：《走向学生自主管理——“弱化”班主任在班级管理中作用的探究》，《学周刊》.2023，9（3）：166–168。

后　记

本书即将付梓之际，我的心中充满了无尽的感激与感慨。本书是基于广东省十二规划课题“在普通高中阶段整体推进班级自主管理、自主学习的实践探索”的研究成果而著，研究历时约十年的光景。这十年间，课题的研究之路充满了曲折与坎坷，经历了反反复复、断断续续的艰难历程。然而，在多方的帮助和课题组成员的不懈努力下，我们最终成功实现了课题的结题，并撰写了一份高质量的研究报告，获得广东省教育科学规划与研究院的高度好评。如今，这份研究报告已经转化为专著，即将出版面世，我深知这一切的来之不易，心中充满了对过往经历的铭记与对众多帮助者的深深感谢。

首先，我要衷心感谢现任学校书记王德久和郭炎平副校长。是他们的英明决策和坚定支持，让这项一度中断的研究重新焕发了生机。不仅为我们提供了宝贵的研究资源和机会，安排主要研究人员赴市内外甚至国外学习先进的研究经验，考查相关研究现状，学习最新的研究方法。在他们的大力支持下，课题组得以开展各种研究尝试，并赋予了主持人更多的施展空间和试错机会。他们的远见卓识和无私帮助，是这项研究能够顺利推进并取得成功的重要保障。

其次，我要感谢老校长李建国先生。本研究过程是基于时任李建国校长、黄学林副校长等领路人已经开展过的研究基础上进行，他们积累了宝贵的经验，并拥有了一批从事该相关项目研究的专家。这些宝贵的资源和经验，为我们的研究提供了坚实的基础，使得本研究在同仁们前期的研究基础上得以顺利深入开展。在此，我要特别感谢他们的辛勤付出和卓越贡献，为这项研究的成功奠定了坚实的基础。

第三，我要向课题组的所有成员表示最诚挚的感谢。他们是谢小丽、余海波、刘导、吴欣、邓茹、夏琳。在课题开展的过程中，他们各司其职，各尽其能。有的帮助设计问卷并收集数据，有的尝试并推广班级自主管理方案，有的实施自主学习过程并收集学生反馈信息，有的在学科导师方面发力，有的在班主任导师方面做贡献。他们不仅付出了大量的时间和精力，还取得了多项研究成果，为课题的顺利结题做出了巨大的贡献。正是他们的共同努力和团结协作，才使得这项研究能够取得如此丰硕的成果。

第四，我要感谢在研究过程中给予我指点和帮助的多方专家。他们的宝贵意见和建议，让我得以不断完善和调整研究思路和方法，使得专著的内容更加规范、深入和有推广意义。这些专家的无私帮助和悉心指导，是我能够顺利完成这项研究并撰写出这本专著的重要力量源泉。

最后，我要感谢专著出版过程中给予我精心指导的巴蜀书社童际鹏编辑，他为本书的出版从内容结构、行文方式、语言组织、图片选择等方面都给予了专业的指导，在三审三校中不厌其烦地修订与完善，最后形成了这本高质量的专著，在此深表感谢！

回首这十年的研究历程，我深感其中的艰辛与不易。但正是这些经历，让我更加坚定了对教育的热爱和对研究的执着。当今，人工智能、脑机接口等新兴科技浪潮方兴未艾，对我们传统的教育、学习都有颠覆性的革命，势必对未来教育的定义还将掀起一场革命。我深知，这本专著的出版只是一个新的起点，任重道远，期待有更多的青年才俊为共同使命贡献自己的智慧。未来之路漫长，我将带着这份感激与感慨，继续前行，为教育事业贡献自己的力量。

编者

2024年10月